华中师范大学中国农村研究院

智库书系·地方经验研究

丛书主编／徐 勇 邓大才

新兴高度：
以系统融合实现多元共生

胡平江 杨明 郭瑞敏 等◎著

社会科学文献出版社
SOCIAL SCIENCES ACADEMIC PRESS (CHINA)

总　序

　　地方经验研究是由华中师范大学中国农村研究院推出的系列著作。

　　中国作为一个古老的文明大国，能够在 20 世纪后期迅速崛起，展现出强大的活力，得益于改革开放。20 世纪 80 年代兴起的改革开放，重要目的就是"搞活"，在搞活经济的过程中确立了市场机制。市场竞争机制不仅激活了经济，而且激活了地方和基层的自主性和创造性。极具战略眼光的顶层设计和极具探索精神的地方基层实践以及两者之间的良性互动，是中国政府推动现代化建设取得巨大成功的秘诀。中国改革开放的路径就是：先有地方创造的好经验，中央加以总结提高上升为好政策，然后经过若干年推广再确定为好制度。本书系正是在这一背景下推出的。

　　我们华中师范大学中国农村研究院自 20 世纪 80 年代开始，就关注农村改革，研究农村治理，并以实地调查作为我们的基础和主要方法。调查一直是立院、建院和兴院之本。在长期实地调查中，我们经常会与地方和基层领导打交道，也深知地方和农村基层治理之不容易。地方和基层治理的特点是直接面对群众、直接面对问题、直接面对压力。正因为如此，地方和基层领导势必要解放思想，积极开动脑筋，探索解决问题的思路和方法，由此有了地方创新经验。我们自觉主动地与地方进行合作，通过理论与实践相结合，共同探索地方发展路径并总结地方创新经验，起始于 2011 年。当年初，地处广东西北部的云浮市领导为探索欠发达地区的科学发展之路，专程前来我院求助请教，我们也多次前往该市实地考察、指导和总结。至此，我们开启了地方经验研究的征程，并形成了基本的研究思路和框架。

地方经验研究的目的，主要是发现地方创造的好经验、好做法、好举措，突出其亮点、特点和创新点。中国的现代化是前所未有的伟大实践，必然伴随大量问题。对不理想的现实的批判思维必不可少，需要勇气；而促进有效解决问题的建设思维也不可或缺，需要智慧，两者相辅相成，各有分工，共同目的都是推动社会进步。作为学者，我们不仅要持公正立场评点现实，更要参与到实际生活中，理解现实，并运用自己的智慧与实践者一同寻求解决问题之道。历史的创造者每天都在创造历史，但他们往往不是自觉的，学者的参与有可能将其变为自觉的行为；历史的创造者每天都在创造历史，但他们往往并不知道自己在创造历史，学者的总结则可以补其不足。地方与基层的探索是先行一步的实践，需要总结、加工、提炼，乃至推介，使更多人得以分享；地方与基层的探索是率先起跑的实践，需要讨论、评价、修正，乃至激励，使这种探索能够可持续进行。我们的地方研究便秉承以上精神，立足于建设性思维。

地方经验研究的方法，绝不是说"好话"，唱"赞歌"。在地方经验研究中，我们遵循着以下三个维度：一是地方做法，时代高度。尽管做法是地方的，但反映时代发展的趋势，具有先进性。二是地方经验，理论深度。尽管是具体的地方经验，但包含相当的理论含量，具有普遍性。三是地方特点，全国广度。尽管反映的是地方特点，但其内在价值和机制可复制，具有推广性。正是基于此维度，我们在地方经验研究中，非常注意两个导向：一是问题导向。地方和基层实践者之所以成为创新的主要动力，根本原因在于他们每天都必须直接面对大量需要处理的问题。解决问题的过程就是实践发展的过程。二是创新导向。解决问题是治标，更重要的是寻求解决问题的治本之策，由此就需要创新，需要探索，也才会产生地方好经验。怎样才是创新呢？需要有两个标准：一是历史背景。只有将地方经验置于整个宏观历史大背景下考察，才能理解地方创新由何而来，为什么会产生地方创新。二是未来趋势。只有从未来的发展走向把握，才能理解地方创新走向何处去，为什么值得总结推介。

　　我们正处于一个需要而且能够产生伟大创造的时代。地方经验研究书系因时代而生，随时代而长！

主编　徐　勇

2015 年 7 月 15 日

目　录

理论研究

实践经验

改革个案

理论研究

导　论

　　农业是国家现代化发展的重要基石。"中国要强，农业必须强；中国要富，农民必须富。"众所周知，进入 21 世纪以来，我国农业发展态势良好，粮食生产"十一连增"，农民收入"十一连快"，可谓进入我国农业发展的又一个黄金时期。然而，在数据的背后，也隐藏着一些不容忽视的问题，农业竞争力连年下降，粮食库存压力巨大，资源环境不堪重负，农产品加工业也明显滞后，农民增收略现疲态，农村发展活力十分欠缺，从这个视角来看，我国农业发展仍旧困难重重、挑战巨大。我国农业、农村发展路在何方，成为我国建设社会主义现代化进程中必须要探索回答的时代之问。

　　在此节点，2015 年中央一号文件首次提出了推进农村一二三产业融合发展的重大政策导向，为农业发展方式的转变、农业现代化发展路径的探索指明了方向。同年 12 月 30 日《国务院办公厅关于推进农村一二三产业融合发展的指导意见》正式发布，对农村一二三产业融合发展的路径及方向进行了系统的阐述，为着力构建农业与二三产业交叉融合的现代产业体系，形成城乡一体化的农村发展新格局，促进农业增效、农民增收和农村繁荣提供了重要支撑，为国民经济持续健康发展和全面建成小康社会奠定

作者：华中师范大学中国农村研究院/政治科学高等研究院杨明。

了坚实的基础。在中央的指导和指引下，各地迅速抓住发展机遇进行农村一二三产业融合发展的实践探索，各种创新实践不断涌现。但对于长期农业产业发展滞后的山区农村而言，如何有效地促进一二三产业的融合发展，构建现代产业发展体系，面临着更大的挑战。近年来，广东省新兴县立足于自身农业产业发展基础，坚持以农业发展为核心引领产业融合发展，构建了全新的现代产业发展体系，走出了一条具有中国特色的农村一二三产业融合发展道路，为产业的融合发展树立了"中国样本"。

一　新兴面临的困难与挑战

广东省云浮市新兴县位于广东省中部偏西，是广东省为数不多的几个山区县之一。虽地处改革开放的前沿阵地，但受制于地理区位条件，新兴县长期以来均以农业发展为主，是一个典型的农业发展大县。近年来，随着社会经济发展结构的调整和新兴县原有产业结构的限制，新兴县域经济发展受到了极大的制约，甚至一度陷入困境。

1. 传统农业产出受限

新兴县四面环山，地势自西南向东北倾斜，是广东省典型的山区县，全县山地、丘陵占土地总面积的 69.52%，平原河谷占 30.48%。至 2008 年末，全县耕地面积 22664 公顷。良好的农业耕种条件使新兴县境内人民向来以耕养为主，农业生产源远流长，致使农业经济在国民经济中所占的比重一直很高，农业的发展状况直接决定着县域经济的整体发展。为有效推动县域经济的发展，自改革开放以来，新兴县委县政府就采取了多种改革举措推动农业经济的发展。在县委县政府的引导与支持下，新兴县的传统养殖业与水果、蔬菜等种植业取得了长足发展。特别是在养殖业的发展中，2000 年，全县肉鸡饲养量 11060 万只，生猪饲养量 627290 头，分别比 1979 年增长 764 倍和 1.46 倍；养殖业产值由 1979 年的 2853 万元，占农业总产值的 13.36%，上升到 2000 年的 64254 万元，占农业总产值的 52.1%。并由此成长起来一批以温氏集团为代表的农业龙头企业，新兴县农业经济发展取得了巨大成就。

但是随着国内经济结构的调整和居民消费结构的变化，传统农业发展的竞争力正在逐渐下降，特别是无序的生产发展与滞后的产业链建设之间的矛盾正在逐渐凸显。从产业链上来看，农产品生产、加工和销售相互脱节。新兴县虽是各类农产品的产出大县，但农产品的加工发展较为缓慢，没有形成集聚效应与规模经济，加工转化能力不强，致使农产品附加值较低，农业收益明显较低。从价值链上来看，产中环节的收益与产后环节的收益脱节。在农业价值链的构成中，农产品生产端的价值链处于基础地位。然而，长期以来以"散""小""弱"为主要特点的农民，在面对强大的市场时很难获得公平的谈判地位，只能在价值链中处于末端位置，不仅无法分享加工和流通环节的增值效益，就连生产环节的效益也不能完全保证。农民收入减少、收益降低，致使越来越多的农民抛荒土地，农业发展几乎面临无人可用的局面。同时，伴随着农业发展环境条件和内部动因的深刻变化，农业生产成本迅速上升，生态环境日益恶化，资源约束不断加强，农业经济的发展被严重制约，继而严重影响了新兴县域经济的发展。探索新的农业发展道路势在必行。

2. 单一工业发展受困

县域经济的发展涉及经济领域的各个产业。新兴县作为农业大县，在推动农业经济发展的同时，也在极力推动工业经济的发展。新兴县大力培育规模以上工业企业的发展，引导企业增资扩产和加强自主创新，在第二产业中培育出了一批以凌丰集团为代表的工业龙头企业；同时，新兴县还积极围绕重点企业的产业配套、延伸加工推进招商引资，并依托新城工业园和镇级工业园区，促进资源的优化、整合，形成了一批特色鲜明、竞争力强、效益明显的工业产业集群，在不锈钢产业中已经形成了全国最大的不锈钢厨具生产和出口基地。截至 2015 年，新兴县已经形成了不锈钢、塑料、皮具、凉果、生物制药等十大工业支柱产业。其中，不锈钢行业中已有不锈钢制品生产企业近 70 家，配套企业 60 多家，2015 年全县不锈钢总产值 57.78 亿元，出口总额达 303747 亿美元；凉果行业中，有凉果企业 60 家，从业人员达 2000 人，产业链涉及的从业人员超过 1 万人，2012 年总产值约为 5 亿元。工业的大力发展有效缓解了新兴县人地矛盾及县级财政困难等问题，有效地推动了县域经济的发展。

但工业经济的发展对推动县域经济的发展有其必然的局限性，特别是对于新兴县这样的农业、农民、农村"三农"大县而言。一方面，新兴县下辖的 196 个村居委会中，村委会就占到了 162 个（包含 1114 个自然村），农村所占比重高达 82.65%；而在全县 48 万人口中，农业人口也占了相当大的比重。尽管"工业强县"是推动县域经济发展的一种重要途径，但在新兴这样一个农业大县中，县域工业经济的发展，很难消化如此多的农村人口，带动如此大范围的农村经济发展，从而保持县域经济的均衡发展，特别是在广大的农村地区，农民很难享受到发展的机会及发展所带来的实际效益。另一方面，新兴县长期以来作为一个农业大县存在，良好的自然生态环境是其发展的最大优势，一旦丧失这个优势，新兴县将难以在东南沿海地区中寻找到自身发展的特色，这也就决定了新兴县不可能走"村村冒烟"的农村工业化道路，新兴县的农村发展陷入一片"沉寂"，县域经济的发展也呈现出"外强中干"的状态。此外，长期的工业化发展也造成了资源消耗日趋紧张、生态环境日益恶化、产业发展空间日趋不足等问题，为新兴县域经济的可持续发展提出了严峻的挑战。

　　3. 城乡一体发展受制

　　就我国特殊的国情而言，繁荣农村经济是实现城乡一体化发展的重要途径。近些年来，新兴县为推动城乡一体化的发展做出了重要的努力：一方面，大力发展和繁荣农村经济；新兴县充分发挥以温氏集团为代表的农业龙头企业的引领和示范作用，通过"公司+农户"等模式，影响和带动农民发家致富；同时，依靠龙头企业来推动农业生产、农产品加工等发展，最大限度地提升农产品价值，推动农业经济发展。截至 2015 年，新兴县全县农林牧渔业总产值 81.94 亿元，增长 3.6%，农村人均纯收入 11069元，增长 11.6%，农业经济取得了一定程度的发展。另一方面，大力推动农村基础建设和公共服务发展；仅 2015 年新兴县就建成美丽乡村建设项目21 个，完成了 36 个村的乡村绿化美化工程，21 个村被授予"云浮市首批优秀生态文明村"称号，140 个村被授予"云浮市首批良好生态文明村"称号；同时，新兴县还依托全国电子政务平台加强县级政府政务公开和政务服务工作，率先实现网上办事大厅市、县、镇、村四级无缝对接，延伸到镇村的便民服务站覆盖率达到了 100%，极大地推动了乡村公共服务的便利化、统一化，不仅为农村发展奠定了重要基础，也极大地推进了城乡一体化发展进程。

　　尽管新兴县在推动城乡一体化发展方面做出了如此多的努力，也取得了一些成就，但就整体发展而言，新兴县城乡一体化发展仍然遇到了相当大的制约与挑战。其中，最主要的一点就是农村、农业经济发展无力；尽管新兴县在推动农业经济的发展过程中培育了一批农业龙头企业，但由于农业产业结构单一、对自然资源依赖度高、农业发展方式落后等因素的影响，新兴县农业经济发展空间受到了极大的限制，农业经济的持续发展能力也遇到极大的挑战，致使农民及部分企业"恐农""怕农"，极大地限制了农村经济的繁荣与发展，也就从根本上限制了城乡一体化的发展进程。另外，政府自身能力有限，仅依靠政府来改善农村经济社会发展的环境，显然是不能持续的，其取得的效果也必然是有限的。城乡一体化的发展亟须寻求新的支撑。

二　困境中的选择与探索

新兴县一二三产业融合发展方案的形成，"新兴共生"创新探索的产生并不是一蹴而就的，也不是一开始就有一个战略规划、战略框架的，而是依据现代产业的发展方向，依据中央政策的指引，通过总结自身发展经验，在实践探索中逐步形成，逐步完善的。"新兴共生"的实践探索与整体思路的形成大致经历了四个阶段。

第一阶段：以产业化为核心的农业增长期

毗邻港澳、邻近改革开放前沿阵地的独特地理区位优势，使新兴县能够较早地接受现代市场经济发展的影响。因此，当改革开放的春风吹拂中国大地时，新兴县的农民首先抓住了这一历史发展机遇，开始在自己祖祖辈辈耕作的土地上寻找新的发展希望。1978 年下半年，广东省全面实行家庭联产承包责任制，农民开始获得了更多的自主发展权，可在自己耕种的土地上自主调整农作物的布局。这就为农民寻求发展创造了更为广阔的空间。看到现代市场发展前景的新兴县农民，在完成公购粮任务、留足口粮的基础上，开始逐渐减少水稻播种面积，扩大水果等经济作物的种植面积。至 1982 年，新兴县全县柑橘橙的种植面积和产量分别从 1978 年的0.28 万亩、313 吨增加到 0.51 万亩、1817 吨。到 1984 年底，粮食与经济作物的比例，已从 1978 年的 85∶15 调整到 79∶21。农民也开始从土地上获取经济发展效益，农民一亩地的产值也由最初的 100 元左右，上升至

2000 元左右，户均 3 亩地左右的农户，一年至少可以收入 6000 元，种植面积较大的农户，甚至可以收入上万元，原来"一穷二白"的农民中开始涌现出第一批"万元户"。除了种植业发展外，新兴农民开始探索发展养殖业，早在 20 世纪 80 年代初期，新兴县石头冲村的 8 户农民就开始试养群鸡。1982 年冬，该村养鸡专业户温木辉联合本村 10 户人组成养鸡联合体。1985 年，温树汉从温木辉的养殖户中脱离出来，自行养群鸡。1986年，温北英等 8 人联合办起了籆竹鸡场，后来，古章汉建立万益养鸡公司。由此形成了新兴县"三温一古"四大养殖企业，引领了改革开放初期新兴县养殖业的发展风尚。

为了适应改革开放的发展浪潮，确保县域经济的长足、健康发展，新兴县紧跟农民自主探索发展的步伐，确立了市场化取向的农村、农业改革发展思路，并将其作为县域经济发展的重要支撑。为此，新兴县政府：一方面调整农业发展战略，推进农业商品基地建设（自 1985 年始，新兴县就开始着手建设糖蔗、蚕桑、水果、药材和水产五大农业商品基地，大力推进农业的商品化发展，到 20 世纪 90 年代初期，新兴县粮食作物与经济作物种植面积比例调整到了 55：45，农业商品化程度得到了极大提升）；另一方面，转变乡镇企业经营方式，扩展农业发展面，引导和支持乡镇企业依据现代市场发展趋势改制及转型发展，创新股份合作及"公司+农户"等现代经营模式，为县域龙头企业的发展创造了良好的条件。党的十四大做出了建立社会主义市场经济体制的历史性决策，更是为农业和农村的发展带来了前所未有的机遇，也更加坚定了新兴县市场化、商品化农业的发展思路。在此基础上，新兴县进一步提出了"确立主导产业，实行区域布局，依靠龙头带动，发展规模经营"的农业产业化发展路径，极大地推动了县域经济、社会的发展。

第二阶段：以工带农为核心的工业发展期

到 20 世纪 90 年代中后期，以市场取向的农业商品化、产业化为核心的县域经济发展战略，取得了极大的阶段性成果。不仅有效地改变了农村、农民的生产生活面貌，也为县域经济社会的发展做出了重大贡献。但随着发展的进一步深入，这一发展战略的问题也开始不断显现：一是传统条件下的农业生产抗风险能力差，市场波动大，特别是 20 世纪 80~90 年代，数次自然灾害和禽流感病毒对新兴县的农业生产发展造成了极大的冲击，县域经济的发展也因此大受震动；二是传统条件下的农业生产效率低，价值产出低，农民收入增长减缓，以农业为主的单一产业发展格局难以适应现代经济、产业发展的需要；三是传统农业经济的运行机制与现代市场经济的发展要求不相适应，各方经济主体间缺少有效的利益连接机制，经济行为随意性很大，影响了农业的稳定发展。这些矛盾和问题的凸显让新兴县政府不得不正视传统农业的发展弊端，重新定位和思考县域经济的发展布局。

新兴县政府总结改革开放以来的经济产业发展经验，以更为积极的姿态来引领县域经济的发展变革。新兴县政府决定，发展上"换个兵器"，管理上"换个套路"。2003 年始，新兴县政府结合当地实践经验及发展需要，开始提出"三化一游"发展战略，即"以工业化为核心，推动农业产业化、城镇化，发展旅游业"。以工业为核心，是在区内农业劣势倒逼与同时期全国各地"工业化"浪潮席卷的影响下，坚持"工业立县、项目兴县"，内部整合县、镇、村三级的优势资源向重点骨干企业和行业集中，外部努力向上争项目，广泛引入项目，综合打造一批能够带动经济发展的"单打冠军"；以工业化带动农业产业化的发展，即坚持培育温氏集团等龙头企业，把扶持农业的重点都转到扶持农业龙头企业上来，为企业提供优惠政策，既保证农民增收，也提高全县的农业生产水平；旅游业则作为新资源着力开发。简单说就是：发展靠工业；治理靠农企；宣传靠旅游。

"三化一游"的发展战略贯穿了整个新兴县的"十一五"规划时期，反映了这个以"工业"为产业经济发展核心时代的共同特点，极大地壮大了新兴县的工业经济发展水平，为县域经济的发展做出了重要贡献；同时，新兴县开始萌发系统化的产业发展布局思想，在推动工业发展的同时并没有丢掉农业，还着重挖掘和培育旅游业的发展，在各个产业领域培育了一批优秀的、带动能力强的龙头企业，如凌丰集团、温氏集团、翔顺集团等，都逐渐成为县域经济发展的重要支撑。但随着该战略的深入发展，其所带来的弊端也是显而易见的：产业间利益分配不合理，导致城乡发展严重失衡，县域经济结构明显失调；资源消耗日趋紧张，导致经济发展后劲不足，生态环境日益恶化等。这些问题的存在使新兴县政府新一届领导班子陷入了沉思：新时期新兴县社会经济的发展到底该何去何从？怎样才能确保经济、社会与生态持续健康协调发展？从以往的发展经验来看，单一的农业发展之路很难适应现代经济快速发展的要求，而传统的工业化道路在推动经济发展的同时，其所带来负外部效应也是显著的。

第三阶段：以协调发展为核心的政策调整期

经济社会的发展失衡促使新兴县政府领导班子开始探索新的经济社会发展战略。2011年开始进入"十二五"规划阶段，新兴县在"三化一游"发展战略的基础上，又提出"文化引领、优势集聚、特色主导、服务均等"四大发展战略，力求经济、社会、生态的健康协调发展。新兴县进入经济社会发展的战略调整期。

首先，文化引领，是以建设文化强县为目标，把文化摆在引领地域发展的地位，突出文化的作用，以弘扬禅宗六祖文化为主题，积极打造具有地方特色的文化品牌，创新经济发展形态。这其中重要的一方面就是扼住时代脉搏，大力发展文化经济，拓展社会经济发展途径；另一方面是以六祖包容、共济的文化底蕴为纽带强化社会连接，为现代经济社会的发展注入"润滑剂"。

其次，优势集聚，即由分到和，聚集整合优势产业。新兴县充分吸收云浮市委"主体功能分区"的政策智慧，将畜牧业、金属制品业、医药制造业、专用设备制造业、房地产业和旅游业等6个主导性指数位居前6位的行业作为新兴县未来发展的主导产业来抓，充分挖掘和整合利用县域优势资源，创造良好的发展环境，加强对优势产业的招商引资，引领优势产业集聚，提升县域已有产业的核心竞争力。

再次，特色主导，是实施特色发展主导战略，使地域特色发挥主导力量，对新兴下属各区镇进行功能划分，统筹规划县域特色产业的发展，构建区域特色产业体系。全力抓好以温氏生物科技园为依托的生物制药研发和生产基地，以不锈钢制品创业园为依托的百亿不锈钢制品生产基地，以弘扬六祖文化为主题的广东禅文化创意产业园的规划和建设。

最后，服务均等，即加强服务均等化建设，着力抓好城乡一体化的公共服务体系建设，统筹教育、卫生、文化、社会保障等公共服务资源在城乡之间的均衡分配，弥补城乡发展失衡的鸿沟。这一时期，新兴县在云浮探索的经验下结合自身县域发展实际，出台了一系列促进经济社会、城乡协调发展的政策，如 2011 年 9 月 29 日制定了《关于加强社会建设创新社会管理的实施意见》，健全和完善党委领导、政府主导、社会协同、公众参与的社会管理格局，形成"绿色增长、城乡统筹、共建共享、服务均等"的科学发展新模式，确保经济社会的持续健康协调发展。这一阶段新兴县的发展重心是对原有经济社会发展战略进行调整，但并未形成符合新时代发展的系统、完善的社会经济发展战略，突出表现为其尚未形成明确的发展主线、要点及核心理念。

第四阶段：以创新融合为核心的共生发展期

正当新兴县新一届的领导班子为新兴县未来发展忧心忡忡的时候，2015 年中央一号文件《关于加大改革创新力度加快农业现代化建设的若干意见》首次提出了推进农村一二三产业融合发展的概念，2015 年 12 月 30 日，国务院办公厅印发《国务院办公厅关于推进农村一二三产业融合发展的指导意见》，明确了推进农村一二三产业融合发展的总体思路和要求，提出了发展多类型的产业融合方式、培育多元化的农村产业融合主体、创新产业链和农户利益联结模式三个着力点。随即，全国各省区市也开始加快农村一二三产业融合发展。新兴县领导班子敏锐地意识到这将是新兴县又一次新的发展机遇，也将是新兴县未来发展的方向所在。新兴县政府抓住机遇，在系统全面梳理县域产业发展的基础上，于 2016 年 4 月率先提出了《云浮市新兴县建设县域一二三产业融合发展试点县总体方案》，并将"农村一二三产业融合发展"扩展至实现"县域一二三产业融合发展"，在推进农村产业融合发展的同时，创新产业发展形态，重塑产业发展模式，将实现县域产业融合发展作为新兴县县域经济新的增长点。

为此，新兴县重回起点，从县域产业发展的实际出发，坚持以农业作为产业融合发展的核心与基点，实施以"农业带动产业融合发展"的新战略。即通过以温氏集团为代表的龙头企业带动传统农业现代化转型，同时，基于农业产业发展的内在需要创新产业发展业态、拓展产业发展空间，带动二三产业发展，从而以一二三产业融合发展破解产业难协调、农民难增收、县域难发展的"三难"问题。

一是优先一产，借力以温氏等为代表的农业龙头企业创新农业合作生产，变革传统农业生产方式，升级打造现代农业。如温氏集团利用自身资金、技术等优势，将农户传统养殖场棚改造为现代家庭农场，形成了信息化、自动化的"车间"；同时，基于农业升级的内生需要及其功能的拓展，创新二三产业发展空间，实现农业与二三产业的融合发展。仅就农产品加工来说，目前，新兴县已经发展并形成畜禽加工、水产品加工、凉果加工、粮油加工等多个产业园区，全县年农产品加工总量 22 万吨，产值超过 20 亿元。

二是企业主导，引导企业在"公司+农户""公司+家庭农场"等已有发展模式的基础上创新农企合作生产机制，农民变身为企业的"一员"，农业成为企业的"一环"；同时，引导企业创新企业风险先担机制和利益共享机制，为农民分担投资风险、降低经营风险、化解市场风险，并在这一过程中实现农企权力共享、收益共享、发展共享，构建起紧密的农企利益共同体。

三是机制协调，在推动产业融合发展的过程中，新兴县政府也充分发挥政府的引导和导向作用，通过创新标准引导、特色引导、文化引导等机制，明确企业、农民等主体的行为边界，确保各产业持续发展、差异发展、协调发展，进而实现各产业的可持续融合与发展。

新兴县基于产业内生发展需求，以一产带动二三产发展的形式，走出了一条不同于传统产业融合模式但符合我国"三农"实际的新道路。不仅创造了一二三产业"融合共生"的中国样本，也创新了县域经济发展的新模式。

三 发展中的突破与升级

1. 新兴共生是县域经济发展的重大变革

县域经济是国民经济的基础层次和基本细胞，县域经济的强弱直接影响着国民经济的兴衰。党的十六大第一次明确提出了"县域"的概念，并强调"要大力发展县域经济"。在这样的大背景下，县域经济的问题被提到了议事日程并受到前所未有的重视和关注。党的十八大提出了确保到 2020 年实现全面建成小康社会的目标。而要实现这一宏大目标的最大难点和重点在于占国土面积 93%、人口 85% 强的县域。因此，县域经济的发展备受关注。但县域经济究竟应该如何发展呢？从传统的经济发展理念看，工业化水平较低是县域经济发展的缓慢的主要原因。因此，传统的经济发展理念认为实现县域经济发展的重要途径是农村工业化，应该大力实施工业强县战略，"村村冒烟"就成了不少县区经济发展的重要目标。然而县域经济的长期实践发展表明，工业化的主导发展战略虽然在很大程度上推动了县域经济的发展，但其所带来的问题也是我们不容忽视的。县域经济结构失调、城乡发展严重失衡、资源消耗日趋紧张、生态环境日益恶化等，这些问题的存在已然制约了我国全面小康社会的建成与发展，这就使我们不得不重新思考县域经济的发展方向。新兴县以农业产业发展为核心引领农村一二三产业融合发展的创新实践，为我们提供了县域经济发展的另一种思路。相较于传统的工业化发展，新兴县的"共生"发展至少实现了县域经济发展的三大转变。

一是由"失衡发展"到"协调发展"的转变。传统的工业化发展路径主要以第二产业的工业发展为主，这就势必造成一三产业发展的不足；同时，工业经济从某种意义上来说是一种城镇经济，单一工业经济的发展很难带动广大农村经济的发展，且容易形成城乡发展失衡。新兴县以农业的升级发展为核心构建全新的产业发展链条，不仅有效拓展了第二产业的发展空间，也极大地推动了一三产业的发展，从而构建了一二三产业交叉融合的现代化产业体系；此外，农业产业的升级发展也有效地激活了农村发展活力，形成了城乡协调发展的全新格局。

二是由"粗放发展"到"持续发展"的转变。众所周知，绝大多数县域的工业化发展主要是资源与环境消耗型的发展。其在推动县域经济发展的同时，也带来了县域资源消耗日趋紧张、生态环境日趋恶化等问题。新兴县的系统融合式发展坚持以农业的再生发展为主，拓展二三产业发展空间，创新产业发展技术，建立全新的现代产业生产发展标准，走出了一条依靠"绿水青山"造就"金山银山"，以"金山银山"发展"绿水青山"的可持续的、独特的县域经济发展之路。

三是由"单一发展"到"共享发展"的转变。在传统县域经济发展过程中，常常以牺牲农村、农民的发展为代价来支撑城镇经济的发展，农村、农民长期难以享受发展所带来的实际效益。新兴县通过推动和创新农村一二三产业的融合发展，构建了"多元融合，共享发展"的全新的县域经济发展格局，从而确保了农村、农民可以真正从发展中获益，全民能够共享更多的发展成果。

2. 新兴共生是"三农"发展的重大突破

其一，突破了农业增效难题。我国作为农业和人口大国，保障粮食等农产品供给始终是治国安邦的头等大事，这是我国的基本国情；新兴作为农业大县，实现县域的协调、持续、健康发展是新兴发展所面临的基本县情。为此，新兴始终将实现农业的增效发展作为县域产业经济发展的重要动力和根本落脚点。新兴以农业作为产业融合的基础，"借二依三"，引导现代企业拓展产业链条，改进生产方式，如发展生态绿色种植基地、升级现代家庭养殖农场等，实现对传统农业的升级改造，使之以创新发展、科学发展满足现代产业发展需要；同时，"接二连三"，以农业和现代新型农业经营主体为基础，使之成为现代产业链条、企业生产环节中的一端、一环，拓展和丰富二、三产业的发展，构建一二三产业交叉融合的现代产业体系，确保农业融入现代产业发展体系，从而将农业产业打造为县域经济发展的重要增长点。

其二，突破了农村发展难题。农村作为县域的重要组成部分，实现农村的繁荣发展对推动县域经济的整体发展具有重要意义，对我国全面小康社会的建成更是具有全局性意义。新兴县创新产业发展理念，从实现县域整体发展的视角来布局县域产业发展，一方面，因地制宜挖掘镇村优势产业，拓展产业发展链条，打造特色产业发展中心，实现县域各中心的互补发展；另一方面，在产业中心建设过程中，引导企业充分利用镇村优势重新布局企业生产环节，在让农业成为产业"一环"的同时，也让农村成为企业的"生产基地"，以镇村的融合发展为农村的繁荣发展注入了不竭动力，也为实现区域的全面协调可持续发展奠定了重要基础。

其三，突破了农民增收难题。实现农民增收是农村改革发展的重要目的，也是我国全面小康社会建成的重要支撑。而要实现农民增收，其根本着力点是推动农民发展。在传统的农村产业发展过程中，农户常因其"小而散"的特点处于弱势地位，常常是企业越来越富，农民仍旧原地踏步。在推动农村经济产业发展过程中，如何确保农民能够切实增收，享受更多发展带来的成果，成为推动农村发展的关键性问题。为此，新兴县坚持以实现农民发展为最终目标，引导企业创新农企合作机制，通过企业与农户进行合作生产支持农民升级发展；同时，引导企业创新风险先担机制，为农民融入现代产业、市场树立风险屏障，为农民发展提供切实可靠的保障，从而为农民持续增收奠定坚实的基础。

3. 新兴共生是政府治理能力的重大提升

在推动产业发展过程中，除了尊重和发挥市场在资源配置中的决定性作用外，还需要更好地发挥政府的作用。要更好地发挥政府的作用就必须转变政府职能，使之适应现代经济社会发展的需要。产业融合发展是现代市场经济活动，政府的核心职能在于为其领航、护航，而非直接参与具体的产业发展活动。新兴县成功实现融合发展还有一个重要条件，即其以推动产业融合发展为契机，深化转变政府职能，使之适应现代产业发展需要。新兴县在推进产业融合发展过程中，以经济社会发展需求作为界定政府行为的边界，以规划引导、服务供给作为政府行为的主要内容，确保政府"不越位"，同时也保证政府"不缺位"，有效地重塑了政府职能。

同时，多元社会力量有序参与社会治理是现代治理发展的重要目标。在传统社会治理的过程中，政府常常处于绝对的主导地位，忽视了治理活动的社会参与，导致的直接结果就是政府"吃力不讨好"。新兴县在推动产业融合发展的过程中，充分发挥现代企业的作用，激活产业发展资源，创新农企合作形式，有效地激发了县域经济发展活力。这一重大尝试也让新兴县认识到了社会参与对现代社会治理的重要价值。为此，新兴县继续发挥企业在产业融合发展过程中的引领作用；同时，创新企业参与社会治理的途径与方式，一方面引导企业参与社会公益事业，使企业在慈善捐助、爱心助学等方面贡献自己的力量，另一方面引导企业在发展中参与新农村建设，承担社会公共设施建设职责，践行企业社会责任，实现企业与社会发展共享，极大地提升了政府的社会治理能力，为社会的持续健康发展提供了重要保障。

四 理论研究部分的结构安排

本书理论研究部分以新兴县探索创新一二三产业融合发展所推动的产业、经济及社会的发展变革为主线，理论研究部分记录和阐述"新兴高度"何以在新兴发生以及这一创举的具体内涵、发展过程。本书之所以以

"新兴高度"命名，在于新兴县作为一个传统的农业发展大县，始终坚持以农业为核心引领二三产业融合发展，走出了一条完全不同于国外以工业引领产业融合的更为符合中国产业发展实际、极具中国特色的产业融合发展道路。为推动和实现产业融合发展积累了中国经验，创造了中国样本。

理论研究部分的撰写侧重于对新兴县"融合共生"的产业发展模式进行剖析展现，并伴有对新兴县产业发展历程及创新探索过程的纪实，共分为六个部分。其中，导论部分主要通过追溯新兴县县域经济产业发展历程来说明新兴县创新产业融合发展的内在条件及缘由。可以说，导论部分是对新兴县产业融合发展探索的一个全景展示，同时也从理论上回答了本书的主题——"新兴高度"是什么以及其所具有的现实意义等。

接下来第一章背景部分主要是介绍新兴县区位条件及创新探索之前的社会经济形态，及其产业经济发展所遭遇的困境，并着重介绍了新兴县以农业为核心带动二三产业融合发展理念提出及逐步完善的过程。

第二章至第四章主要从不同的主体来介绍新兴"融合共生"是如何实现的，政府、企业与农民在融合发展过程中各自扮演着什么样的角色，发挥着怎样的作用，以及产业融合发展对相应主体形成的影响。第五章主要介绍新兴县在县域产业融合发展的探索过程中所形成的一系列崭新的机制。其中，重点论述了关于风险先担机制及利益共享机制，新兴县在产业融合发展过程中如何创新农企合作机制，为农民树立风险屏障，从而确保农民在面对市场时能够享受到更多的发展收益。

最后一部分为本书的结论部分，主要对新兴共生的内容是什么、新兴共生产生的条件、有什么价值与意义以及新兴县的创新探索还存在哪些局限与进一步发展的方向等问题进行了集中回答。

我们撰写此书：一方面，是为了记录新兴县创新一二三产业融合发展的实践过程，总结其探索的实践经验，以为全面推进农村一二三产业融合发展提供中国经验与中国样本。另一方面，也是为了夯实和提升华中师范大学中国农村研究院的理论研究水平，通过总结和提升改革实践经验，为学术研究提供新的理论源泉。由于我们撰述者理论与实践经验相对不足，本书或许不能完全实现以上两个方面的目标，我们敬请学界前辈与同人能予以批评、指导。

一

顺势而为：新兴共生的社会基础

　　农业是国民经济的基础，是经济发展、社会稳定的前提。全面建成小康社会，重点在农村，难点在农民。推进农村一二三产业融合发展，是拓宽农民增收渠道、构建现代农业产业体系的重要举措，是加快转变农业发展方式、探索中国特色农业现代化道路的必然要求。2015 年 12 月 30 日，国务院办公厅出台《关于推进农村一二三产业融合发展的指导意见》，强调了推进农村一二三产业融合发展对于农民增收、农业发展的重要作用，同时为发展现代农业指明了方向。长期以来，新兴县人民充分利用其优越的地理位置，与广州、香港等发达市场互动频繁，较早接受到市场理念的冲击，成为市场经济的先行者。加之新兴是六祖惠能的故乡，重合作、尚忠信、共患难的理念已深入人们的生产和生活理念中，其共创、共享、共生的文化传统成为催生三产融合的重要文化基础。凭借其优越的社会基础，适逢中央提出产业融合新政策的契机，位于粤西山区的云浮市新兴县，在省、市指导之下，立足本地实际，出台一系列政策，全面推进以第一产业为带动力量的三产融合发展，还在农村三产融合基础之上，全力打造有新兴特色的县域三产融合，走出了产业融合的新兴之路。

作者：华中师范大学中国农村研究院/政治科学高等研究院张慧慧、龚城。

（一）市场理念影响下的区位基础

产业融合的有效实现需要一定的条件，其中地理区位和环境是一个重要的方面。相对而言，邻近发达地区、地理环境较好的地区，更容易受到市场理念的熏陶，产业融合发展的可能性更大，难度更小。无论是技术、市场信息等关键发展因素的获取还是发展理念等思想层面的转变，对于地理区位优良的地区而言，其效率都会更高。

1. 毗邻粤港，先觉市场先机

新兴县位于广东省中部偏西之地，地处新兴江两大支流大南河与西河冲积形成的平原之中，毗邻珠江三角洲，距省会广州150多公里，是云浮与肇庆、佛山、江门、阳江五个地级市的交汇处，东与佛山高明、江门鹤山交界，东南与开平接壤，南邻恩平，西南连阳江阳春，西北为云浮云城区，东北接肇庆高要，有着优越的地理区位。

新兴县作为珠三角"一小时经济圈"辐射范围内的县域，且地处广佛肇经济圈、珠中江经济圈的交汇地带，东接珠三角，西靠大西南，是珠三角尤其是珠三角西岸城市群进入西南各地的桥头堡。借助于其区位优势，新兴县对市场信息先知先觉，长期以来坚持以市场需求为导向，充分发挥其永于探索、敢于抢占先机的魄力，保持与广州、香港市场的密切往来，极大地促进了县域经济的发展。2015年，新兴县GDP达到221.53亿元，同比增长8.7%，近五年年均增长13.3%，在广东全省58个县域单元综合发展力测评中排第九，在28个山区县的县域经济综合发展力排名中排第一，同时也高居云浮市各县（区）经济发展排行榜的榜首。

在改革开放的浪潮中，新兴是一个后发者，传统农业一直是当地经济的主力军。但随着粤东西北振兴发展战略上升为全省战略，新兴加速跨越发展。借助毗邻佛山、广州的优势，新兴承接珠三角产业转移，本地传统产业在温氏股份、翔顺集团、凌丰集团等龙头企业带动下延长产业链，实现了产业增值。目前，随着江罗高速一期通车，新兴纳入广州2小时生活圈，区位优势愈发明显。尽管新兴地方不大，人口不多，但在2015年人均GDP已超过全国平均水平，这在欠发达地区中实属不易。根据2016年6月公布的2015年度粤东西北振兴发展考核结果，粤东西北仅10个县区的人均GDP超过全国平均水平，除新兴县外，其余9个都是市辖区。优越的地理区位，带给了新兴巨大的发展机遇，经济的发展，更为一二三产业融合发展奠定了基础。

2. 侨眷之乡，密切往来带动先试先行

珠江三角洲是著名的侨乡，外商投资的热点地区，与诸多港澳同胞、海外华侨有着共同的文化背景和密切的血缘关系。2000年，新兴县县籍的华侨及港澳台同胞达15万人，占比达县籍总人口（445228人）的30%以上，遍布世界五大洲的28个国家和地区。

1979年后，新兴县充分发挥毗邻珠三角的地缘优势和海外侨胞、港澳同胞众多的优势，坚定不移地对外开放，利用国内外的资金、技术、市场、管理模式，加快当地的改革与发展。一方面利用外资的规模不断扩大，方式增多。1980年，新兴县接待港胞、侨胞130多人次，向他们介绍祖国的对外开放政策。同年引进首个港胞投资项目——表耳针来料加工，也是县内与香港商人第一个签订"三来一补"（来料、来样、来件加工、补偿贸易）生产合约的项目。1984年，县龙山温泉宾馆、中旅社大楼落成，40多位港澳台侨胞应邀回乡参加庆典，县涉外部门主动与客商洽谈项目，签订不锈钢器皿和塑料玩具来料加工合同2宗。1985年，引进澳胞第一个投资项目"新澳汽车货运公司"。1988年，县组织有关人员多次赴港澳，召开乡亲座谈会，开展招商洽谈活动，年内共引进投资项目85宗，利用外资544.88万美元。1990~1991年，通过"走出去，请进来"，与港澳台侨胞广泛接触，扩大联系，前来投资客商的范围扩大到美国、新加坡等国家。1998年，全县有外资企业143家，注册资金3.7亿元。外商投资方式，从初期的"三来一补"为主，发展到合资经营、合作经营、外商独资等。投资的主要行业有服装漂染业、不锈钢餐厨具业、养殖业等。1979~2000年，共有10多个国家和地区投资者在新兴县签约"三资"项目237宗。另一方面开放领域涵盖一、二、三产业。外资从1980年进入新兴县，大部分投向劳动密集型、加工型的产业。从20世纪90年代中后期开始，有外资投向公路建设、酒店等基础产业和服务业。县内一批企业利用外资带来的先进技术、工艺、设备，提高了参与市场竞争的能力。

以籬竹镇良洞村为例，1949年前，受农业产值极低的影响，不少村民外出到香港寻求商机，通过经商走上致富道路。至中华人民共和国成立时良洞村常住人口是 700 多人，与此同时在香港的侨胞也有 700 多人。留在村内的家人将从田地上获得的微薄收入寄给在香港的同胞作为其经商的资本，在香港的侨胞赚了钱之后再将钱寄回来支持家属、家乡的发展。截至目前，香港侨胞为良洞村公益事业的贡献累计达到近 30 万元。在香港的侨胞除了给家乡带来经济效益之外，更重要的是给家乡带来了先进的理念和技术，使良洞村民较早接触到了改革开放与市场的新理念。受香港侨胞所带来的市场经济的刺激以及追求经济发展的影响，良洞村村民从 1983 年起开始大规模种植皇帝柑、沙头橘等知名品牌的水果，经济效益得以充分体现，良洞村也因此涌现出了第一批万元户。

3. 市场精神引领，推波改革开放探索

在效益至上的市场精神引领下，要主动适应市场需求变化，拓展经营领域，丰富服务内容，提升服务质量，满足多样化、个性化市场需求，才能更充分地发挥主观能动性，切实把握市场脉搏，在市场经济的浪潮中长期立于不败之地。而新兴在珠三角发展的示范和带动下，长期受外部市场的激励，坚持创新发展的市场精神，为县域经济的持续发展注入了不竭动力。

一是主动探索精神。改革开放之初，广东省新兴县以解放思想为先导，充分发挥新兴地缘人缘优势，开展以"包产到户"为主要内容的农村体制改革，调整农业发展方针，改变农业"以粮为纲"和农村"农业唯一"的经济格局和产业结构，大力发展乡镇企业，推动了农村经济的发展，开始了新兴波澜壮阔的改革开放进程。

1978 年下半年，广东省部分山区和贫困地区暗中自发实行包产到户，并短时间内在全省迅速推开，全面推行家庭联产承包责任制，给了农民更多自主权。1979 年后，农民可自主调整作物布局，在完成公购粮任务、留足口粮的基础上，开始逐渐减少水稻插植面积，扩大经济作物种植。据《新兴县志》记载，1982 年，全县柑橘橙种植面积和产量分别从 1978 年的 0.28 万亩、313 吨增加到 0.51 万亩、1817 吨。到 1984 年底，粮食与经济作物的比例，已从 1978 年的 85：15 调整到 79：21。1985 年，新兴县提出抓好糖蔗、蚕桑、水果、药材和水产五大商品基地建设，同时全县水稻插植下降至 45.12 万亩，比 1978 年调减 14.58 万亩，减幅达 24.4%；经济作物种植面积 17.6 万亩，比 1978 年增加 5.05 万亩，增幅达 40.2%。到 2000 年，全县水稻种植插植面积调减到 30.72 万亩，柑橘橙种植面积从 1990 年的 10.13 万亩下降到 1.24 万亩，而贡柑、十月橘、荔枝、龙眼、青梅等优质水果逐步兴起，粮食作物与经济作物种植面积比例调整到 55：45。

在调整农业发展战略的同时，新兴开始转变乡镇企业经营方式，拓宽农业发展面。改革开放初期，石头冲村有 8 户农户开始试养群鸡。1982 年冬，该村养鸡专业户温木辉联合本村 10 户人组成养鸡联合体。1985 年，温树汉从温木辉的养殖户中脱钩出来，自行养群鸡。1986 年，温北英等 8 人联合办起簕竹鸡场，后来，古章汉建立万益养鸡公司。簕竹镇"三温一古"四大公司名声远播，不仅带动本地养鸡业迅速发展，还辐射到县内各地及国内多个省区市。1998 年起，全镇出栏肉鸡突破千万只大关，养鸡业总收入超亿元，是种植业收入的 14 倍。2000 年，温氏集团公司成为全国农业产业化龙头企业，拥有 15 家养殖分公司，3256 名员工，带动 12000 户养殖户，年销售肉鸡 1.39 亿只，销售总额 15.6 亿元，固定资产总值 8 亿元。

新兴人民在进一步解放思想、真抓实干中，让农业发展取得了长足的进步，发展和完善了农业社会化服务体系，推动了农村经济的发展，在改革开放中"先走一步"。

二是改革创新精神。改革开放初期，新兴县在探索农业转型的同时，注重发展新的经济联合体，通过龙头企业将农业的产前、产中、产后诸环节联结为产业经营体系，开始引导企业向上游延伸产业链，实现多元化发展。

1983 年，簕竹区温北英联合 7 个农户创办了簕竹养鸡场，率先在县内成立了农业股份合作组织，从事家禽养殖业，后迅速扩大发展为温氏食品集团有限公司（以下简称温氏集团），成为全国农业龙头企业。2000 年时，与该公司合作的养殖户已有 1.2 万户，上市肉鸡 1.38 亿只，农户共获利 2.05 亿元。目前，该集团已发展成为亚洲最大的畜牧集团，深圳市值第二的上市公司，2016 年销售收入 482 亿元。它的产业从最初的养鸡，横向向养猪、奶牛、养鸭等多品种发展，纵向围绕产业链延伸，向上游的饲料、生物制药、农牧机械、粮食加工贸易等发展，下游向屠宰、食品加工销售、物流配送等方面延伸，同时还跨行业发展金融、房地产、文化等产业，是全产业链发展的一个示范。再如翔顺集团，由原县第七建筑公司改制而来，在房地产主业经营有声有色的基础上，发挥其建筑优势，将发展触角逐步向酒店、旅游、生态茶场、观光农业，甚至不锈钢厨具等行业延伸，在不断积极探索的过程中，逐步向融合型企业发展。

同时，伴随我国城乡一体化的推进和电信业的飞速发展，互联网融入了城镇居民的生产生活中，淘宝、腾讯、京东、百度、国美、苏宁等行业巨头也纷纷布局"农村电商"，农村电商开始走进千村万寨，为县域经济创新发展注入活力。新兴县因与广州、香港等较为发达的市场互动频繁，长期受到先进市场理念的熏陶，激发了人们借助电商干事、创业的热情。广东省政府也根据市场需求制定、出台的一些相关政策，要求大力发展"互联网+农业"，以应用示范为主线，建设一批示范园区、基地和项目，培育一批农村电商企业，推进村级电商综合服务站建设，重点打造全国领先的智慧农业综合示范区2~3个，全面促进农村各产业的渗透融合和交叉重组。新兴县一方面将"大数据"和"互联网+"为代表的先进技术向农业渗透融合，大力发展网络营销、在线租赁托管、食品短链、电子商务、体验经济等多业态融合发展方式，定下了争取到2020年，全县涉农电子商务交易额达到1亿元以上的战略目标；另一方面，通过"公司+专卖店"的经营模式，实施"互联网+现代农业"的电商化发展战略，建设新兴乃至云浮特色农产品展示配送中心、凉果加工研发中心、农产品检测中心、电子商务平台等，创建农产品电商创业平台，建设可实现分销的电脑版、手机版、微信版商城，实施线下实体标准店连锁加盟和线上商城分销的战略，并在珠三角大中城市建立专卖店，完成最后一公里的配送。通过探索以马林食品为代表的"企业+互联网+物流"的发展模式，新兴创新产业多功能型发展模式，并带动新兴县惠食乐食品有限公司、新兴县香和源食品有限公司、新兴县广华食品有限公司、新兴县汇丰排米粉有限公司等农业龙头企业加快生产基地建设，提升精深加工能力，加快向电子商务和现代物流配送发展，为三产融合的加速发展奠定了电子交易平台基础。

新兴县之所以能够在众多县域中独树一帜，重点就在于其具备勇于探索、敢于改革的市场精神和谋略。20 世纪 90 年代，新兴县在肇庆地区的发展水平是"排不上号的"，1994 年，财政收入仅有 4000 万元，而罗定市已达到 1 亿元。但由于罗定市无论在产业还是体制上都没有跟上改革的步伐，而新兴抓住机遇，迎难而上，加快集体企业改制，尽早面向市场，走向市场，截至目前，新兴县年财政收入已达到 15 亿元，而罗定只有 12 亿元，（新兴的）增长速度在罗定的 3 倍以上。

（二）农业发展倒逼下的资源基础

农业资源是农业发展的基础，能为农业活动提供生长活动的空间和平台。新兴县四面环山，地势自西南向东北倾斜，是广东省典型的山区县，全县山地、丘陵地占土地总面积的 69.52%，平原河谷占 30.48%。至 2008 年末，全县耕地面积 22664 公顷，人均占有量不足 0.68 亩。在土地资源紧缺的情况下，新兴县不得不重视土地的综合、高效利用，提高土地生产率，最大限度地降低资源的消耗，节约利用空间，发展高效、高产农业。

1. 人多地少，寻求农业新出路

社会经济不断发展，城镇、道路、民房等的修建不断增多，新兴境内耕地面积随着年代变更逐年减少。据《新兴县志》记载，1953、1954 年，全县耕地总面积均为 384500 亩，是 1949 年以后耕地总面积最多的年份；1958 年，全县耕地总面积 366848 亩；至 2000 年，全县耕地面积已减少至 278283 亩，其中水田 247441 亩，旱地 30842 亩，人均占有耕地 0.63 亩，比 1950 年减少近 1 亩，比 1979 年的 0.99 亩减少 0.36 亩。全县 15 个镇中，人均耕地面积最多的是水台镇，有 1.03 亩，最少的是新城镇，仅有 0.12 亩，其次是大江镇，只有 0.43 亩。新兴人多地少，且分配不均，仅靠农业难以保障农民的生活，不得不以发展副业和向二三产业转移来增加收入。

（1）土地紧缺促进集约发展

土地作为最重要的农业生产资料，是农民增收、农业增产的重要基础，同时，城市所有的社会经济活动都要在土地上进行，在人均占有量极低的情况下（加之土地是有限的、不可再生的资源），如果不能集约利用，三产融合就会止步不前。因此，必须节约集约利用好土地，提高土地使用效率，规模化、集约化发展成为促进农业发展和提高农民收入的必然路径。党的十六届五中全会《建议》指出，实现集约发展的基本途径就是要加快推进产业集聚、人口集中、配置优化和资源节约。

新兴县土地总面积 1523 平方公里，县内丘陵面积占全县总面积的 67.4%，常住户籍人口 49.4 万人，县域耕地面积 22664 公顷，人均耕地面积不足 0.7 亩。近年来，新兴县经济社会发展较快，对建设用地的需求量大增，但由于用地规模已"见底"，存在土地供需矛盾，很多项目和产业的落地都面临用地难的窘境，这也使节约集约利用土地资源成为长期以来新兴土地使用的方向。

为克服土地占有量少、占有不均和土地质量差的不足，新兴县结合实际，建立健全国土资源集约利用考核机制，把资源消耗、资源节约集约利用指标作为一个主要的指标纳入地方党政领导班子和领导干部的考核体系，推进资源节约集约社会共识的形成。同时，加强规划引导，统筹调整安排各类用地，做到土地布局合理，制度措施完善，形成土地节约集约利用常态机制。重点明确两条发展轴，一是以车岗、六祖、里洞、大江等镇组成的生态发展轴，基本不上工业；二是以稔村、水台、东成、新城、簕竹等镇组成工业发展轴，按照"布局集中、用地集约、产业集聚"的要求，规划发展工业园区和产业集聚区，重点抓好新成工业园、广东禅文化创意产业园、中国国际（新兴）信息产业基地、新兴红木家具产业园、新兴现代农牧科技园"五大园区"建设，为产业集聚发展打下了良好基础。此外，还制定完善了各类建设用地控制指标，从严控制单位土地面积的投资强度、容积率要求和投资规模，如投资强度不少于 100 万元/亩，厂房要建多层厂房等，切实增强企业"寸土尺金"意识，高效利用土地资源。比如，新兴县新成工业园规划土地面积 18000 亩，其中 70% 为山地和未利用地，目前已开发土地面积 8438 亩。该园区每两年开展一次土地集约利用评价工作，通过基础调查分析、土地集约利用程度评价、土地集约利用潜力测算，全面掌握开发区土地集约利用状况，促进土地节约集约利用，为开发区扩区升级、区位调整审核、动态监管、规划计划管理及有关政策制定提供参考依据。目前入园项目有 65 个，合同总额 168 亿元，已投产企业 35 家，2015 年度实现工业产值 75.6 亿元，取得了良好的经济效益和社会效益。近年来，新兴县单位用地效益有了明显提高，2012 年地均产出强度为 171 万元/公顷，2013 年为 185 万元/公顷，2014 年为 201 万元/公顷，2015 年为 214 万元/公顷。

困则思变，在土地集约化利用方面，新兴县于 2016 年 6 月 27 日被国土资源部授予第三届"国土资源节约集约模范县"称号，这标志着新兴县土地节约集约利用水平走上了新高度。

（2）低人均占有量倒逼副业发展

新兴县人均耕地不足 0.7 亩，远低于联合国粮农组织提出的人均耕地 0.8 亩的警戒线，耕地资源稀缺已成为新兴农业发展的刚性制约因素，副业随之产生。

1984 年 9 月，新兴县延长了土地承包期，调减粮食种植面积，发展经济作物及塘鱼生产，建立一大批商品生产基地。1985 年，新兴县成为全省山区县塘鱼总产量最高的县。1991 年，全县水果种植总面积 22.05 万亩，全县 16 个区镇中有 10 个成为万亩水果镇，形成柑橘橙、荔枝、青梅、竹笋四大商品基地。与此同时，全县大力发展乡镇企业、"三高"（高产、高质、高效）农业和创汇农业，肇庆地区第一个外商投资的农业企业——景云农场——落户新兴县。再如良洞村，虽然不是温氏集团的发源地，却是与温氏合作最典型的一个村，副业发展较好。该村拥有耕地 3000 多亩，山地逾 20000 亩，解放之后到改革开放以前的 30 年，良洞村人均 1.5 亩田，最多的有 3 亩，种植水稻产值极低，一个劳动力一年的产值维持在 200 元左右。为此，良洞村在香港侨胞的影响下，逐渐转型开始种植果树，因为"种植经济作物比种植水稻划得来得多"。

改革开放以来，新兴人民面对资源困境和发展难题，不断探索，通过改造低产农田、走集约发展之路、大力发展副业等方式，促进了农业发展，提高了农民收入，为三产融合发展奠定了基础。

2. 多样化农业资源的优势

农业资源是人类生存和农村经济发展的物质基础。新兴县在改革开放初期就开始进行发展农业的诸多改革，经过 30 多年的开放发展，已经在农业资源、农业产业、农产品加工等方面打下了坚实的基础。

农村实行家庭联产承包责任制后，农产品越来越丰富，县内陆续出现了农产品"价低""卖难"等问题。为解决单家独户经营与千变万化的大市场之间的矛盾，20世纪80年代中后期，县内出现了一种新的农业经营方式——产业化经营，即在家庭经营的基础上，通过龙头企业、中介、专业市场等组织，把分散的家庭经营与国内外市场连接起来，将农业的产前、产中、产后诸环节联结为产业经营体系，实行种养加工、产供销、贸工农一体化经营。县内形成了肉鸡、肉猪、水产、水果、蔬菜五大产业。

（1）养殖基础

新兴县素有养殖的传统，传统畜牧业是猪、牛、鸡、鸭的养殖。新兴花白猪自明朝以来，经过长期的培育和选择，成为地方优良猪种，享誉省内外。1949年，全县生猪饲养量达40955头，平均户养0.69头；耕牛饲养量36066头，其中水牛25146头，黄牛10920头。鸡多为农户自孵自养自用，商品率很低。1957年，全县生猪饲养量达到102465头，比1949年增长1.5倍，同年，全县家禽饲养量达到70万只。到20世纪70年代中期，视多养禽畜为"资本主义尾巴"，饲养量大幅下降，1978年后逐渐回升。1979年生猪饲养量254517头，肉鸡上市量9.85万只。

1979年后，新兴县的畜牧业特别是养鸡业发展较快。2000年，全县肉鸡饲养量11060万只，生猪饲养量627290头，分别比1979年增长764倍和1.46倍；养殖业产值由1979年的2853万元，占农业总产值的13.36%，上升到2000年的64254万元，占农业总产值的52.1%。

（2）水产基础

1978年，全县水产养殖面积9902亩，其中鱼塘4871亩，山塘水库5031亩，总产量859吨，总产值243万元。随着农业结构的调整，一些低塱田、低产田被大批改成鱼塘。养鱼业的发展促进了鱼苗繁育，1978年，洞口大汾村卢厚办起塘虱鱼苗繁育基地，带动全村84%农户繁育塘虱苗，大汾村成为塘虱苗繁育专业村。到1995年，全村孵化销售塘虱苗达3亿尾，收入共117.6万元，户均收入2.9万元。受该村致富效应的影响，洞口镇有8个专业村615户开展了塘虱苗繁育，全县有1000多农户加入这一行业。新城镇的枫洞村亦成为繁育埃及塘虱苗（革胡子鲶）的专业村。1999年，全县孵化塘虱苗25亿尾，创最高纪录。鱼苗远销广西、江西等地，新兴县成为全国最大的塘虱苗繁育基地。2000年，全县水产养殖面积达44754亩，总产量15246吨，总产值10645万元，分别比1980年增长

1.83 倍、13.49 倍和 34.6 倍。

（3）林果基础

新兴县低丘台地较多，具有发展水果生产的优势。1979 年，全县水果种植面积 17214 亩，总产量 1437.9 吨。1980 年，县鼓励群众利用荒山、旱地发展水果生产。1982 年水果面积 16809 亩，产量 3089 吨，名列肇庆地区之冠。1987 年，县鼓励机关单位到农村办造林种果点。是年，全县出现稔村、东成、共成、天堂 4 个万亩水果镇，20 多个 1000 亩水果村。1991 年，全县水果种植面积达到 22 万亩，总产量 6.5 万吨，创历史最高水平。此后，因柑橘病虫害的蔓延及市场等因素影响，柑橘橙种植面积逐渐减少。但荔枝、龙眼、贡柑以及加工型水果的种植面积增多。2000 年，全县水果种植面积为 154761 亩，总产量 23704 吨。水果的发展促进了水果加工业的发展，全县办起凉果加工厂 230 多家，年加工凉果 5 万多吨。

（4）蔬菜种植基础

20 世纪 80 年代前县内蔬菜种植以自给为主。县城附近的坡边、社圩、山口等村农户常年种植蔬菜供应县城，少量外销。自从 1985 年冬季外省人到天堂镇收购辣椒外销后，天堂镇很快掀起冬种蔬菜热潮，并逐渐形成生产基地。到 1987 年，天堂镇出现了个体的南菜北运流通组织。1989 年，天堂镇有 20 多支购销贩运队伍，每年北运蔬菜 5000 多吨，销往湖南、江西、福建、浙江等省，蔬菜品种亦从单一的辣椒增加到苦瓜、玉豆、梅菜等多个品种。1989 年，全县蔬菜复种面积 2.19 万亩。此后，蔬菜的种植基地逐渐扩展到东成、太平等镇。2000 年，全县蔬菜复种面积达到 16.22 万亩，总产量 23.59 万吨，其中天堂镇种植面积 4.53 万亩，产量 9.42 万吨，产值 1 亿元，占该镇当年种植业产值的 60.5%。

新兴县农业资源较为丰富，呈现"百家争鸣"的盛景，多样化的农业资源，也为三产融合发展奠定了基础。

（三）禅宗理念熏陶下的文化基础

俗语云："一方山水养一方人。"所谓"养"者，既包含当地自然资源对当地人体格及生产（生产力）的形塑，也包括当地历史积淀的社会文化资源对当地人性格及惯习（生产关系）的孕育。深居两省交界地带的一个山区之中，新兴人能够拿出充足的动力和智慧，冲出钳制产业转型的关隘，走向产业融合，除巧妙的区位特征与农业资源外，社会文化基础也必不可少。在 2000 多年的置县发展史上，新兴积累了丰厚的文化资源和浓郁的人文传统，但对后世影响最大的是历经数代传承的六祖禅文化。

六祖惠能（638~713 年）是世界佛教史上影响中国最为深远与最具代表性的一代高僧。惠能俗姓卢，唐朝新州夏卢村（即今广东省新兴县六祖镇内）人，少时是大字不识的穷苦人家，独自北上至湖北黄梅东禅寺拜师禅宗五祖弘忍，因"菩提本无树，明镜亦非台，本来无一物，何处惹尘埃"一偈，得五祖传授钵盂，成为禅宗第六代祖师。惠能提出的"生活禅"理念使禅与日常生活紧密相连，让禅宗真正从佛寺中传入生活，使"普渡众生""破执圆融"等观念融入人们的生产合作和生活交往中，并且具有包容性地吸收了岭南本地的多元文化，促进了文化融合，总体形成了一种崇尚合作、有难同担、有利同赚和有福同享的"共生"禅文化。在禅宗理念影响下，新兴人形成的忠信、包容和乐助等主要的文化性格，是新兴在产业化浪潮中能顺利转向三产融合的重要文化基础。

1. 尚信忠诚

新兴自古是俚瑶聚居之地，据《隋书·地理志》记载，俚人生产上"尽力农事"，生活中"质直尚信"，"刻木以为符契，言誓则至死不改"，尤为看重信任与承诺。在后来的民族融合与文化融合当中，俚瑶人在新兴消失了，"质直尚信"的文化性格却长久流传，整合进"农禅"文化，故而新兴人对社会交往间的诚信与忠诚一直十分重视。"尚信忠诚"为新兴人提供了市场交往的基本精神，更重要的是提供了资源集聚的文化张力，即促成企业与农民的忠诚合作。

企业与农民的忠诚合作，主要体现于早期农民对企业的守信经营和企业对长期合作农民的忠诚回馈。产业化发展历程的推进有赖于资源的集聚。农业生产无论是生产资料还是生产力往往都是小而分散的，新兴县"三温一古"等养殖企业于 20 世纪末较早发明了"公司+农户"的创新经营模式，破解了资源集聚难题，但由于管理成本有限，制度不甚健全，加之农民素质有限，该模式在发展初期面临散户难以管理的问题。然而新兴农民诚信守本，比如农民在与温氏集团合作养殖的过程中，即使最初缺乏明文规定，也大部分能坚持不将饲料擅自挪用，企业对农民也有充分的信任。据一位从温氏集团早期就开始与之合作的农户回忆，最开始自己与温氏合作养300多只鸡，企业提供的饲料就不是按量分配而是按需分配的，"饲料用完了就可以找'温氏'拿，我们都是老实人，很少有人拿饲料去另外养私禽"。可见，农民与企业一开始就建立了良好的农企互信关系。

此后，企业在发展壮大过程中，对于长期坚持忠诚合作的农民往往扶助有加，诸如提供无息贷助农场现代化升级，对订单合同减免押金，进行亏本补贴，等等。如，温氏集团原本规定，合作养殖中的每只鸡苗需缴5元押金，但如合作农户实在缺乏资金，押金可以减到2元/只，甚至免除，农户范金树却说："一般农民再困难都至少会把2元/只的押金交上去，只有交了钱，心里才踏实，干活才尽力。"范金树从1992年就开始和温氏集团合作，在2011年升级现代化家庭养猪农场时，他从温氏集团得到了40%的无息垫资，为将其打造成现代家庭农场示范点，还免费帮他的农场修了联通乡道的硬化路。

相反，如果农户一遇风险就取消合作，或者违反养殖规定，企业则会取消扶助，甚至不再合作。早年"三温一古"四大养殖业吸引农民资源，都把农民视为长期资本去经营，故而尤为看重农民的忠信品质。曾经温氏集团在"三温一古"之中带给农民的利润并不是最高的，部分合作养殖户为此离开温氏转而与其他公司合作。但在禽流感危机爆发后，其他企业都不如温氏集团能为农民担风险，农民又想回归，温氏却关闭了再次合作的大门。又如，"三温一古"之一的企业家温木辉提到在他兴办养殖业的经历中，公司的收购价一般比市场均价高出3~5元，极少一部分农民曾经买市面上的鸡来"充数"，一经发现，立即取消合作。新兴企业就是这样通过正向或反向的"忠诚选择"机制实现忠诚文化的再生产，同时规划农民入企。各方面的"忠诚守信"，使新兴产业资源集聚过程较为顺畅和稳定。

2. 包容共生

"包容共生"是新兴禅文化的核心。六祖禅文化的诞生和发展吸收了岭南客家文化、广府文化的多重影响，加上佛家本身具有的"宽容""破执"等特质，孕育了禅文化讲求"持中包容"的"你中有我，我中有你"的共生理念，并深深影响了新兴市场。正如温氏集团"精诚合作，齐创美满生活"的企业理念，翔顺集团"诚信做人、客户至上、回报社会、共创美好新生活"的企业理念等新兴众多企业理念所体现的，"共创、共生、共享"是新兴市场文化与主体行为的主要特征。在文化驱使下，企业与农民、企业与企业能够建立紧密的利益联结，在经营与分配上成为"共生体"，极大促进了一二三产业融合。

首先，企业与个体之间的共生联结。如何缔造利益联结是产业融合成功与否的关键所在，在禅文化"外敬内谦"理念的引导下，新兴企业通过"全员持股"、多次分配与风险先担等机制与员工和合作养户结成紧密的利益联结。例如，以温氏集团为首的一批优秀本土企业较早建立了现代股份制，将落后的家族本位经营模式进行淘汰。其中，创始于"七户八股"的温氏集团多年坚持"全员持股"制，公司股东人数从最初的8人逐渐扩展到1986年的39人、2002年的4000多人（含经营合作者、养殖户、推销户等），2007年的8250人（均为在册正式职工），直至今天的上万人，而董事长占股最高不到4%，每个员工自视为企业的重要一分子而努力工作。同时，企业还有一套为合作养户降低市场风险的分利机制，温氏集团采取签订保价收购合同的形式确保农户获得稳定收益，如年终结算时市场收益高于预期，公司会实行二次分红，让农户多得利，如农户的平均收益低于社会同行平均水平，公司又将以补贴形式给予农户。此外，公司还提取一定的风险基金，如果农户在饲养过程中遭遇洪涝、台风、疾病等灾害而受到重大损失，公司将从基金中提取补贴，保证农户不发生亏损。如在2013年，温氏因H7N9禽流感事件经营亏损10亿元，但仍保证合作农户每只鸡2元钱的利润。

其次，企业与企业之间的让利共生。在禅文化影响下，各方企业通过共同持股、共同研发、共有品牌、统一营销等方式，建立起均衡市场资源的让利机制，促进多产业的融合发展，对技术、管理、信息、资金和市场资源进行有偿分享，形成了紧密的利益联结。比如，在新兴，一家不锈钢企业接到客户订单但生产安排不过来，就会自觉让予同行企业去接单挣钱，万事泰集团负责人形象地称这种让利机制为"锅内调节"："反正拿到锅里来了，不是我们受益，肯定也是其他新兴人受益。"

3. 乐善帮扶

产业融合是一项具有复杂性、系统性的社会发展工程，不是局部而是整体的，不是短期而是长效的，在解决了建立合作机制关键的利益联结难题后，还需要维持融合系统的长效运行，如某部分在发展中掉队，必然影响整个系统的发展。在千年禅文化的熏陶下，"共度修禅"的禅文化理念已经在新兴深入人心。新兴企业素有"一方有难，八方支援"的传统，大中小企业之间、企业与农民之间频繁开展纵向与横向的全面帮扶合作，促进了产业融合的长效、整体发展。

第一类帮扶是困难中帮扶。市场充满风险和残酷竞争，即便在组织化的生产过程中，企业（甚至是大企业）与农民也很容易受外力干扰，面临发展困境。对此，新兴企业相互间往往及时伸出援手，通过多形式的帮扶为受困主体排解难题，促进共同发展。首先是同行业企业间的互助。2012年，温氏集团前董事长温鹏程曾在接受采访中说道，"温氏经营市场，'敌人'的利益也要兼顾"，因为"对我们而言，没有竞争对手，只有合作伙伴"。① 当年除温氏集团外的"二温一古"因禽流感冲击和经营不善，先后面临破产倒闭，其中，温木辉公司向温氏集团求助，在2000年将公司交由温氏代管，次年就实现了22万元的盈利。在温氏帮助下，温木辉本人于2003年作为温氏集团的养殖种苗经销商二次创业，一年赚下300多万元，温氏集团扶人助己，也获利匪浅。其次是不同行业间的互助。2012年，分属不同产业的翔顺、凌丰、万事泰和温氏四大集团公司共同出资建立新兴东盈村银行，协作破解偏远县域融资难题，且几大集团相互持有彼此股份，加深利益联结。除企业之间的困难帮扶，还有养殖企业对农民的困难帮扶。如合作养户遭遇大额亏损，经企业相关班子核实为非可控因素导致，企业会给合作养户支付合同之外的特殊补贴，除了补上亏损额，还会多给一部分保证农民能够维持正常生活的费用。"可能亏了3000元，温氏各个主任开会讨论后，会补给你8000元，有5000元的差额。"某温氏合作

① 王秀华：《深挖温氏：连敌人的利益，我们都要兼顾》，https://sanwen8.cn/p/1a0yEHs.html。

农户说道，"这个补贴算法就是，至少可以保证农户能够进行下一批（生产）运作，给他们翻本挣钱的机会。"

第二类帮扶是发展中帮扶。"共度修禅"不但帮助企业共渡难关，也帮助它们共同进步。在新兴，大中小企业在禅文化中化"大企吃小企"为"大企助小企"，各龙头企业通过多种形式开展行业内扶助、跨行业扶助，帮助中小型企业和农村新型经营主体实现发展。比如技术帮扶，新兴各不锈钢领头企业牵头成立产业协会，吸引了诸多不锈钢中小企业加入。产业协会经常组织到国内外优秀企业参观学习，并要求各个企业参加，按会长刘炳耀的话说，"要防止一些企业'闭门造车'"。温氏集团亦经常在各个论坛会议上向中小企业分享"公司+农户"模式的运行经验，同时成立"温氏学院"，除为公司培养人才，也让行业内各专业人士前来交流学习。

多地的产业融合实践中，地域传统文化常只被作为第三产业发展的资源进行经营开发，而新兴充分发挥了禅文化的文化潜力，使其忠信、包容、助人等具有团结作用的价值作用于现代市场领域，影响市场主体行为，浇筑了新兴发展一二三产业融合的共生基础。

（四）政府联动推进下的政策基础

党的十八大提出了具有中国特色的"四化"目标，即坚持走中国特色新型工业化、信息化、城镇化、农业现代化道路。其中，农业现代化为工业化、城镇化提供支撑和保障。作为一个历史悠久的农业大国，我国的现代化发展离不开农业的现代化发展，而农业现代化的一条必经之路就是农业产业化，长期的国家政策也围绕此展开。在农业产业化发展越发走向瓶颈之时，中央审时度势，于2015年底提出推进农村一二三产业融合发展的新战略。国内各地区发展产业融合的初步经验表明，大部分产业融合以二、三产业带动为主。广东省跟进中央决策时遵循"因地制宜"思路，以县域为单元积极探索具有地方特色的产业融合模式。位于粤西山区的云浮市新兴县在省、市指导之下，立足本地实际，出台一系列政策，全面推进以第一产业为带动力量的三产融合发展，还在农村三产融合基础之上，全力推进县域经济的融合发展。

1. 农业破题：中央产业融合政策的提出

"推进农村产业融合发展，不能再走过去'村村点火、户户冒烟'的老路，而要以新型城镇化和农业现代化协调并进作为重要载体。"李克强总理在 2015 年 12 月 23 日的国务院常务会议上如是说道。我国的农业产业化道路提出至今已有 20 多年的实践探索，既取得了成绩，也存在进一步取得成绩的困境。"三产融合"正是为突破困境而生的。

（1）农业产业化的成绩与困境

我国的"农业产业化"最早于 1993 年根据山东潍坊地区的实践提出，它是指在农民家庭经营的基础上，以市场为导向，以经济效益为中心，通过各种类型的龙头组织的带动，围绕主导产业和产品，实行区域化布局、专业化生产、规模化建设、系列化加工、社会化服务、企业化管理，形成市场以龙头连农户，种养加、产供销、内外贸、农工商一体化，农业生产各环节用利益机制联结成一体的一种生产经营组织形式。其中的基本思路是：确立主导产业，实行区域布局，依靠龙头带动，发展规模经营。农业产业化是伴随着社会主义市场经济的兴起而出现，伴随市场的成长而发展的。经过 20 多年的探索，农业产业化发展取得了一定的成绩（截至 2014年，我国形成各类农业产业化组织 33 万个，其中龙头企业 12 万多家，实现年销售收入 7.9 万亿元；辐射带动农户 1.2 亿户，农户参与产业化经营年户均增收 3000 多元，保障供给、带农就业增收效果持续显现，为稳增长、惠民生发挥了重要作用）。但发展中仍面临着诸多问题和困境，亟待解决。

这些问题可集中归纳为三大困境：一是科技化困境。农业产业化中的科学技术水平低，科技含量少，大部分地区依然靠较为传统的农业技术维系生产，加工技术也多为比较低端的初级技术，效益不高，对环境危害还较大。目前我国 250 种常用农药，高效低毒的只占 15%，其背后反映的是农业科研投入不足，农业研发强度（农业研发投资占农业 GDP 的比例）近些年虽有较大幅度增长，但仍不足世界粮农组织确定的农业研发强度适当标准（1%），更远远低于发达国家，资金缺口较大。二是链条化困境。农业产业链短而窄，许多地方在发展农业产业化时，往往挣脱不了传统思想的束缚，只重视龙头企业建设、规模化生产，而忽略与二、三产业融合延长产业链，链条短，不仅不能增值，还造成资源浪费，考虑农业本身受环境影响大，产业链过窄会导致结构不合理，农业抗风险的能力就很差。三是市场化困境。最初的农业产业化市场意识薄弱，在经营过程中往往是当地有什么，就加工生产销售什么，没有坚持市场导向，致使很多地区农产品在健康、多样、便捷等方面，无法满足人们的消费需求，即使有好产品，由于营销观念淡薄，缺乏专业化、现代化的市场推广和营销策略，或是受到传统行政区划的地理制约和教条政策的束缚，也很难在国内外市场打开局面。这三大困境实际对应着农业产业化在"供、产、销"三大环节中的缺陷，根源在于各个环节始终是"就农业谈产业"，没有从根本上摆脱土地及传统思维的束缚。

（2）农村三产融合的提出

2014 年年底，中央农村工作会议强调："农业产业化要在稳定粮食生产基础上，积极推进农业结构调整，由单纯在耕地上想办法到面向整个国土资源做文章，构建优势区域布局和专业生产格局，……要把产业链、价值链等现代产业组织方式引入农业，促进一二三产业融合互动。"在这里，"一二三产业融合"作为农村产业化的延伸新概念被提了出来。

随后 2015 年年初的中央一号文件明确提出"一二三产业融合"作为促进农民增收的政策指导手段。文件指出，实现农民增收，必须延伸农业产业链，提高农业附加值，因此需围绕这一目标在着力壮大县域经济的同时配套用地、财政、金融等扶持政策，落实税收优惠政策。要激活农村要素资源，增加农民财产性收入。

2016 年年初，国务院办公厅发布《关于推进农村一二三产业融合的指导意见》（以下简称《意见》），把一二三产业融合工作推上新高度。《意见》将一二三产业融合（也称"三产融合"）定位为新型城镇化发展和中国特色农业现代化道路探索的结合，明确其为农民增收的政策目标，并完整提出了推进"三产融合"的五个方面的要求和具体指导意见，即发展多类型融合方式、培育多元化农村产业融合主体、建立多形式利益联结机制、完善多渠道农村产业融合服务和健全农村产业融合推进机制。

农业部农村经济体制与经营管理司司长张红宇指出，农村三产融合就是农业产业化的"升级版"，两者理念高度契合，产业化为三产融合培育了基础，提供了主体支撑，三产融合作为前者的发展，具有更广阔的社会建设内涵和更聚焦的政策目标。2016 年 10 月，国家出台《全国农业现代化规划（2016—2020 年）》，要求在 2020 年基本建立三产融合的现代农业产业体系，可见，随着国家对于"三产融合"概念认知的深入，推进力度也不可谓不强劲。

（3）部分地区的初步探索

明确提出"三产融合"后，全国各省、直辖市、自治区及其下属地区便展开了积极的实践。可由于农村三产融合发展是 2014 年底才从国家层面提出的新概念，能够在农村真正实现三产融合的地区不多，绝大部分地区还处于计划和进一步筹划状态。实现三产融合的地区也大多处于初步发展阶段，融合层次浅、程度低，利益联结不紧密，公共服务不完善，仍存在不少制度阻力。

然而，事实上，在国家明确提出三产融合之前，确有少数一批县市农业产业化发展比较突出，早已开始了积极而富有前瞻性的探索。目前的一些研究表明，江浙一带与西南地区等省份的县市区取得了相当不错的成绩。[①] 浙江省、江苏省等"鱼米之乡"由于经济全国领先，服务业与电子信息产业十分发达，因而在农村电商、物流方面培育了良好的经营技术和商业模式应对"互联网+"的时代转型。2014 年浙江省通过发展农村三产融合，带动各类农业产业化经营主体增收 97.7 亿元，全省农民人均收入达19373 元；重庆市将丰富的旅游文化资源和农业资源结合，以乡村旅游为主，抚育龙头企业，2014 年实现乡村旅游综合收入 190 多亿元，相关参与的合作社销售收入达 4850 万元。从这些经验来看：已有的产业融合多是第二、三产业带动农业的反哺融合，仰仗于农业之外建立的发达的工业基础或市场基础，对于中西部绝大部分缺乏相关基础的欠发达地区而言，那些成功模式能否在这些仍以农业为主要产业的地区复制和借鉴，还很值得商榷。此外，以其他产业的发展为驱动力的融合缺少对第一产业本身的提质

---

① 参考农业部农村经济研究中心赵海的《论农村一二三产业融合发展》、中国人民大学农业与农村发展学院苏毅清等的《农村一二三产业融合发展：理论探讨、现状分析与对策建议》等文章。

升级，没有真正地激活农业资源，即不是"因农增收"。如让产业融合真正能够从农业的提质发展出发，相信对于仍面临农业发展转型困境的欠发达县市而言会具有更大的意义。

2. 因地制宜：省、市的产业融合政策布局

作为全国"改革先驱"，广东省虽是沿海发达省份，但省内地势复杂，自然资源分布不均，加之文化多元有别等多重因素影响，经济发展并不均衡。对于珠三角发达地区而言，其地势平坦开阔，经济发达且市场化水平高，融合发展有先天优势，但对于如云浮市新兴县等粤东西两翼山区的欠发达地区而言，实现一二三产业融合发展需要更多的智慧。

(1) 广东省政策：因地制宜，突出特色

广东省由于省情特殊，其农业经济发展策略一贯注重分区指导、因地制宜，根据不同地区的农业资源禀赋和发展水平进行开发建设，同时也注意发挥省内珠三角发达地区对粤东西北欠发达地（山）区在市场导向上的带头作用和辐射作用，加强区域间合作。

2016 年底广东省跟进国家政策出台《我省农村一二三产业融合发展的实施意见》（以下简称《意见》），与农业"十三五"规划及相关农业政策结合来看，广东省开展农业产业融合主要有以下几个特点。

一是以县域为主要建设单元，推动具体三产融合举措。《意见》中首先提出的"推进产城融合"的举措就是优化县域空间发展布局，完善县域产业空间布局和功能定位，将产业融合与城乡规划、土地利用总体规划紧密衔接，即将县域作为推进三产融合的建设单位。这充分考虑了广东省资源多样性与分布不均的省情，又不使产业融合的建设空间过于狭窄。在县域范围内，开展特色小镇建设及以各种产业园区为载体的现代农业综合体建设，使农村产业融合发展与新型城镇化建设有机结合，引导农村二三产业向县城、特色乡镇及产业园区等集中。

二是以特色农业为主要发展方向，挖掘三产融合中的资源禀赋。农业产业化升级要从有地域特色的农业资源出发。省农业"十三五"规划指出，首先要着力稳定以粤西、粤北为主产地的粮食与畜禽两大基础产业，并努力优化水果、蔬菜等优势产业，大力提升茶叶等特色产业。其次，充分结合地域生态资源，利用区域优势，综合开发如乡村旅游、农产品加工

业、运输业等农业关联产业，奠定产业融合基础。

三是以特色机制为主要亮点，服务于产业融合。为解决一二三产业融合中容易出现的利益联结不紧、产业联结点不稳等问题，《意见》从广东省市场发展的实践出发，提出要努力打造利益共享、风险共担等长效而稳定的产销衔接机制，在完善农业金融服务，建立产业融合的金融支撑体系时，要大力实施具省域特色的"政银保"项目，引导和推动金融资本、产业资本和社会资本投向现代农业领域。

总结而言，广东省实践产业融合政策是以县域为单元提要求，出导向；以特色农业为抓手，找资源，促融合；以特色机制为补充，增亮点，促服务。具体到粤西山区的云浮市，如何贯彻？如何创新？

（2）云浮市政策：立足基础，树立典型

云浮市属于环珠三角地带的重点开发区域，也是实际上的欠发达地区，区域功能主要定位在两个方面，一是作为珠三角核心区产业重点转移区，积极、有序、有选择地承接珠三角核心区的产业和劳动力的"双转移"，促进全省产业升级与区域经济协调发展；二是根据自身资源优势，发展农业、能源业等地域特色产业。通俗来说，就是对外为发达地区"当辅助"，同时也"受帮扶"，对内认清楚劣势，找到优势。

云浮市政府班子知道，真正的发展功夫在于内生动力，与发达地区的帮扶合作看似推动发展，实则无法缩小地区差距，甚至会越拉越大。为此，云浮市开始积极对内探索。云浮有三大优势：第一是生态环境；第二是农村农业；第三是传统文化资源。云浮未来的发展必将着力于这三大优势资源的开发。2015年，云浮提出发展"四新一特"的产业化发展方向，"四新"就是健康生态旅游业、生物医药产业、云计算与信息服务产业和先进制造业，"一特"就是特色农业。

三产融合政策出台之后，云浮市结合辖区内资源情况和发展水平，决意设立罗定与新兴两个农业资源大县为三产融合试验开发区，根据各自特点开展融合建设。

罗定128万人口中，有80多万农业人口，种植规模最大的农产品便是水稻。于是罗定从自己深厚的粮食种植基础出发，力图打造南方稻区农村三产融合示范区。在罗定，稻米种植拥有非常好的自然条件，种植区处于广东最大的盆地内，昼夜温差大，有利于稻谷养分的积累和转化，同时，其水资源按照地表水环境功能分类均达到了二类水标准，产出的稻米质量极高。但是罗定长期以来土地碎片化的特点比较明显，农业资源未得到充分利用。在三产融合政策指导下，罗定着力打造以稻米产业为核心的农业产业融合体系：一是充分发挥市场力量，依靠优质企业引导稻米产业规模化生产与品牌化发展，打造了"亚灿米""聚龙米""青洲米"等一批家喻户晓的大米品牌；二是政府完善服务，创新利用乡贤理事会等多元化管理农村工作，实现了适度规模的土地流转，积极开展农村普惠金融试点建设工作，解决了农民贷款难的产业化起步难题；三是政府引导，企业落实产业链条的延伸，发展稻米精深加工，建设水稻主题农业公园。例如，"亚灿米"建起了有机大米研发中心，推出亚灿酒、亚灿醋、"亚灿米"有机米系列食品、日用品等，同时尝试引入休闲农业，全面响应省委政策中"产区变景区，产品变礼品，田园变公园"的发展要求。

相比之下，新兴的情况有很多不同：人多地少的新兴没有罗定优良的水稻种植条件，资源限度倒逼种植业较早地向经济作物转型，如新兴早期就有了相对发达的凉果加工业；新兴最大的农业产业是两大基础农业之一的畜禽业，以畜禽业为产业融合基础，且畜禽业与当地龙头企业温氏集团的发展崛起紧密相关；除了农业，新兴还具有强大的不锈钢制造业、皮具加工业和禅文化资源，第二、三产业资源非常丰富。在三产融合政策出台之际，在温氏集团带动下的新兴农村产业化实践已经初步完成了政策目标。因此，市委秉持"再领先一步"的云浮探索精神，对新兴提出了打造"县域一二三产业融合"示范区的高要求。

罗定的三产融合是依托优厚的自然条件，通过稻米种植产业升级和延伸激发传统资源潜力，实现以农业为主的三产融合；新兴的三产融合则是依托丰富的企业、文化等社会资源，尝试将畜禽业、制造业和旅游文化产业等多业进行综合利用，探索县域范围的三产融合。就全国各地的实践情况而言，后者正先行一步拓展产业融合的新路径，也真正响应了产业融合发展"由单纯在耕地上想办法到在整个国土资源上做文章"的国家号召。

3."县域融合"：新兴产业融合政策的特色

2016 年年底，中华人民共和国国家发展和改革委员会办公厅发布《关于进一步做好农村一二三产业融合发展试点示范工作的通知》，在全国各省份确定了 137 个农村产业融合发展试点示范县（市、区、旗、场）进行重点建设和指导，并总结推广鲜活的地方经验。广东省新兴县就在其列。作为六祖故里的新兴县，也是作为粤西山区农业大县的新兴县，在早期的政策实践中从培育和挖掘农业、企业和文化三个不同方面的特色资源入手，奠定了一二三产业融合的发展基础；在三产融合政策提出之际，继续结合地方发展实际，创新推出了"县域融合"的大目标和与之配套的富有借鉴意义的融产政策体系。

（1）新兴早期实践的政策奠基

在产业融合政策出台之前，新兴县委县政府制定并实施的一系列农业政策、市场政策紧密结合地域实际，长期坚持特色、持续、全面的发展战略，就已奠定了产业融合的多方面基础。

首先，确立以农业现代化为主的核心发展战略。新兴县位于粤西山区之中，并不具备工业发展的先天优势，而农业一直占据县域经济发展的大头，如前所述，新兴县的农业也有别于一般传统意义的农耕农养，无论是早期重点发展的凉果加工业还是后来重点发展的规模养殖业，都包含着现代的生产技术与管理技术元素。这与新兴县一直坚持农业现代化、产业化的发展政策有关。新兴县于 2003 年提出"三化一游"发展战略，即"以工业化为核心，推动农业产业化、城镇化，发展旅游业"，虽然是"工业立县"，但坚持"以发展工业的思维发展农业"的创新发展理念，将本地凉果制造业等特色农业与不锈钢制造业一并打造为特色支柱产业，并重点推动农业的集约化、规模化发展，这一发展思路也在后来新兴县"十二五"规划中不断深化，以"优势集聚、特色主导"的形式被明确提出来。

在中共十八大提出"四化同步"之后，新兴县委立足本地实际，提出以农业现代化为新兴"四化"总抓手，全面开展与信息化、工业化、城镇化交叉关联的农业发展建设。在 2015 年，新兴县提出重点发展畜牧业、农业基础设施攻坚、产业聚集等"六大战略"，相应打造新型农业经营体系、现代农业装备体系等"六大体系"。可见，农业现代化一直在新兴发展蓝图中占据着突出位置。

其次，招商育商以激活市场的长期发展战略。社会主义初级阶段的社会发展离不开市场，在党的十四大到党的十八大的改革实践中，党和国家对市场的认识都在不断加深，而市场的细胞就是企业，只有培育出企业才能深度融入市场。新兴发展市场不占珠三角的交通区位地利，甚至有不便的劣势，但新兴县不自设障碍，长期坚持积极引进外商项目入驻，积极引导、扶持、培育本土企业，依靠企业的力量融入市场，发展市场。最终培育出以温氏集团为首的一批本土知名龙头企业引领地方的长期发展。

新兴县早期就提出"项目兴县"的发展方针，制定颁布了一系列让利招商的政策，比如 2003 年制定了《新兴县鼓励投资优惠办法》，在用地、用水、用电、劳务等方面符合政策、法规的条件下，对企业税赋能免则免，能减则减，与企业共同协商，形成共识。新兴县为做出突出贡献的投资商、企业家和企业颁发了"礼遇证"，凡是持"礼遇证"的车辆，在本县范围内过路、过桥一律免费通行。一位老板说，这是他第一次获得这样的待遇，仅凭这一点他就要在这里做长期的"战略投资"。新兴县政府认真分析了广佛经济圈及珠三角产业发展和转移的趋势，提出要科学定位，借力发展，从 2004 年开始以佛山为重点招商区域，以建设产业转移工业园为重点平台，主动融入广佛经济圈。

与此同时，新兴县更重要的举措在于对本土企业的培育，常是改革与扶持、保护与鼓动并举。2003 年 10 月，新兴县四套班子会议原则同意《中共新兴县委、新兴县人民政府关于加快民营经济发展的实施办法（讨论稿）》，提出放宽准入、降低地价、鼓励民间投资等十四方面的扶持举措，大力支持本地能人投资办实业，大力鼓励民间资本参与国有集体企业的改制重组。内部整合县、镇、村三级的优势资源向重点骨干企业和行业集中，一是要综合打造一批能够带动经济发展的"单打冠军"（这里主要指食品加工、不锈钢等一批制造业企业）；二是要在农业领域充分发挥"公司+农户"模式所具备的风险共担、分配共享等社会治理功能，培育以温氏集团为首的一批农业"航母型"企业，较其他地区更早建立了比较完善的现代农业服务体系。2009 年，新兴发布《关于加快发展农业产业化经营的意见》，把扶持农业的重点都转到扶持农业龙头企业上来，通过市场引导、龙头带动、农民参与、政策扶持、政府服务等措施，全面提升农民组织化程度和农业现代化水平。这种"以企带业"的政策智慧不但减轻了政府治理成本，而且真正做到了长期、持续、健康发展。

最后，挖掘"六祖"文化潜力的综合发展战略。六祖禅文化在岭南文化乃至中国文化中都具有较高的代表性和知名度，政府在长期的发展决策中尤为重视这一文化资源，不断进行深度挖掘，从新兴社会发展的多个层面加以利用，主要为旅游资源开发、文化经济和社会治理三大层面。第一，作为旅游资源加以开发，新兴早期所提出的"三化一游"中的"一游"就是大力发展旅游产业，将温泉度假旅游与六祖故里旅游作为两大品牌，规划、建设和完善国恩寺、藏佛坑、六祖故居等一系列旅游区，还于2004年特意将六祖故乡所在的集成镇改名为六祖镇，提高六祖的知名度。第二，作为文化经济建设重点，提出以建设文化强县为目标，县"十二五"规划将"文化引领"作为首要发展战略，突出文化的作用，挖掘重释六祖禅文化的新内涵，为此还组建了专业文化研究团队，另外在旅游业基础之上建设文化产业，以政府组织、社会赞助的形式筹办六祖文化节等大型文化活动，使新兴经济增长具有多元性。第三，推进社会管理建设，不止以文化创造经济收益，还着力挖掘、整理和弘扬禅宗文化中的优秀部分，着力加强和创新社会治理。以禅文化推动社区公共服务均等化、将禅宗文化与廉政文化相结合的"禅廉文化"机关教育以及扶持六祖慈善会等社会组织的发展都是新兴县把禅文化作为社会治理工具的创新探索。对"六祖"文化的多层面运用，是新兴县寻求实现地区物质文明与精神文明相互配套、经济发展与社会建设相得益彰的综合发展战略。

"以农为主，培育企业，文化开发"表现出新兴在长期政策实践中能够紧贴地域基础道路，亦能开拓新道路，但也无法掩盖新兴多项政策彼此间缺乏紧密逻辑关联，导致发展虽是多样化的，却不易把握准方向。早期以"以工业化为核心"，后转而"以文化引领为首要"，实际延续的是"以农业为主"，稍有"四不像"之嫌。要将新兴多元化的发展统一起来，将既往奠定的多领域的发展基础充分利用，需要"题眼"般的新政策。

（2）新兴"县域融合"的先行特色

国家"一二三产业"融合政策的出台，正起到了整合新兴发展战略的

"画龙点睛"般的作用。统合新兴在农业、企业、文化方面的特色成就，在省、市等上级政府的部署指导下，县政府在《新兴县建设一二三产业融合发展试点县总体方案》（以下简称《方案》）中提出了发展"县域一二三产融合"的政策方案，结合新兴过去的发展基础，呈现出独有的新兴特色。

首先，农业做引擎：第一产业带动二、三产业融合。如前所述，一般产业融合地区的政策都是依靠第二产业、第三产业的发展带动，因在工业化、信息化时代，第二、三产业较第一产业而言，生产效率普遍较高，产值普遍较大，更具有发展牵引力。但以第二、三产业作为出发点的产业融合不易改变第一产业本身的落后状态。新兴走出了不一样的道路。通过第一产业的集约化生产、高效化经营和精细化分工，新兴打造了以"一大主导产业、六大特色产业、两大创新产业"为基本框架的农业特色产业体系，即以现代畜牧业为战略主导，以高端粮油、绿色蔬菜、生态水果、名优花木、生态水产、有机茶叶为六大特色，以农产品精深加工及休闲观光农业为两大创新，一个产业集中带动县内一区域，使全县形成农业适度规模化经营比例达 60% 以上、高效农业面积达 40 万亩的"六区二带一心"的发达农业格局。

在这一特色体系和区域发展基础之上，《方案》提出了"优一产，强二产、兴三产"的县域具体建设原则（"优一产"是优化第一产业结构和空间布局，"强二产"是做大做强农产品加工业，"兴三产"是拓展培育高新集成农业和休闲观光农业等农业新业态），打好"温氏牌、园区牌、六祖牌"的具体建设方案（"温氏牌"以温氏企业为依托，推动传统农业"接二连三"的现代化转型，"园区牌"着力强化现有园区基础设施和公共平台建设，加快新型农产品加工业升级，"六祖牌"做大做强特色休闲观光农业与乡村旅游业）。

由上可知，新兴三产融合政策立足业已强大的农业基础，产业发展紧扣农业、农村、农产品，产业联结紧扣农产品加工转型、升级，农业提质增效，使融合围绕农业，以农业为引擎，全面激活第一产业的发展牵动力。

其次，企业做主力：政企理顺关系促多样式融合。《方案》明确指出，

"政府主导，企业主体"是产业融合政策的基本原则。新兴县政府明白，产业融合是市场持续发展的自然结果和必然结果，不是政府让它融就能融起来，仅在政府干预下联结，融合的效果也会非常有限。作为市场主体的企业，在自身发展达到一定阶段之后就会因市场开辟和"延链增益"的需求而孕育出产业融合发展的趋势，政府主要应对这一趋势加以引导，排除融合的阻力，使其实现为农民增收等一系列社会治理改善的功能。企业是融合的载体，也是融合的主力。于是，在三产融合政策中，新兴县继续贯彻以往农业产业化政策中龙头企业带动的发展方针，如新兴县在《方案》中根据本地企业实力设计农牧产业融合、健康产业融合、农产品加工产业融合三大类发展示范区，分别以温氏集团、翔顺象窝茶业、马林食品公司等龙头企业为核心带动力量，探索"公司+社会化服务""企业+休闲农业""企业+互联网+物流"等一系列产业融合新形式。

除《方案》外，政府也出台了其他系列方针政策，引导龙头企业与非龙头企业走向产业融合。如为新兴县不锈钢制造业出台了"二十条"优惠政策，对完成产业升级、产业链延伸或经营体系转型的企业给予财政奖补，又如通过不断提高生态环保标准，以"环保红线"倒逼"优产下限"，加快对粗加工业、养殖业的淘汰和升级，还有诸如放宽金融准入促进农企利益联结等政策，以正向引导或逆向倒逼等形式，逐步推进产业结构调整。

新兴县在发展早期的"招商育商"阶段曾提出"政府当好后勤部，公务员就是服务员"[①]的口号。如今在产业融合发展期，政府既要做好"服务"，也要当好"向导"，才能更好激发企业的主力作用。

最后，文化做指引：禅城定位引导县域"软"融合。著名美国学者约瑟夫·奈认为，相对于政治、经济等"硬力量"，文化是一种"软力量"，但是它对社会的影响力和渗透力却是强大而持续不断的。同理，在产业融合政策的实施过程中，直接以政府或资本的力量推动种养业与制造业、娱乐服务业的融合容易造成形式"僵硬"，故新兴县在制定"县域三产融合"政策中尤为重视对六祖禅文化"软力量"的利用。经过长期的文化建设探

---

① 《礼遇投资者，念好发展经》，《人民日报》，2003年9月5日。

索，云浮市最后提出了"禅意生态名城"的新定位，意在综合利用禅文化资源与丰富的生态资源实现县域发展。在此基础上，新兴县对六祖禅师"注重生活修行"的文化特质进行再提炼，着力打造"生产圈、生活圈、生态圈"的"三圈一体"县城，将县域三产融合发展与"禅意生态名城"的城镇建设有机结合，让传统意义上"生产圈"中的产业发展与"生活圈""生态圈"的文化理念发生关联，为不同产业提供更多样化的融合路径和更广的融合面。

例如，在此之前，将新兴发达的不锈钢产业像"凉果"变"禅果"、"农耕"变"禅耕"一样进行理念融合是很不易"说得通"的，但在"生产、生活、生态"的"三生"文明建设理念指引下，新兴万事泰公司从不锈钢厨具的生产制造到智能厨房开发，再从智能厨房勾连健康时蔬的配送，就连起了一条融合一二三产业、并举"三生"文化和兼负环保意识与创新意识的产业链条，实现了自然的产业"软融合"。类似例证还有翔顺集团的"禅意"房地产等。建设"三圈一体"的禅意生态名城从大方向上引导了新兴三产融合的发展方向，也通过对六祖禅文化的承前创新，为实现"县域三产融合"建设目标所需的多样态产业联结拓展了融合空间。

"农业引擎，企业主力，文化指引"是新兴发展县域三产融合政策布局的总体特点。至于为什么新兴的三产融合政策定位在"县域"范围而不只是"农村"范围，一方面是因为以"农村"为域的融合，通过新兴农业龙头企业（如温氏集团）多年的经营已经基本实现，新政策下需探索新的高度；另一方面是因为要抓住机会将新兴除农业资源之外的特色资源进行整合，整县推进，形成发展合力，协同进步。"新兴要把握机遇，把思想和行动统一到中央和省委、市委的科学判断和重大决策上来，提振禅意生态名城建设信心，围绕农业、禅意、生态等一系列新兴特有元素，努力在全省新一轮发展中继续走在前列。"县委书记唐谊如是说道。

二

以政府主导构建融合控制系统，
实现全域共生

2016 年国务院印发了《关于推进农村一二三产业融合发展的指导意见》，明确指出要"更好发挥政府作用，加快培育市场主体；坚持改革创新，引导农村产业集聚发展"。为了对全域范围的三产融合建设进行科学规划与正确引导，政府需担起引导重任，做好顶层设计，在创新产业融合方式、培养产业融合主体、完善产业融合服务等方面合理规划，助力农民与企业共同发展。基于此，新兴制订了系统性的宏观规划，在三产融合建设中积极发挥政府"有形手"的作用，为市场"无形手"添助力，撬动农民"力量"，立足地方优势，挖掘农业发展潜能，更好地实现了农村一二三产业从组合、聚合、联合到融合的全域发展。

（一）在规划引导中实现特色发展

2017 年中央一号文件明确指出："支持地方以优势企业和行业协会为依托打造区域特色品牌，引入现代要素改造传统名优品牌。"由此，新兴县紧跟政策，从培育新型农业经营主体、挖掘区域特色、孵化农业新兴产业等方面入手，制定了以"政府主导、企业主位、农民主体"为主旨的产

作者：华中师范大学中国农村研究院/政治科学高等研究院何扬飞、徐勇。

业融合培育规划，将龙头企业、农民作为产业融合规划中的特色主体，将区域优势作为特色小镇的发展定位，将新兴产业作为特色优势产业，以期达成以特色规划引导实现特色发展的目标。

1. 孵化特色经营主体

众所周知，在城镇化和工业化迅速发展的背景下，农村农业劳动力缺乏现象十分严重，从事农业的劳动力中女性所占比例也有逐年上升的趋势。截至 2015 年，我国农业从业人员中，60 岁以上者所占比重达到 18% 之多；而截至 2006 年，女性占农业劳动力的比重提高到了 61.3%，因而也有媒体戏称农村劳动力为"993861"部队，很多地区农业面临后继乏人的严峻形势。① 而相较于传统的农业生产经营依赖妇女、老人、儿童等留守群体的现实，新型农业经营主体为农业生产经营提供了更为丰富的人力资源，更为充裕的商业、政治、金融等社会资源，在一定程度上可以破解农业生产经营中劳力不足和融资难及市场联结弱等问题。例如，好的农业龙头企业能够引领农民发展，帮助政府更好地构建集约化、专业化、组织化、社会化的新型农业经营体系。为此，新兴在三产融合建设过程中，积极引导培育各类新型经营主体，孵化各类公司化小农，帮扶县域内农业龙头企业，并引导其成为三产融合建设的"主力军"。

（1）引导农民做新型经营主体

党的十八大报告明确指出，坚持和完善农村基本经营制度，发展农民专业合作和股份合作，培育新型经营主体，发展多种形式规模经营，构建集约化、专业化、组织化、社会化相结合的新型农业经营体系。通常新型农业经营主体是指具有相对较大的经营规模、较好的物质装备条件和经营管理能力，劳动生产、资源利用和土地产出率较高，以商品化生产为主要目标的农业经营组织。这些组织既包括农业生产环节中的生产经营组织，也包括为生产环节提供各种服务的经营组织。

近年来，新兴改变了过去"公司+农户"的农企合作发展模式，通过政策倾斜、资金补助等方式，规划建立了"公司+家庭农场"的现代农业经营机制。首先，政府引导农民发展农场。政府创新政企合作引导模式，

---

① 《新型农业经营主体盈利状况趋好》，中国经济网，http://www.xuexila.com/chuangye/.

与温氏集团合作借助市场的机制与力量，共同引导农民建立现代化的家庭农场，实现了对全域范围内农场的升级改造。其次，政府为农户发展家庭农场提供政策倾斜。例如，在政策允许的范围内，农户发展家庭农场可享受用地审批优先、流程简化等支持。再次，政府给予一定资金帮扶。农户只要主动发展现代家庭农场，均可以享受免息贷款、财政补贴等资金帮扶。农业局梁局长提到："只要农户愿意发展这种家庭农场，我们就有四个'给一点'的政策，政府给一点，政府引导企业给一点，银行低息或免息贷一点，农户资金贷一点，通过经济上的支持，让农民愿意去做农场主。"最后，政府提供技能培训。以籍竹镇为例，政府与温氏集团合作，定期组织农民参与养殖技术培训，邀请各地专家与养殖能手，帮助农户提高发展现代家庭农场的能力。农户范金树是新兴县远近闻名的现代农场主，在政府支持下，他与温氏合作建立了现代家庭农场，通过乡镇土地流转平台获得了开办现代家庭农场的土地，审批速度很快并且价格合理，同时范金树购置的农机也获得了政府的财政补贴，因此初期成本并不高。"大家都觉得像我们这样子搞一个农场很好，用地有优惠，政府还给经济上的补助，吸引力还蛮大的。"范金树如是说。

同样，新兴也大力扶持了农村农业合作社的发展。以翔丰农机专业合作社为例，2011年，村干部在县委县政府的指导下组织成立了农民农机专业合作社。最开始村民对农机合作社的兴趣并不大，只有12名社员，均来自周边村庄，其中两名还是村干部。政府为培育农村农业合作社积极谋划，一是政策上给帮助；为了帮助合作社扩大规模，无论是县委县政府还是农业局、农机总站，都主动提供帮扶和引导，例如合作社买一台收割机需要21万元，政府会补贴5万元，减轻合作社的经济负担。二是技术上供培训；无论是广东省内的项目培训，还是新兴县自行组织的相关培训，政府都主动邀请合作社的理事长或负责人参加，并设置用于农业技术推广的专项培训预算。三是宣传上添把力；为了吸引更多的农民加入合作社，县委县政府与村两委积极配合，大力宣传政府对合作社的扶持政策与农业集约化生产经营的好处，如扩大了农机补贴范围、增加了财政奖补力度、实现了农民增收等，不断引导农民看到农机合作社的好处。随着合作社的效益日渐显著，农民也逐渐看到了合作社的好处，普遍愿意将土地承包给合作社进行集约化经营。

（2）引导企业发挥带头作用

龙头企业是建设农村三产融合一支不容忽视的力量，培育并引导龙头企业积极参与农村三产融合建设是提高三产融合效益的重要方式。对于龙头企业而言，政府的政策支持与鼓励能够大大激发其参与三产融合建设的热情，从而形成政府规划、企业建设的良性互动格局。

新兴坚信扶持龙头企业就是扶持农业、发展龙头企业就是富民惠民的观念，大力实施龙头企业带动战略，重点扶持温氏、马林、明基、广华等农字号加工龙头企业，借助龙头企业的力量来促进三产融合。温氏集团的负责人曾提到一个小故事。20 世纪 90 年代，温氏集团名声不显，产品影响力较弱，政府为引导温氏"走出去""打出名堂"，专门成立了一个工作小组来帮扶温氏。负责人介绍说："温氏的发展离不开政府帮助，无论温氏遇到了什么难关，政府总是第一个站出来帮助我们。公司成立初期，我们面临资金不足的问题时，政府与农业银行也主动为我们提供政策优惠，例如便捷贷款手续、提高授信额度等。在帮助公司申请金融牌照时，政府也在职权范围内为我们加快办理申请手续、准备申报材料等。"

另外从 2010 年开始，新兴便按照"试点先行、全县推广"的思路，以全县畜牧、农产品加工产业为基础，以现代农业龙头企业为载体，以信息技术为依托，以"智能控制、质量追溯、远程服务"为主要建设内容，通过帮扶企业开展智慧农业建设引领农业转型升级，为推进三产融合寻找新路子。新兴率先在温氏集团建立了"智慧农业综合管理平台"后，温氏集团便能够借助信息技术对整个养殖过程进行实时监控，掌握农户养殖流程的每一个环节，通过信息化管理有效实现了农户养殖的标准化。现在的温氏集团已经为农户所饲养的每一批肉猪、肉鸡都建立了完整的数据档案，在上下游产业链管控上，全面实现了物流、资金流、数据流的同步一致。温氏这个大平台，不仅有效推进了合作农户的规模化生产，更是极大地提升了农户的生产收益。十年前，新兴农民户均肉鸡的饲养规模是0.5 万~1 万只/批，而已建立信息化管理系统的家庭农场，肉鸡平均养殖规模可以达到 1.5 万~3 万只/批，成功地推动了分散的农户经营向集约的家庭农场经营发展。

通过培育龙头企业起带头作用，新兴县实现了政府发展要求与企业转型升级的科学结合，在更大程度上释放了政府主导三产融合的建设压力，也充分利用了企业的市场敏锐性、资源丰富性、参与主动性，既解决了政府管理与企业建设的有效衔接与良性互动问题，更形成了政府主导、企业主位、政企共建农村三产融合的长效发展格局。正如一位企业家代表所说："政府在不断地培育我们，帮我们把公司做大，帮公司走出新兴，帮新兴争取发展资金，引进外面的人才，真的给了我们很多帮助。这样子一直帮助我们，那我们肯定更愿意和政府去合作，也给农村的三产融合建设出力，这是一件共谋发展的好事情啊，我们得带个好头啊！"

目前，新兴共有各类农产品加工龙头企业 55 家，其中省级以上 10 家，国家级 1 家；农民专业合作社 512 家，纯收入 10 万元以上的规模化经营家庭农场 5140 多个。通过农业新型经营主体的培育，新兴增强了农村农民的参与积极性，为农村三产融合发展提供了最有力的主体力量。

2. 培育农业新兴产业

对于很多地方而言，第二产业通常是地方经济发展的主力，也自然而然地被视为产业融合建设的带动力量。但新兴不走传统道路，从培育主导产业入手，着力构建以"一大主导产业、六大特色产业、二大创新产业"为基本框架的产业体系。其中，"一大主导产业"就是指以现代畜牧业为战略性主导产业，"二大创新产业"则是指农产品精深加工业、休闲观光农业。《云浮市新兴县建设县域一二三产业融合发展试点县实施方案纲要草案》提到，建设县域一二三产业融合发展试点县，需着力打破产业壁垒，打破行业界限，打通融合渠道，由一产向二产链接，向三产开发，探索农村三产融合发展的新途径、新方法、新模式。

一是建立产业园。与其他地方有所不同的是，新兴政府认为要想加快农业现代化，推动传统农业"接二连三"，其中最重要的一点就是打好"温氏牌"。温氏集团作为新兴最大的上市公司，经过数十年的发展，不仅在第一产业上有明显优势，更尝试进入第二、第三产业，因而对新兴各行各业的都有很强的辐射带动作用。举例来说，新兴正在建设的现代农牧装备产业园便是政府规划的"温氏牌"之一，政府希望通过政府规划、温氏建设这种模式，打造中国最大的现代畜牧经济集聚区，为其他企业起到示范作用。目前，新兴在簕竹镇设立了规划面积 500 亩的现代农牧装备园，引导发展畜禽熟食系列产品的开发与加工。新兴已扶持温氏集团及其兄弟公司——广东筼诚投资控股股份有限公司——着手建立现代农牧装备园，并为其与国际知名的农牧养殖和设备制造企业牵线搭桥，研发生产具有国际先进水平的农牧机械设备，进一步提升企业在生产加工发展方面的能力，做大做强现代农牧加工产业，推动簕竹镇以及新兴县的农村一二三产业融合。

二是配套支持政策。相较于政府，市场更具有资源优化、转型升级的敏锐性，因而政府需要有效发挥市场这双"无形手"的作用，通过各类规划和政策，引导市场和企业发展农业新兴产业。举例来说，新兴为了发展农业加工业，先是对县域内农产品生产情况进行了调研，认为农牧业、凉果业、种植业都有发展农产品加工业的潜力。基于此，新兴政府研究制定了多个促进农产品加工业发展的政策方案，如三大示范区建设规划，以推动传统农业产业链向现代加工业延伸。同时，将已有的各项扶持政策进一步落实。新兴在财政、税收、金融、保险、投资、用电、用地等方面都创设了对新兴产业的优惠政策。就农业局来说，企业或者各类新型农业经营主体发展新兴产业，例如农产品加工、休闲农业等，都能在农业局申请到一定的项目资金。农业局相关负责人介绍："如果农户发展现代家庭农场等新兴产业，需要购买农产品加工设备，根据相关政策，我们会帮助企业和农户申请农产品加工设备的农机补贴，即便碰上了某个设备不在补贴名单中，我们也会在政策允许的范围内，向上级部门进行申请或通过其他政策进行一定的补助。"另外，为进一步挖掘新兴产业的发展潜能，攻克影响新兴产业发展的共性技术难题，新兴政府还建立了多个研究中心，并引进各类人才，主动培育科技创新人才、企业家人才、技术骨干和生产能手来支持新兴产业发展。在新兴县创新中心，负责人向我们介绍了多个行业孵化中心，他表示："我们已经和华南农业大学等多所高校建立了合作关系，请他们的研究人员为我们的新兴产业提供科学的指导，同时也将他们优秀的项目引进来，以丰富新兴多样化的产业发展。"

3. 引导区域特色发展

常言道："五里不同风，十里不同俗"，不同的地方，不同的条件，改革的基础、发展的水平都不尽相同。这便要求不同区域的一二三产业融合的规划应当具有区域特色，遵循当地自然规律、经济规律和社会规律。

就新兴发展现状而言，大多乡镇都有自己的比较优势，譬如天堂镇的花卉养殖、太平镇的生态种植、簕竹镇的畜禽养殖。由此可见，诸多乡镇都已具备发展特色小镇的基础，那么如何将比较"优势"发展成"特色"，将"特色"升格为"品牌"，打造三产融合的发展动力，便十分考验政府的规划与引导。经过反复思考论证，新兴政府将打造三产融合的特色小镇分成三步走。

（1）立足基础，传统资源变产业优势

近年来，中央涉及三农的多项政策均对农业类特色小镇给予了政策支持，例如农业部《关于开展中国美丽休闲乡村推介工作的通知》就指出："集中连片发展较好的、以休闲农业和乡村旅游为主要产业的特色小镇。"正如前文所提到的一样，新兴有着非常丰富的传统资源，例如历史悠久的农牧养殖业、扬名在外的六祖文化等。基于此，新兴紧紧抓住这个机遇与大环境，着力打造了一批具有新兴特色与高度的农业特色小镇。

以簕竹镇建设农牧小镇为例。簕竹镇有悠久的农牧历史，新兴县最重要的农牧集团——广东温氏集团股份有限公司——便是从簕竹镇发迹的。基于如此优越的农牧发展基础，新兴将簕竹镇规划成为农牧小镇，大力推行"公司+家庭农场"的现代农业经营机制，通过温氏集团带动簕竹镇的畜禽养殖发展，对养户的养殖条件和基础设施进行升级改造，让传统的畜禽养殖转变为现代家庭农场养殖，这不仅可以实现农户养殖规模的扩大、养殖操作的简易化，更使养户实现了养殖效益的倍增。例如，政府对有意建立现代家庭农场的农户都会提供一定的资金帮扶：农户可以申请一定的财政支持、银行无息贷款、一定的创业补贴等。同时，政府还通过温氏等企业为农户提供一定的技术指导、设备等帮助。范金树现代家庭农场负责人说："政府在我们建这个农场的时候，经常过来调研，了解我们的情况，像我们的这几台机器在符合条件的情况下，政府都会尽量给我们报农机补贴，给我们多一点帮扶，还有其他各种财政补助。"

（2）巧力助推，文化优势变产业优势

新兴地域面积不大，但辖区内的每个乡镇都有不同的资源优势，例如，六祖镇以"禅宗惠能"而闻名，旅游资源丰富。为了将六祖镇的文化优势充分利用起来，新兴以特色小镇建设为契机，以六祖镇的"禅文化"作为主打，积极发展乡村旅游业。

六祖镇作为六祖惠能圆寂地,既有国恩寺等历史文化景点,也有温泉等休闲设施,发展旅游业有自然优势。新兴政府紧紧抓住这两个特点,首先确定了六祖小镇应聚焦特色文化产业发展的定位:六祖镇可以突出禅文化与温泉养生,契合新兴旅游发展的核心战略,打造成休闲农业和乡村旅游的核心区域。

紧接着,新兴制定了属于六祖小镇的特色规划。根据《新兴县建设县域一二三产业融合发展试点县总体方案》,六祖镇为"南部六祖禅文化、温泉文化生态度假农业区"。也就是说,六祖镇将利用创建 4A 级国家景区的机遇,将休闲农业建设作为提升景区周边配套设施的重要举措,增强休闲农业的住宿接待、休闲娱乐、商务会议等功能,以突出广东禅文化创意产业园、漂流、生态农业及自然景观等文化主体的内涵,打造乡村旅游的核心区域。

既然是农村一二三产业融合建设,小镇光有特色产业的发展还不能达到融合的目标,还需实现其他产业的有机融合与共同发展。对于六祖镇来说,新兴在乡村旅游的基础上,引导村民与企业发展休闲农业,例如翔顺集团在发展旅游服务的同时,还带领农民建设了万亩有机茶叶种植示范基地,将旅游业与茶叶种植结合,打造了旅游观光、绿色农业体验和特色农产品购物等具有地域特色的"农业绿道"。

除了以禅文化为产业优势打造的六祖小镇外,目前,新兴全县已形成了具有地方特色的肉鸡、肉猪、水产、水稻、水果、蔬菜、花卉、农产品加工和休闲观光农业等多个产业体系,已初步形成了"一镇多业、一业多镇"的融合新格局。

(二)在标准制定中保障优质发展

然而,光有特色规划引领一二三产业融合建设是远远不够的,这样并不能支撑起新兴县三产融合的长远发展。已有无数个城市印证了光有速度却没有标准的发展是不能够长久的。以 20 世纪 90 年代中期的日本政府为例,其支持农业"六次产业化"的战略核心是促进农产品的"地产地销",即当地生产的农产品在当地消费,并主要采取两种形式促进农产品的"地产地销",但其在这一过程中过分依赖市场的资源配置能力,忽视了政府对市场的监督与约束作用,缺乏为产业发展制定的相应标准。这就使企业在作为经营主体进行参与的过程中，趋利性没有得到合理引导和规范，由此产生了环境污染、食品安全等诸多问题，影响了三产融合的持续发展。

在一二三产业融合建设的过程中，新兴充分借鉴了国内外其他地区的三产建设情况，根据自身的发展现状，制定了相应的标准，并通过标准的执行与监管来保障优质发展。

1. 以乡村持续发展为尺度，建环保标准

牢固树立绿色发展理念，保护农村生态环境，实现广大农村社会的可持续发展，是推动农村一二三产业融合发展的前提和基础，也是现代产业发展的必然要求。随着国家《水污染防治行动计划》和《新环境保护法》的全面推行，国家对绿色发展的要求也越来越高。因而，新兴在寻求和推动产业融合发展的同时，也致力于农村的生产环境保护，"既要金山银山，也要绿水青山"。

（1）划定环保底线

新兴的养殖历史非常悠久，但在过去，新兴县对农业没有明确的环境保护要求，对于农户而言，他们可以按照自身的需求随意择地养殖。而对于政府而言，由于没有出台相关政策对养殖区域做出明确规定，空气污染、河流污染以及土壤污染十分严重，导致新兴的生态环境被破坏，宜居指数下降。

在发展的过程中，新兴政府看到了环境破坏的严重性，因而高度重视环境保护问题，自2008年国务院出台《关于印发2008年节能减排工作安排的通知》，明确规定"强化重点污染源监管。加强畜禽养殖场管理、污染处理和粪便综合利用，适时开展氮、磷污染物总量控制试点工作"，新兴便在环境保护问题上加大管理力度，紧跟政策，不断提高环保标准。举例来说，新兴在2008年便根据国家制定的减排标准，对温氏集团、与温氏合作的农户、各种规模的散养农户提出了养殖业环保标准。由于当时的资金、技术有限，新兴要求畜禽养殖必须配套一个鱼塘，鱼塘可以进行渔业经营。这对于当时的发展条件而言，是相对科学的环保建设方案，即将畜禽养殖的排泄物经过沼气池的转化，排入鱼塘，然后通过鱼塘进行二次净化，进而实现国家的减排标准与环保要求。环保要求的制定既满足了畜禽养殖，也发展了渔业经营，同时也落实了农业生产经营的环保标准。

随着一二三产业融合政策的出台，为了给农村产业融合发展营造良好的发展环境，新兴县开展了全域范围内的环境污染综合整治工作，着力改善县域整体的生态环境，并在整治过程中，出台了一系列严格的生态环境保护条例、设定了产业污水排放标准。例如，新兴政府制定了《新兴县人民政府关于划定畜禽禁养区、限养区和适养区的通告》，结合县情实际，划定了畜禽养殖的禁养区、限养区和适养区，对不同区域提出了不同的环保要求，严格设定限养区、适养区的养殖标准，尽可能减少养殖污染，并确定了相关养殖企业的污水排放标准，有效地维护了农村生态环境。

（2）支持科技环保

随着新兴养殖业的不断扩大，传统的环境保护思路明显难以适应现代化产业及生态文明建设发展的需要，单一的标准限制并不能满足科学发展和可持续发展的要求，各类污染问题出现频率越来越高。同时，国家颁布了《全国畜禽养殖污染防治"十二五"规划》，对畜禽养殖造成的水污染、空气污染、粪便污染等提出了更高的要求。新兴县委县政府认识到，传统的污染处理方式已经不符合当前的农业发展需求，如若再不进行更好的环境保护工作，那么新兴将无法实现可持续发展，将走上"经济发展牺牲环境"的老套路。

基于此，在2012年，新兴开始尝试用高新技术解决畜禽污染问题，引导并支持企业研究、使用新技术处理污染物，减少畜禽养殖污染。最初的时候，新兴在原有以鱼塘净化畜禽排泄物的基础上，要求所有的养殖场都建立一个储藏室。该储藏室也不是随便建立即可，需要按照一定的标准进行建造，例如能够满足至少两个月的储存。除此之外，无论是与企业合作的农户还是普通散养户，都需要建立一个专门的防泄漏棚，以防畜禽排泄物产生泄露，对环境造成污染。与此同时，新兴还对排泄物的循环利用进行了研究，要求养殖户将进行了一定处理过后的排泄物当成肥料使用，例如供给种植果树的农户，进一步保证畜禽排泄物的科学处理，力争实现环境污染最小化。

2014年，由新兴县环保局牵头，与温氏股份、华农大等相关权威机构共同合作，新兴开始更深层次地研究技术环保规划。具体而言，一是根据新兴县实际情况，计算出全县 1520 平方公里的面积和新兴江流域的环境承载力，研究提出全县可承载的生猪存栏量，并制定减量实施方案，有计划地减少全县生猪养殖的存栏量，其中大江镇、里洞镇的新兴江流域的养殖场全部退出了生猪养殖产业。二是对于限养区、适养区的养殖场，新兴要求它们全部安装最新的、合适的环保设施，同时为农户提供科学的禽畜养殖环保指引，即根据生猪存栏量配套相关环保设施。例如存栏量 50 头以下的养殖场，采取立体养殖模式，配建一个沼气池、一口鱼塘等环保设施，且鱼塘水也要达标排放；存栏量 50 头以上的养殖场，则采取配建发酵床模式或配建生化降解模式，实行零排放。通过政府的规划与引导，新兴县东成、稔村等镇都陆续建起了规范性养殖场，限养区、适养区的养殖场配备了环保设施。

（3）引导环保升级

2015 年中央一号文件提出了"推进农村一二三产业融合发展"，三产融合发展成为大趋势，其中对环境保护也提出了新的要求，例如基本农田保护、农田水利建设、农业面源污染治理和耕地质量保护等。

为更好地推进农村一二三产业融合，新兴顺势而上，通过完善环保生产标准，引导相关企业主动升级环境保护设施，并支持合作生产的农户改进生产方式，实现绿色生产。依据《云浮市新兴县环境保护规划》，新兴要"通过调整农业产业结构，推广生态农业、立体农业和节水农业"，对"农村环境保护实施综合整治"。而《云浮市新兴县建设县域一二三产业融合发展试点县实施方案纲要》进一步指出："以生态文明村建设，省级新农村示范片建设，高标准基本农田、农田水利、农业面源污染治理和耕地质量保护与提升等项目为载体，加强村庄环境整治，实施'四整治一美化'（整治农村生活垃圾、生活污水、畜禽污染、水体污染，美化村庄环境）工程，加大生态环境和古建筑、古民居、古村落等特色资源保护力度，为农村三产融合发展创造良好的生态环境条件。"

以范金树现代家庭农场为例，自 2015 年起，新兴即通过温氏集团将范金树农场打造成符合环保标准的示范农场。一是，环保局出面与温氏集团沟通，提出要提高目前农场的环保标准，引导其对如何减少养殖业的环境污染进行研究与创新，并由其指导并帮助农户对目前的农场进行改造升级。二是，通过一定的财政补贴激励范金树家庭农场购买相关设备，例如范金树农场购买了环保降解床，基本实现了养殖无污染，政府给予了一定的财政补助，范金树养了 1200 头猪，政府即以每头猪 20 元的补贴标准，下发了 24000 元人民币的财政补贴。三是，进行后续检查与监督，对于范金树现代家庭农场这类已经安装了环保设备的农场，环保局和其他部门将定期进行监督和指导。

与此同时，新兴还利用"美丽乡村建设"的契机，为各村（社区）配备了足够的专职保洁员（300 人至 500 人至少配备 1 名保洁员），加大了对生态环境、古建筑、古民居、古村落等特色资源的保护力度，为农村三产融合发展进一步创造了良好的生态环境条件。

2. 严控食品安全，打造高品质的产业融合

作为一个农业重县，新兴县先后荣获国家农业部等部门授予的"中国果品加工之乡""全国鱼米之乡""全国农业产业化经营工作先进单位""全国农产品加工创业基地"等称号，并被列入国家农业部粮食创高产工作示范县。仅在 2015 年，新兴全县已建成农业标准化示范基地 100 多个，累计面积 60 多万亩，农业标准化推广应用面积达 50 万亩，通过"三品"认证的农产品共 19 个，其中有机转换产品 3 个，绿色食品 5 个，无公害产品 11 个，名牌农产品 11 个，地理标志保护产品 3 个，注册商标的农产品有 7 个。在 2014 年、2015 年的例行监测中，全县蔬菜、畜产品、水果合格率达 98% 以上。无论在 2015 年还是在 2016 年，新兴县没有发生重大农产品质量安全事故，无区域性重大动物疫情发生，也没有发生本县生产的农产品造成其他地方发生重大农产品质量安全问题的事故。作为畜禽养殖大县、农副产品的高产县，新兴又是如何保证农产品的食品安全的呢？

农村三产融合建设的一个重要标准就是质量安全。政府是质量安全监管的首要防线。作为食品安全示范县，新兴近年来围绕食用农产品"产地环境、农业投入、农业生产过程、包装标识和市场准入"五个环节，实行了严格的监管制度。具体而言，可以分为四项内容。

（1）监管网络"横向到边、纵向到底"

为了响应国务院《"十三五"国家食品安全规划》提到的"严格过程监管"，新兴县创新建立了"横到边纵到底"的农产品质量安全监管立体网络。所谓监管立体网络，首先要求的就是检测、执法责任落实到县一级，新兴县在县级设有农产品质量安全检验检测站及动物卫生监督所，配备了检测实验室，负责对全县农产品的例行检测鉴定、重点抽查监控。纵向继续延伸，即是将抽查、巡查责任落实到乡镇。新兴县在每一个乡镇都设立了农产品质量安全监管站和兽医实验室，负责本镇农产品生产监督检测和产地准出日常抽样检测。纵向延伸的最后一个层级则是将情报责任落实到村。新兴在村一级设立了协管员，主要负责配合镇检测站对村内农产品生产进行指导，推广标准化生产技术，巡查监管，落实农产品质量安全生产制度。在纵向延伸的基础上，横向上检测、执法责任向各个部门与企业拓展，推动企业自我监管，有13个重要农产品基地的企业、农民专业合作社分别建立了自检平台，实施每批次农产品上市前的企业自检制度。同时，要求农业、畜牧渔业、质监、工商、食品药品监督、卫生等职能部门各自履行职责，加大农产品质量安全监管执法力度。

（2）质量安全监管关口"前移"

要想质量检测做得扎实，检测必须靠近检测源，因此新兴县以县级农产品质量检测站和县兽医实验室为基础，在各镇畜牧兽医水产站都配备有畜禽水产品质量安全快速检测仪器设备，13个重点农产品生产基地配备了速测仪。新兴县要求县级检测机构在做好例行监测点检测的同时，要将检测工作重心放到生产环节，确保流入市场前的农产品没有质量问题。2017年1~5月，新兴县镇级检测机构累计出动监管人员714人次，速测样品50400份。在13个畜禽销售部和14个屠宰场派驻了动物检疫人员，五个月累计产地检疫动物1.93亿头（只），屠宰检疫动物787.21万头（只）。正因如此踏实地做好了检测工作，多年来，新兴县的农产品质量安全监测合格率一直达到98%以上，保持较高水平。

除了将检测工作前移外，新兴县也继续将执法阵地向前延伸。以农业、畜牧等行政执法部门为例，其在坚决依法查处违法生产、经营农业投入品行为的同时，将执法重点转到农产品生产者，对不执行产地准出制度、产品包装标识上市制度、市场准入制度、安全间隔期制度的农产品生产者及时查处。仅2017年前五个月，新兴县累计出动执法人员4576人次，检查农产品基地144个次，立案查处农资违法违章案件2宗，不合格产品

2宗，案件查办率100%。

同时，新兴还采用了远程监控、二维码溯源等先进技术。所谓远程监控技术，即新兴依托农业龙头企业和具备一定实力的农民专业合作社，在超市、直营店、网商等销售平台，设置综合查询一体机或者下载查询终端，综合展示产品的生长监测信息、生产记录影像等内容。消费者通过手机、网络、超市终端查询机、400防伪电话等方式，可查询到所购买产品的产地、公司、负责人、生产日期、检验结果、视频影像等资料。而二维码溯源功能也是基于远程监控技术，让消费者可以通过扫描农产品上的二维码即可对农产品生产信息进行查询，使消费者能够买上放心菜、吃上放心食品。以上三大系统的建立，不仅实现了对棚室生产全过程的监督和管理，也保证了农产品从种子来源到消费者餐桌的全程质量安全。

（3）政企共商生产标准

国务院《"十三五"国家食品安全规划》提出："全面落实企业主体责任；食品生产经营者应当严格落实法定责任和义务。"正如前文所言，新兴县委县政府善于发挥企业在三产融合中的主体作用，引导企业自我监督和规范化生产。

以标准化生产为例，新兴县首先以温氏为试点，推行物联网，强化标准化生产。依托温氏集团开展物联网的研究和应用，新兴建设了以"一个中心，四个系统"（畜牧养殖生产监控中心、畜禽养殖环境监测传感网系统、畜禽体征与行为监测传感网系统、温氏集团畜禽食品安全追溯系统和养殖农户一卡通系统）为核心的畜牧养殖物联网项目，拓展了物联网在农产品质量安全管理方面的功能，强化了对生产加工产品质量及安全的控制。然后在此基础上，以企业为主导，加强合作户标准化生产全程监管，进一步推广使用远程监控，目前，已在全县20多个农业产业化组织及300多个现代家庭农场推广应用。

（4）监管质量安全"奖惩并举"

生产质量安全是一件长久的事情，不能"急于一时"，也不能"只管一时"。为此，新兴县从三个方面推动食品安全建设的长效化：一是促进部门自律，将农产品质量安全监管工作纳入了县直有关单位和镇的科学发展考核内容；二是促进群众自律，通过把农产品质量安全纳入自然村基础分类评级、申请政府公共资源或金融服务、评审信用户、参选村两委干部等考核，更好地约束了群众；三是促进经营自律，建立了农产品生产企业质量信用守信通报制度，对守信企业给予优惠措施和待遇，激励守信，对失信企业给予从严打击，严惩失信，切实提高诚信经营企业的社会地位，在全社会建立了对农产品生产企业守信激励和失信约束的社会环境。

依托国家农产品质量安全县的建设契机，新兴完善了"布局合理、分工明确、运行高效"的各级农产品检测网络和"全程监控、全面检测、全员参与"的农产品质量安全管理模式，强化了现代特色农业产业生产与加工质量控制体系的建设，加强了社会公众对农产品质量安全的监督，确保了现代特色农业产品的质量安全。

（三）在政策引导中促进全面发展

新兴县政府坚持公民本位、社会本位的服务理念，以政策引导促进多元经营主体和多样化产业的全面协同发展。首先，强化民生服务，从改善人居环境、增加农民收入、主导精准脱贫三个方面出发，实现从生活到生产，从脱贫到致富的全域发展。其次，协调社会服务，改善金融环境、引入人才智慧、准确衔接政策三项措施并举，优化产业发展软环境，增加全县经济竞争优势。最后，引导企业服务，在扶持企业发展的同时注重敦促企业承担社会责任，拉动企业参与社会公益建设和慈善事业。借此，新兴县巧妙规避了山区县财政不足的先天劣势，链接上级政府、社会组织、企业公司，整合利用各方资源优势，为广大人民群众的生产生活提供了全景式服务，推动了新兴县的全面发展。

1. 强化民生服务，促进全域发展

民生是人民群众普遍关心、密切关注的共性问题，只有倾听人民群众的呼声，积极回应广大人民群众的生产生活关切，才能实现全域发展。正如习近平总书记所言："群众所盼正是改革所向。"新兴县不断推进民生工程和民心工程建设，通过推动政企合作来优化生产生活环境，打造美丽宜居乡镇；通过培育新型产业人才，加强产业特色创新，扩大产业规模，创造农民收入新的增长点；通过建立"公司+合作社+农户""互联网+劳动

就业"等扶贫长效机制,帮助弱势群体脱贫致富。新兴县以民生服务惠及全县的各个角落,实现了不让一位百姓掉队的共同发展目标。

(1)创新政企共建,优化人居环境

2014年国务院办公厅印发《关于改善农村人居环境的指导意见》,提出到2020年,全国农村居民住房、饮水和出行等基本条件明显改善,人居环境基本实现干净、整洁、便捷,建成一批各具特色的美丽宜居村庄。2017年中央一号文件也专门强调:深入开展农村人居环境治理和美丽宜居乡村建设。事实上,人居环境作为一项公共物品,过去通常由政府独立承担供给维护责任。但是随着现代社会的发展,引导社会力量参与生态环境建设与治理成为社会共识和主流,这也是新兴县的一大特点。新兴县政府先行一步,大力开展生态文明村建设和省级新农村示范片建设,动员企业、群众等社会主体广泛参与,发挥其资金和技术优势,推动城乡人居环境的整治与维护,在多主体融合中打造宜居环境。

新兴县在开展新农村建设过程中,坚持政府主导的原则,不断发挥政府财政支持的基础性功能,改造村容村貌,配套完善农村文化娱乐、医疗卫生等公共服务设施,为农民群众营造良好的生产生活环境。新兴县大力推进名镇名村、宜居镇村、美丽乡村和新农村示范片建设,2016年内已创建宜居城镇1个、宜居社区1个、宜居村庄12个。

同时,政府意识到自身财政力量有限,创造性地引入了企业等市场主体进行补位,参与到城乡环境的建设与维护中。一方面,新兴县积极探索新形势下村企结对共建机制,以村企互补、双向共赢为导向,改善乡村人居环境和村企发展环境。新兴县企业家普遍拥有强烈的社会责任感和回报乡里的热情,在政府的牵线搭桥下,不断向潜力巨大的农村输入资本,集中体现在农村基础设施的完善上,打通乡村发展的"七经八络",为后续项目与人才的输入奠定基础,为农民生活和企业发展创造良好的外部环境。目前,翔顺集团与坝塘村通过村企联合,共同建造了幸福、生态、宜居的坝塘新村。翔顺集团于2010年至2011年先后赞助坝塘村共180万元,用以打通并拓宽环村公路,增设村民文化设施,改善坝塘村居住环境。

另一方面,新兴县对于宜居环境的缔造不只是完善农村基础设施,而且还充分推动企业产业技术升级,借此降低生产带来的污染,推进绿色生产与环境保护相结合。众所周知，新兴县具有悠久的养殖传统和大规模的养殖群体，在养殖业领先全国的同时，也造成了严重的环境污染，甚至影响到全县人民的饮水安全，平衡经济发展与人居环境是新兴县面临的严峻挑战。为此，簕竹镇政府在争取省级专项补助资金1亿元以及县配套资金1亿元开展乡村基础设施建设、改善生活环境的同时，还撬动企业配套投入资金3.7亿元，用于企业厂房及养殖小区的升级改造，推动生产环境登上一个新的台阶。具体而言，县政府积极联络企业，强化环保责任意识，动员企业对养殖业带头改造升级，融入先进环保技术。温氏集团努力推动传统"公司+农户"模式向"公司+现代家庭农场"模式转型升级，在养殖过程中应用环保新技术，精心设计了节水环保型鸡舍和猪舍，通过沼气池、湿地、鱼塘等相结合的方式对粪便污水进行处理，利用禽畜粪便发展有机肥项目，从而实现了资源的综合利用，最终实现了"零排放"。除此以外，温氏集团还陆续在全县推广并投资建立了现代养殖小区，配备现代化的污染处理系统，维护生态环境。养殖小区作为规模化养殖的农村新型功能分区，专区专用，保证了人畜分离，大大降低了疫病传播的可能性，从源头解决了养殖业带来的水、气污染问题，实现了村庄内部生产功能与生活功能的兼容互补，真正把财富、美丽和健康留在了乡村。

在政企民携手合作下，新兴县人居环境建设成效显著，2017年7月14日，全国爱国卫生运动委员会网站发布《关于命名2014-2016周期国家卫生县城（乡镇）的决定》（全爱卫发〔2017〕4号），新兴县城被正式命名为"国家卫生县城"。

（2）培育产业动能，促进农民增收

增加农民收入、保障有效供给是推进农业供给侧结构性改革的主要目标，农民的经济利益永远是国家的底线命题。改革开放以后，新兴县的家禽养殖、凉果加工、不锈钢制造等行业竞相发展，但经历了一段繁荣期后经济增速放缓，暴露出后续动力不足的问题。究其原因，在于产品档次较低、产业规模较小以及产业发展缺乏人才和技术，经济效益的边际递减制约了农民收入的增长，新兴民生有待振兴。而保证农民增收势头不逆转的关键在于不断加大农村改革的力度，激活农村发展的内生动力。为了尽快改善这一局面，新兴县政府统筹实施了农民收入倍增计划，助力农民、农村、农业转型升级，进入发展增收的快车道。

一方面，新兴县积极推进农业供给侧改革，不断因地制宜扶持和培育特色农业，生产和认证优质安全的农产品，提升新兴县农产品的品牌优势和质量优势。新兴县着力于培育特色农产品，实施"一乡一品"发展战略，积极推进"一乡一品"建设，共成青梅、水台花卉、河头玉桂、东成香蕉、天堂蔬菜、太平番茄等各具特色，呈现了地方性的品牌亮点。总体上，以持续增加农民收入为目标，新兴县已经形成了"高端粮油、绿色蔬菜、生态水果、名优花木、生态水产、有机茶叶"六大特色产业，全县高效农业面积高达 40 万亩。与此同时，新兴县还积极推进农产品"三品"认证工作建设，狠抓基地规范化生产，完成无公害农产品、绿色食品、广东省农业类名牌产品等优质安全农产品认证工作。目前，全县获"三品"认证的农产品占全县食用农产品生产总量或面积的比重已高达 41%。通过对特色农业的打造和优质安全农产品认证，新兴县农产品更具市场竞争力，拉动了农民经济收入的增长。

另一方面，新兴县政府辅助式培育专业人才。政府通过组织农民参与劳动技能培训，提高农民的综合素质，增强农民就业创业的能力。过去，新兴县农民群体文化水平不高，劳动技能缺乏，个人素质无法匹配产业结构调整的需要，形成了产业发展缺乏专业人才和农民群体就业难的双重困境。为了适应企业和个人的发展需求，新兴县政府围绕如何促进"泥腿子"上岸成为"技术员""企业家"做了诸多有益的探索。县劳动部门积极为广大农民群众提供免费的技能培训，开展"智力扶贫"和"万人培训"，帮助农民实现劳动力转移就业，也为现代农业发展和三产融合夯实人才基础。在方法上，新兴县以农民知识化工程为方向，建立了县、镇、村、组四级培训网络，强化了岗前培训"七免费"服务，免费提供政策咨询，免费提供市场用工信息查询，免费提供职业指导，免费提供职业介绍，免费提供岗前培训，免费提供一次技能培训，免费办理就业登记，每年培训农民 5000 人以上。农民就地转化升级为专业工人和创业者，填补了新兴县产业发展的人才缺口，为三产融合发展注入了人力动能。

除此之外，新兴县政府还不断动员新型农业经营主体扩大生产规模，增加种养数量，以规模优势倍增经济效益。政府在不断以政策项目支持新型农业经营主体拓展种养规模的同时，也善于链接企业发挥资本和技术优势，为新型经营主体的体量和利润拓展提供要素支持。在政府收入倍增计划的影响下，温氏集团针对养殖业同步实施了"倍增计划"，希冀通过扩大养户的单次养殖规模和养殖频次提高养户的收益。过去，传统的肉鸡饲养都采用人工饲养模式，喂料、清粪、免疫等工作均由人工完成，劳动量大，效率低，人均饲养能力仅为每批 3000~5000 只鸡。温氏集团实施"倍增计划"后，推动了现代化养殖设备的更新换代，养户使用自动供料、自动清粪、环境自动控制等一系列机械自动化系统，人均饲养量每批可达 1 万只以上，生产效率大幅提升。在单次养殖规模提高的同时，温氏集团还尝试通过扩大年养殖批次，实现总养殖规模的倍增。在传统的肉鸡养殖模式中，小、中、大鸡都是在同一个鸡舍进行饲养，鸡舍周转效率低，年饲养批次少。为了缩短鸡舍周转时间，提高鸡舍利用率，温氏集团鼓励养殖规模大的养户建设单独的育雏舍，雏鸡和中大鸡分开饲养，提高鸡舍利用率，不但能够降低疾病风险，而且能提高肉鸡生产批次和生产效益，降低生产成本。实施了"倍增计划"的养鸡户，每年可饲养的肉鸡从过去的 3 批上升到 5 批之多。为了支持养户落实"倍增计划"，温氏集团设立了"倍增计划"专项基金，为养户扩建鸡舍、安装自动喂料机械和购买清粪机提供补贴。据新兴县新农分公司统计，经"倍增计划"整改扩建后的养户平均增加饲养面积达 600 平方米，户均饲养量增加了 7800 只/批，毛利增加 20900 元/批，年增加收入约 5.9 万元。

（3）构建长效机制，实现产业脱贫

新兴县以打赢脱贫攻坚战为目标，认真开展扶贫开发"双到"工作，规划到户、扶贫到人，实现了对扶贫对象的精细化管理，对扶贫资源的精确化配置，对贫困农户的精准化扶持，使扶贫方式从"外延扩大"向"强化内涵"转变，从"输血"向"造血"转变，从"对物不对人"向"到村到户"转变。除了做好扶贫工作的指定动作外，新兴县基于本地实际情况，探索总结出先进可行的扶贫模式，融合企业、社会组织等主体资源，帮助有劳动能力的农民摆脱贫困，奔向小康。

当前，新兴县扶贫部门积极推广应用"公司+合作社+农户"模式，建立了可行性、可靠性兼具的合作发展机制。据统计，新兴县第二轮扶贫的

15 个贫困村，多数已经建立了"公司+合作社+农户"的模式，超过 3000 户贫困户通过产业扶贫顺利脱贫。"公司+合作社+农户"的模式不仅能够降低市场风险，还能充分调动贫困户的参与积极性。在河头镇湾中村，扶贫工作人员引导 23 户贫困户抱团成立了"新兴县十七乡种养专业合作社"。由驻村扶贫队出资 16 万元帮扶专业社租用 40 亩土地种植蔬菜（签约 2 年并平整好土地），并与高明区鸿丽蔬菜种植有限公司签订合作协议，由公司提供技术服务并负责回收、销售农产品，农民不用担心销路问题。专业社无偿向贫困户提供田地、种子、化肥、农药等生产物资，减轻了贫困户的投入成本。贫困户只需负责种植和管理，发挥自身劳动特长和种植经验的作用。目前，种养专业合作社的年产值高达 60 万~80 万元，有效实现了贫困户的增收和脱贫。

除了贫困户层面的精准扶贫外，新兴县对于贫困村集体经济的发展也十分重视。新兴县不断动员并帮助贫困村入股企业，盘活集体所有的资金、土地、房屋等资产，发展集体经济，增加集体收入。以新兴县簕竹镇为例，改革开放以后，镇域内不同行政村由于发展策略和机遇的不同出现了两极分化，良洞、榄根两村因与温氏集团密切合作，建立了种鸡厂、养猪厂等经济实体，集体产业丰富，收入水平较高，率先达到富裕水平。而五联、六联、非雷、云龙、大坪、永安等村集体缺乏经济来源，集体收入不足 1 万元，整体条件比较落后。为了解决镇域内贫富分化的问题，改善贫困村的落后面貌，全镇开展了"富村帮穷村，先富帮后富"活动，动员条件好的村庄帮助落后的贫困村加速发展，早日达到 3 万元的脱贫标准。为此，良洞村两委领导班子经过征求全体村民的意见，最终一致同意支援兄弟村庄的发展，与温氏集团共同行动，将经济效益较好的塑料编织袋厂的部分股份让渡给了其他 7 个贫困村，帮助他们拓展资产性收入来源，发展集体经济。贫困村村集体按时领取分红，集体经济收入迅速上升到 3 万元，改变了贫困村发展停滞不前的旧面貌，在簕竹镇域内实现了共同富裕。

总体上，2016 年，新兴县全面完成了县域内 7095 户相对贫困户、16800 名相对贫困人口的精准识别和建档立卡。同时，22 个部门联合制定出台了"1+N"精准扶贫精准脱贫配套实施方案，配合筹建全市"贫困户信用信息与精准扶贫管理系统"。同时，新兴县全年共投入帮扶资金 3120 万元，实施帮扶项目 288 个，6228 名相对贫困人口顺利脱贫。

2. 协调社会服务，创造优质发展环境

破解发展难题，厚植发展优势的关键在于创造良好的发展环境，一个好的发展环境仰赖对市场环境的塑造和规范，实现资本、技术、人才、项目等的科学集聚和落地。新兴县政府以政策为手段，协调体制内外力量，为产业融合提供金融支撑、技术创新、项目扶持等服务，解决三产融合发展初期资金不足、产业低端、技术落后等问题，扎实优化外部软环境，装载发展动力引擎，助力实体经济健康成长。

（1）金融支撑，为产业融合注入资金动能

新兴县各新型经营主体在产业融合发展过程中，资金需求量急剧上升，却因为无信用额度、无担保抵押而面临着"贷款难""融资难""融资贵"等共性问题。为了培育新型农业经营主体，新兴县不断夯实基础性的金融服务工作，补充建立全县非银信用体系，牵手新兴农商银行，形成政府搭台、金融机构唱戏的"政金合作"模式，创新发展政策性贷款业务，降低涉农贷款的准入门槛和息率负担，助力新型经营主体创新创业，促进一二三产业融合的平稳运转。

首先，新兴县政府统筹信用评估，建立农村信用体系。过去，普通农民很少与银行发生业务往来，因此在银行中没有形成信用记录。由于没有信用记录作为参考，银行不愿意冒着坏账的风险向普通农民贷款，结果导致农民生产创业缺乏运转资金，农民增收和产业发展成为幻影。为此，新兴县政府不断探索金融支农服务，联络银行建立综合性征信中心，开发"企业非银信用信息系统"和"农户非银行信用信息系统"，为全县所有在册登记的企业和个体户，以及所有农户家庭建立信用档案。其中，非银信用分为优秀、良好、及格、不及格四个等级，信用等级为优秀的农民可以直接向银行贷款。信用档案的评估设置为银行贷款确立了参考标准，有效解决了信息不对称的问题。同时，通过信用档案，农民获得了更多的贷款机会，提高了贷款效率，"贷款难""融资贵"的困窘一去不复返。新兴县政府对农村信用体系的设计，改变了农民缺乏信用证明的局面，架起了农民与银行之间的信任桥梁，为农民发展新兴产业提供了资金支持。

　　其次，新兴县在不断探索实践中形成了政府向银行推荐贷款客户的担保模式，保障了金融服务精准对接。新兴县财政、农业、环保、经信等职能部门审核遴选出对应领域具有发展潜力和迫切需要的经营主体名单，推荐给合作的金融机构，动员银行优先给予资金帮助。2014～2016年，新兴农商银行共向358户政府推荐客户贷款4031万元，农户享受政府贴息357万元，大大降低了融资成本。2016年一年，政府向新兴农商银行推荐的客户就多达150户，占历年推荐客户的41%，贷款金额达1733万元，占历年政策性贷款金额的43%。新兴县政府围绕产业融合发展，准确定位群众需求，链接银行资源，减少了企业、集体、个人在寻求金融支持过程中的交易成本，为产业发展提供了最有力的支持。大量农户向银行贷款，升级改造传统的养殖系统，打造现代化的家庭农场，提高了经济收入，呈现出发展的新形式、新业态。政府的"精准制导"，有效确保了银行资金畅通无阻地流向需求最迫切的群体，为农村一二三产业融合提供了金融保障。

　　最后，新兴县政府还积极推行"政银保"模式，为新型农业经营主体提供金融服务。所谓"政银保"是一种以政府财政投入的基金做担保，银行等金融机构为符合贷款条件的担保对象提供贷款，保险公司对上述贷款提供保证保险的新型融资产品。自2014年开始，广东省财政颁布政策，提出以4年为一个周期，每年安排5000万元贷款扶持资金，实施农民合作社"政银保"项目，以"银行+政府财政担保资金+保险公司保证保险"的运作模式，重点扶持省级示范社及合作联社的投入多、规模大、见效快、效益好的关键项目。新兴县无双地茶叶合作社总经理伍锦坤在建设茶场的过程中一直面临着资金不足、贷款困难的问题，在了解"政银保"项目后，他立即与新兴农商银行联系申请"政银保"的资金。经审核，伍锦坤完全符合"政银保"的申请条件，茶场资质也达到法定标准。最后，伍锦坤成为"政银保"项目的首批农民合作社贷款对象。伍锦坤拿到"政银保"的100万元贷款后，享受按照基准利率财政贴息50%，期限2年的优惠政策。"政银保"大大减轻了个人的贷款负担，解决了融资难、融资贵等实际困难。现在，无双地茶叶合作社扩大了经营规模，公司运营上了轨道，在发展茶叶种植与销售的同时，也增加了旅游观光的项目，推动了产业融合，带动了农民就业和增收。由此可见，新兴县政府以"政银保"模式减轻金融贷款难度，大力培育农民合作社，拓展农村经营主体的运营内涵，推动了农业产业链、价值链的延伸，为产业融合提供了资金动力。

（2）智慧引入，为产业融合提供技术创新

产业融合发展的根本路径在于新技术、新业态和新的模式在产业发展中的应用，用现代理念来引导产业发展，用现代技术促进产业创新，抢占市场高地，获得发展红利。新兴县政府在产业融合的现代思维指导下，不断通过各种政策手段搭建创新平台，引入人才，培育智慧，提升新兴县产业发展的技术优势和创新动能，增强新兴县产业融合发展的软实力。

第一，新兴县政府积极联络高校、科研机构、新闻媒体，邀请专家学者发挥专业优势，为新兴县县域三产融合发展把脉问诊、建言献策，推动新兴县一二三产业融合稳步落地。2016 年 9 月，新兴县邀请了来自国家发展和改革委员会产业经济与技术经济研究所、中国社会科学院工业经济研究所以及广东省社会科学院的专家学者前去实地调研，为新兴县三产融合发展提供理论指导。新兴县在专家学者的指导规划和科学建议下，厘清了产业融合的发展思路，保障产业融合发展少走弯路，使全县一二三产业融合工程更加符合科学发展的理念。

第二，新兴县建立县域创新中心，整合资本、科技、人才等资源要素，为企业发展和产业融合提供全方位的服务支持。2016 年 3 月，在县委县政府的支持下，新兴县创新中心作为顺德对口帮扶新兴工作示范点正式建立。创新中心的定位是"企业好伙伴，政府好助手"，紧紧围绕"团结企业、管理行业、共同发展"的工作中心，以面向社会、服务企业、立足市场为原则，以提高全县企业，尤其是不锈钢企业的竞争力和技术创新水平为目的。创新中心和新兴县不锈钢产业创新中心"一套人马，两块牌子"。创新中心已吸引 7 所高等院校、13 家不锈钢企业进驻，设立技术创新、工业设计、产业孵化、品牌建设、质量检测、电子商务、知识产权、人才培训、信息发布、金融服务等 10 个服务平台，多渠道整合国内外的知识资源和技术资源，服务新兴的支柱产业。

创新中心密切关注县域内企业发展的方向，结合实际需要，招贤纳士，筑巢引凤，广泛组织国内外专家学者资源和科技力量，改进和提升企业的经营管理水平和产品技术含量，拓展企业经营内容，促进科技与经济结合，推动企业技术进步，延长企业的产业链和价值链，打造企业发展的新业态和新品牌，增强企业的市场竞争力。如华南理工大学管理学院与新兴县共建创新中心人才培训平台，定期邀请一些专家学者来给新兴的企业高管做培训。

另外，2016 年初，由新兴县创新中心和凌丰集团自主设计、自行研发、自主安装调试的不锈钢制品自动化生产线正式点火运行，这也是全国不锈钢餐厨具制品行业内第一条完整的自动化生产线。自动化生产线顺应了产业改造升级的总体趋势，创造了企业自主品牌优势，提升了凌丰集团的核心竞争力。自动化生产线在提高企业生产经济效益的同时，也带来了巨大的社会效益，标志着生产的自动化和无害化，是今后不锈钢产业发展的主流。这是政府引进智慧，以技术发展促进企业产业转型升级的成果。

与此同时，创新中心还通过品牌推广平台为新兴不锈钢企业做了大量包装和策划工作，加强对自主品牌的宣传推广，从而不只在生产环节，还在销售环节获取利润收益。除此之外，创新中心还设置了电子商务平台，以互联网思维和电子商务模式改变新兴县传统的线下销售模式，扩大品牌传播度，释放企业的市场潜力。不仅如此，创新中心还借助电子商务平台对市场进行深度调查，敏锐地掌握市场喜好，及时反馈给企业，有效优化了企业产品结构，避免了产能过剩。

总之，创新中心本质上是一个引入并集聚智慧，将智慧转化成发展能力、经济价值的平台，是政府服务推动产业融合和产业现代化的中介。创新中心始终追求"开拓、创新、务实"的理念，并努力做好企业诊断服务的"智囊团"、技术创新的"后盾"、培育企业人才的"摇篮"和联系科技与经济的"金桥"。

（3）政策衔接，为产业融合集聚外部支持

国家、省市层面的惠民利民政策及资金项目，由于不属于基层政府绩效考核的"规定动作"，容易被闲置一旁，结果，常使上级扶农支农、促进三产融合的政策项目难以落地生根。而基层农民苦于没有资金、项目、政策，产业发展举步维艰，三产融合就这样容易陷入"有政策项目，无申报落实"的尴尬境地。在三产融合过程中，如何衔接和落实上级政府的惠民政策，在做好规范动作的同时，积极开展自选动作，为地方企业、个人提供外部支持，考验着一个政府的责任担当。新兴县作为山区县，财政资源有限，在最大程度发挥既有县级财政力量的同时，特别注重上级政策服务、项目资金的高效衔接和落地实施，通过政策衔接让新兴县人民群众成为政府政策项目的切实受益者。

目前，新兴县禾泰农业科技有限公司下属的禾泰农场是从传统农业向现代农业与旅游业融合发展的典范，新兴县政府自始至终都十分关心禾泰农场的发展，积极衔接、落实上级的惠农政策，主动为禾泰农场争取相关项目资金，引导和扶持涉农企业的融合发展。2016 年，新兴县农业局鼓励并推荐禾泰农场申报省级现代农业"五位一体"示范基地项目，帮助禾泰农场对水稻、蔬菜、水果、花卉等种植大棚进行改造升级。在县农业部门的指导下，禾泰农场结合自身的实际情况和发展需要，完成了申报材料的填写，县农业局向上级部门递交申请材料，强调了禾泰农场的产业融合优势和发展前景，表达了对禾泰农场的认可和支持，争取上级领导部门的支持。经过县农业部门的不懈努力，大棚项目顺利得到批复，禾泰农场获得了大棚改造升级资金400 万元。除此之外，县农业局还为禾泰农场申报争取到 50 万元的乡村旅游基础设施项目以及 50 万元的区域环保项目，目的在于健全禾泰农场的基础设施，维护农场环境卫生，更好地发展乡村观光旅游，吸引更多游客。2017年，县农业局又帮助禾泰农场申报广东省农业公园项目，如果得到批复，禾泰农场将获得 800 万元的项目资金，助推禾泰农场打造成为现代化的农业田园综合体。新兴县农业部门通过自上而下引入省市两级项目，为禾泰农场的发展提供项目资金，协助性地拓展了禾泰农场的经营服务内容，从现代农业、观光农业到禅意农业公园，禾泰农场在政府的帮助下，不断丰富自身价值，成为三产融合的标兵。

总之，新兴县政府通过整合外部政策条件，积极为新型农业经营主体争取项目资金，为产业融合创造良好的发展环境。政府一方面密切联系涉农企业、家庭农场、农业生产合作社等经营主体，了解他们的发展短板和需求；另一方面，政府各职能部门对接上级政策安排、项目资金，积极申报并争取落实落地，使惠农政策能够真正惠及民生发展与产业融合。政府将政策与需求精准对接，保证了政策资源的充分利用，彰显了政策项目的价值，更加强了新型经营主体的发展实力，推动一二三产业融合的稳步实现。

3. 引导企业服务，承担社会责任

事实上，新兴县政府不仅着眼于服务企业、创造良好的外部制度环境，同时，还致力于动员企业将发展的经济红利辐射到整个社会。通过建立引导与激励机制，增强企业的道德价值认知，提高其履行社会责任的积极性。在政府的引导和规训下，新兴县的企业资本少了一份野蛮和趋利性，多了一份文明和人情味。企业踊跃发挥自身经济和技术优势，为社会提供就业、养老、教育等多样化服务，并且加速实现村企合作，推动社会主义新农村建设。

首先，新兴县针对县域内企业经济实力和道德水平参差不齐的现实情况，采取了区别对待、分层管理的方法，对于温氏集团、凌丰集团、翔顺集团等"航母型"企业，政府出台了一系列优化型政策，如开辟成立慈善基金会的绿色通道，为公益慈善大开方便之门，全方位、高标准地驱动企业履行社会责任；对于实力较弱、发展缓慢的"帆板型"企业，新兴县则更加重视法律制度层面的完善，在帮助小企业健康成长的同时，也严格督促其遵纪守法，以履行法律义务为前提践行社会责任。其次，新兴县不断扎实促进非公有制企业党的建设，以党组织为教育平台，宣扬社会主义核心价值观，培养企业管理者和企业员工的公共服务意识，提高企业履行社会责任的内生动力。除此之外，作为六祖故里，新兴县还积极宣传禅宗这一优秀传统文化，强调和谐、行善、发展、服务等理念，鼓励企业和乡村精英回报乡梓，建设新兴，渲染了良好的社会责任氛围。总体上，新兴县构建了有效的机制和制度安排，扶持企业迈入良性快速发展的轨道，并将增进社会福利内化为企业的发展动力，引导企业承担、履行社会责任。

新兴县温氏集团、凌丰集团、翔顺集团等龙头企业积极响应政府引导，围绕新农村建设、社会公益建设、公共福利、生产就业等方面踊跃投入，协助政府整合资源，从生产、生活、生态等多个方面提供资金支持和公共服务，带领全社会共同发展。

温氏集团在党和国家的支持和关心下，成长为全国领先的农业龙头企业，怀揣着感恩家乡、回馈社会的情感，通过实际行动为新兴县经济发展和民生建设做出了卓越的贡献。

一方面，温氏集团热心参与公益慈善，1996 年 6 月，温氏集团董事温北英先生遗孀梁焕珍女士和温氏集团共同捐资 100 万元成立了"温北英基金会"，以奖励为新兴县"三个文明"建设做出特殊贡献的团员、青少年、优秀教师，扶助品学兼优、家庭贫困的学生读书，促进新兴县青少年健康成长。为了让更多需要帮助的人得到资助，2005 年 9 月 30 日在原基础上共注册 300 万元成立了"新兴县北英慈善基金会"。2005 年 10 月至 2012 年 9 月，温北英慈善基金捐助用于新农村建设、公共设施建设、扶贫助学、灾害救助、重大疾病救助的资金共达 4834.7 万元。

另一方面，温氏集团不仅以慈善捐助的形式扶危济困，近年来更是以资本投入为补充，强化企业的社会服务能力。目前，温氏集团响应县政府推动城区扩容提质的规划安排，协助打造未来小镇，在县城东部发展宜居生活小区和文化教育园区，同时出资建设县城文化地标——惠能广场，探索向文化、教育、房地产等民生服务产业多向度发展。温氏集团这种以资本运作逐步向服务业拓展的模式不但进一步提高了其服务社会的能力，而且还符合发展到较高程度的农业龙头企业向二、三产业拓展的轨迹，对县域一二三产业融合发展具有积极作用。

"社会责任与企业经营同行"是凌丰集团的企业责任观。得益于新兴县政府的规范引导，凌丰集团在致力于企业稳健发展的同时不忘传播爱心文化，为新兴民众提供基础性服务。多年来，凌丰集团先后兼并了多家濒临破产的企业，盘活了近 1 亿元的国有资产，解决了 1500 多名下岗职工的再就业问题，取得了政府满意、企业增效、职工增收的效果。同时，凌丰集团为抗洪赈灾、慈善捐资、爱心助学、拥军敬老、建桥修路、扶贫济困等多项社会公益事业捐款捐物近 5000 万元，展示了新一代民族企业应有的社会责任感。

吃水不忘挖井人，感恩文化是翔顺集团企业文化的重要组成部分，新兴县政府不断鼓励翔顺集团弘扬感恩文化，参与到服务新兴、建设新兴的历史进程中。因此，翔顺集团饱含热情地投身到新兴县的各项公益事业中，公益善行的触角延伸至新兴县教育事业、扶危济困、市政交通、拥军优属、支持弱势群体等多个领域，用实实在在的行动履行"回报社会"的铮铮誓言。据统计，翔顺集团在教育领域方面的公益支出逾 5500 万元，其中累计耗资 4688 万元，按照省一级学校标准建设了新兴县翔顺实验学校。翔顺还注重对乡村教育的帮扶，2012 年捐资 700 万元改建新兴县稔村镇兴育学校。同时，对大学生、贫困学童、残障学童、困难员工子女的教育问题也展开热情的帮扶。另外，翔顺集团在公益方面也努力发挥自身的建筑优势，积极投身新兴县的市政工程建设，改善县城的交通网络，为群众提供了较好的出行条件。目前，翔顺集团在市政工程方面捐资金逾 4000 万元，在很大程度上缓解了老百姓出行难的问题。

除此之外，新兴县企业充分认识到自身作为土地流转的受益方，应该承担帮助失地农民再就业的责任，保证农民不至于因为失地即失业而陷入生存的窘境。新兴县企业为失地农民提供了大量技能培训、就业岗位和社会保障服务，消解了大量土地流转产生的矛盾，促进企业与农民之间形成了大量一种互融互通、利益共享、命运共系的合作关系。在政府的教育关怀下，企业时刻牢记自己不是"利"字当头，而是社会重要的服务载体，不断拓展企业文化内涵，承担更多的社会责任，提供更多的服务反馈，公平高效地调配资源，推动企业自身和社会民众共同发展。

总之，新兴县政府在推进一二三产业融合工作时，坚持控制与协调相结合，思路清晰，进退有据，灵活多变。在发挥政府内部力量的同时，协调社会主体和市场主体，为一二三产业融合提供制度保障和资源支持。具体而言，首先，通过规划引导实现有序化发展，新兴县政府搭建了产业融合发展的基本框架，因职设责，因地制宜，确立了新兴县产业之间、部门之间、区域之间的明确分工，实现了整体与局部、县级与基层协同一致、责任分明地开展产业融合工作；其次，通过标准引导规范化发展，以高标准打造高端化、高品质产品，维护高质量环境；最后，新兴县政府通过政策引导来服务产业融合主体，从宜居环境、共同富裕、精准扶贫等方面出发改善民生，协调金融、科研机构提供技术、资金等服务，为产业融合主体提供发展条件，动员企业履行社会责任，共同参与社会建设。规划引导、标准引导、政策引导三位一体，彰显政府在一二三产业融合中的主导作用和主体担当，最终推动了新兴县的全域发展。

三

以企业主位构建融合动力系统，
实现增利共生

　　推进农村一二三产业融合发展是建设现代农业产业体系的必然要求，是实现"农业提质、农民增收"的重要举措，对于农村农业的整体发展具有战略意义。根据党的十八届三中全会指出的要发挥市场在资源配置中的"决定性作用"的指导要求，充分发挥龙头企业这一市场活跃主体的作用，是促进经营主体融合、产业环节融合、资源要素融合的强劲助力。新兴县以企业为主位，通过龙头企业的集聚效应充分发挥出市场主体的引领作用，将零散的农民个体纳入生产"车间"，建立起密切的利益联结体，构建起现代农业产业体系，形成一二三产业融合发展的强力支柱，助推了农业技术集成化、劳动过程机械化、生产经营信息化和质量环保法制化的"四化"进程，实现了企业、农民，乃至整个县域一体化的"共生"发展。

（一）传统农业孕育现代企业

　　农村综合改革总体任务要求着力实现"农村生产关系变革困局、城乡二元结构的体制障碍、农村资源环境瓶颈、农村要素市场体系弊端"四大突破。面对彻底解决"三农问题"，增强农村发展潜力的时代命题，新兴

作者：华中师范大学中国农村研究院/政治科学高等研究院杨昕、贺倩。

县的诀窍在于：打破对农民的束缚，激发农民作为微小单元的经济活力，充分利用传统的农业积淀孕育出现代农业的"龙头"企业。

1. 农村吹来改革东风

自中国共产党第十一届中央委员会第三次全体会议召开，全党的工作重点转移到社会主义现代化建设上，改革与发展成为我国现代化建设的关键命题。改革、发展、稳定三者之间存在不可分割的内在联系，稳定是发展和改革的前提，发展是硬道理，改革是社会主义制度的自我完善和发展。而要从根本上摆脱经济落后的状况，跻身世界现代化国家之林，都离不开全面深化的改革与发展。改革是经济和社会发展的强大动力，不仅能够切实解决当前经济和社会发展中的一些重大问题，推进社会生产力的解放和发展，还能为经济的持续发展和国家的长治久安打下坚实的基础。

1978 年，《中共中央关于加快农业发展若干问题的决定（草案）》等文件也逐渐下发至各省、自治区、直辖市讨论和试行，意味着改革发展的触角向下延伸到了基层农村，也意味着对农业发展的关注与扶持也迈上了新的台阶。因此，"怎样解决农村问题"成为摆在时代面前的重要任务之一。以突破人民公社体制、推行以家庭联产承包责任制为突破口，将集体所有的土地长期承包给农户自主经营，使农民获得生产和分配的自主权，将农民的责、权、利紧密结合起来，不仅克服了人民公社体制下"吃大锅饭"、搞平均主义的弊端，而且纠正了以往管理中过分集中的缺点，释放了农村社会的自由经济空间，为市场经济的发展营造了良好的环境。

新兴县也顺应时代发展的要求，全面推进改革开放，以发展有计划的商品经济开启农村改革的新篇章。如果说家庭联产承包责任制的推行调节了新兴的农业经营体制，为农、林、牧、副、渔生产全面发展的多元经营格局奠定了基础，那么 1984 年 9 月 19 日新兴县颁发的《关于我县改革、开放、松绑、放权的试行规定》（以下简称《规定》）则为农业企业的崛起提供了保障。《规定》着眼于农业、工业、商业的改革，逐步实现农业从自给半自给的自然经济向生产社会化、集约化的商品经济转变，促使新兴县从生产型、内向型向生产经营型和经营外向型发展转变。同时，此举也促使新兴县乡镇企业"异军突起"，为发展农村经济谋得了新出路。

1979 年 7 月，国务院颁布了《关于发展社队企业若干问题的规定（试行草案）》，阐明了发展社队企业的重大意义。1984 年，《关于开创社队企业新局面的报告》将农村的"社队企业"更名为"乡镇企业"。同时指出："乡镇企业是多种经营的重要组成部分，是农业生产的重要支柱。"至此，乡镇企业在政策层面上获得了认可与支持，迎来了蓬勃发展的新机遇。1979 年，新兴县内社队企业（乡镇、村、生产队、联户、个体等单位创办的各类企业）的特点是规模较小，工艺落后，技术水平及产品档次较低，其中搬运队、建筑队、食品加工厂、粮油加工厂、凉果厂等十余个社队企业最为典型。1981~1983 年，社队企业试行厂长（经理）承包责任制，原本由集体经营控制的企业进一步放活，承包经营使社队企业开始走上了转型之路。至 1985 年，包含转型成功的社队企业在内，全县共有乡镇企业 6902 家（不含新城镇），总产值 8072.9 万元，占农村经济总收入的 29.34%，这足以说明企业带来的经济收益已经成为县域经济的一剂"强心剂"。在新兴县社队企业的转型过程中，以政府为主导的股份制企业的发展道路尤为典型。如在 1989 年，洞口镇政府便与肇庆羚羊化工厂联办起该镇第一家股份制企业——洞口羚羊化工厂，树立了股份制企业的发展标杆；而后崛起的顺达塑料制品厂、广东温氏饲料厂、裕丰不锈钢制品厂、路路通加油站等股份制企业更是"全面开花"，成为全县发展农村股份合作制企业的典型。发展至 1996 年，新兴全县共有农村股份合作制企业 191 家，但由于处于发展初期，管理尚欠规范，仍然存在资源开发局限和环保低效等弊端。因此，在 1997 年 12 月，新兴县提出进一步加快发展个体私营经济，鼓励和扶持私营企业发展的战略，各类工业园区兴起，且产业分类越来越明显。以翔顺、万事达、凌丰等为代表的私营不锈钢产品企业，以东宝、马林为代表的凉果加工企业，以温氏为代表的畜牧企业，从全县各个乡镇片区兴起，形成强大的经济合力。总之，新兴县通过承包给个人的方式对集体企业进行改革，将个体的经济活力注入企业发展，转型盘活农村经济，构建出以经济微小体撬动经济大格局的"新兴杠杆"，真正实现了"一包就活"，增利共生。

翔顺集团是当下新兴县建筑业龙头企业之一，而其前身仅为一个小小的稔村建筑队。追本溯源，一个村级建筑队如何在改革的大潮中成功转型，最终成为引领县域经济的强劲力量呢？稔村建筑队同样运用了"新兴杠杆"，在改革的推进中激发村集体产业活力，在 1996 年就将建筑队转型成为新兴县第七建筑工程公司，开始市场化经营。翔顺集团抓住浩荡时代中的每一个机遇，迎接挑战，不断通过战略调整实现转型，2003年升格为新兴县第七建筑集团有限公司，又于2008年9月转型为广东翔顺集团有限公司（以下简称"翔顺集团"）。同时，立足于市场需求的多元发展战略也促使翔顺集团积极拓展新领域，不断向第一和第三产业延伸发展。根植稔村，以建筑队发家，短短十多年时间，翔顺集团发展成为一个以房地产开发与建筑施工为主，以物业、茶叶、酒店、旅游服务及餐厨具制造等多种产业为辅的多元化发展企业，形成了企业内部资源共享、优势互补的大型集团，更发展成为新兴县乃至云浮市多元化发展之路较宽的大型民营企业。纵观其发展过程，市场化经营有效激发了企业发展活力，准确地把握市场需求，促使翔顺成为新经济环境下的"弄潮儿"，树立起县域经济发展的"风向标"。

无独有偶，如今在全国范围内都赫赫有名的新兴县农牧业龙头企业——广东"温氏"食品集团股份有限公司（以下简称"温氏集团"）——也是乡镇企业转型发展的典型代表。温氏集团的前身是簕竹鸡场，同样是一个依托村集体发展的小型鸡场。其紧紧跟随发展趋势及时进行改制，将集体村社企业承包到个人，同时开展社会化养殖扩充规模、股份制改革全员持股、与华南农业大学动物科学系签订长期技术合作协议以保障技术及人才供给等一系列改革措施，进一步打破原先集体企业的发展壁垒，激发活力，成功地摆脱了技术扩张、人才瓶颈的桎梏，拓宽了发展道路。最终，"温氏"成为新兴县最亮眼的一张名片，温氏集团也成为在全国范围内都具有一定影响力的大型畜牧集团，走出了企业发展的新道路。总而言之，温氏集团发展的最大秘诀在于：它比别人更早地转型，勾连市场，建立起一个完整的服务体系，从而更好地占领资源，占领市场，迅速扩展。

由此可见，在改革的大潮中，新兴县将"村社企业转型为乡镇企业"这一政策纲领迅捷化、深入化、持续化地贯彻落实，是促使本土企业立足自身优势更快更好走上转型之路，为农业发展注入新活力的不二法门。在日益激烈的市场竞争中，这些乡镇企业也紧跟时代发展方向，不断推陈出新，积极调整经营方向，以不断创造的新业态重塑竞争优势、提升社会价值，从而为产业发展注入了源源不断的动力。

2. 在农业中汲取养分

"公司+农户"的经营模式肇始于20世纪80年代，既顺应了经济体制改革发展的潮流，也推动了农业公司的进一步发展壮大。新兴县就是我国"公司+农户"农业经营模式的重要发源地之一。"公司+农户"这种经营模式创造性地将"大公司"与"小农户"联结起来，在新市场经济环境下，在农民学习生产技术、规避市场风险和规模经营增收等方面都发挥了积极作用。在新兴县，"公司+农户"有两条基本路径：一是以经营畜牧业为主的温氏集团、温木辉公司、多威公司、万益公司，都以"公司+农户"的模式，由企业为农户提供种苗、饲料、养殖技术、药物防治、灾害保险和产品收购等产前、产中、产后一条龙服务；二是以加工果产品为主的东宝、马林食品有限公司和共成实业发展总公司实行"公司+农户""公司+基地"等挂钩形式，把基地、专业户和重点产区的水果产品按合同预约生产、收购，统一由企业进行加工、销售。"公司+农户"模式的运行，在公司与农户之间建立起良好的互动合作关系，有效聚合了企业的资源优势和农户的劳动力优势，为新兴农业产业崛起提供了"养分"，其中最主要的"养分"在于以下两个方面。

一方面，给予土地支撑，为企业扩规筑保障。据统计，2016年，温氏集团实现上市肉猪1713万头、肉鸡8.19亿只、肉鸭2626万只，而温氏集团名下却仅有239家控股公司，如此庞大的养殖量仅仅依靠这239家企业是无法生产的。况且养殖量的扩大需要相应的养殖场支撑，企业自身缺乏土地资源，因而养殖量的扩大最紧要的就是解决土地问题。温氏集团对养殖牲畜有完整的标准体系，以鸡舍选址为例，温氏集团对此有三个要求：第一，在地势及位置选择方面，平原地区应选择地势稍高、平坦、干燥、土质良好，向南或东南的缓坡（坡度以不大于25度为佳），山坡丘陵地带应选择山坡的南面建场。第二，水源充足，水质良好，鸡场的供水量应以夏季最大供水量来计算，鸡群饮水量约为采食量的3~4倍左右，且水质要符合饮用水标准。第三，用电、交通方便，但应远离村庄、公路干线、化工厂和兽医站等污染源，鸡舍间应相距100米以上，最好有自然隔离带，有利于疫情的控制。据此标准，一个村庄范围内能符合鸡舍条件的地址有限，最多不过十余处。且每间鸡舍的批饲养量仅为5000只，要实现一年

8.19 亿只的饲养量需要成千上万间养殖棚支撑。而企业成本有限,获取土地的资金力度不足。倘若企业直接与村集体沟通协调进行土地租赁,其耗费的人力、物力和财力都不可估量,企业无法支撑租用大量土地的运行成本。与此同时,农民拥有大量分散土地,但是大多数农民因农业生产效率低而选择外出务工,土地多荒置,利用效率低。而与企业合作,既能提高农民土地的利用效益,也可为企业提供大量土地资源,可谓双赢。

温氏集团的"公司+农户(家庭农场)"模式在推动企业快速发展方面显示出了明显的优势。正如中泰证券的研报《深度解读温氏的成功:全产业链生态体系,成就中国农业霸》指出的:温氏集团的"公司+农户"模式扩张优势明显。"公司+农户(家庭农场)"模式不需要大量的土地和资金,更容易做到迅速规模化,比起散户养殖,该模式在成本控制、养殖效率和疫情控制等方面占据优势。温氏集团充分利用此优势,目前在全县范围内培育家庭农场 5100 余个、种养大户 1.1 万家、农民专业合作社515 个,企业发展后劲十足。

土地是农业生产发展的基础,也是企业扩大生产的保障。不论是温氏集团的畜牧产业,还是马林公司的凉果产业,基地都是生产的关键要素。仅靠企业自身一个工厂几条生产线是远远不能满足庞大市场需求的,而散落在各个乡村的土地就成为可利用的资源。与村民或者村集体合作生产,可以有效解决企业规模扩展用地问题,筑牢生产基地。在合作过程中,企业提供技术、服务等"软件",而农户自己则事先需准备好场地、购买设备等"硬件",其中最关键的就是土地问题。企业以与农户合作为基础,将养殖场地扩充的压力解构分散到农户,为企业的规模拓展提供了最基本的保障。

另一方面,给予劳动力支持,为拓展市场添动力。不论是萨伊的"三位一体论",还是马歇尔的"四位一体论",劳动力始终是重要的生产要素之一。而且亚当·斯密也认为财富增长的一个重要原因就是劳动力数量的增加、质量的提高。新兴县探索的"公司+农户"模式之所以能够创造大量财富,为县域经济注入源源不断的动力,究其根本就在于该模式为企业发展提供了充沛的劳动力资源。

农业生产需要大量的劳动力资源投入,是农业生产的特性决定的。因而农业企业在追求产业化的过程中，需要有丰富的劳动力投入，才能更有效地拓展市场。以新兴县最典型的"公司+农户"养殖模式为例，一个农场至少需投入 2 名劳动力，而一个农场的养殖量每年在 2 万~3 万只，根据统计，2016 年度温氏集团上市肉鸡为 8.19 亿只，那么达到该养殖量则需要 5 万~8 万名劳动力。仅仅依靠企业自身无法吸纳如此庞大的劳动力数量，但通过"公司+农户"的模式将劳动力压力分散化，只需寻找 3 万~4 万余户合作农户即可，劳动力压力大大降低。

而企业与村民或者村集体的合作也不仅仅停留在简单的土地出租和承包的表层，更密切的合作在于通过"公司+农户"模式将农民纳入企业的生产过程，成为生产环节中的一环，承接部分生产环节，在更密切的利益关系中实现共赢。正如工业企业要用车间化来缓解生产压力一样，农业企业也需要大量的合作农户作为生产链条的一节。如温氏集团有扩大养殖量的需求，马林食品有限公司有扩大青梅种植和加工的需求，而农户则有追求经济效益的需求，一拍即合的方式使基地与农户实现对接，也为企业的扩展提供了源源不断的动力。

在新兴，农户若计划与温氏集团合作，温氏会先派出工作人员进行评估，评估通过之后便可筹资建设场地及设备。在合作过程中，温氏集团采取"包办"的方式尽可能为合作农户减轻压力，提供技术、服务、启动资金等。养殖周期结束之后，根据协议价格进行年底清算，其销售量可达 30 万元，其中农户纯收入约在 3 万元左右，且不受市场波动影响。可以这么说，只要按照公司规定要求的饲养步骤和程序操作，提供符合标准的产品，就能获得稳定的收益。对于企业而言，在合作过程中，温氏集团虽然投入大量服务成本，却解决了劳动力的瓶颈问题。

通过"公司+农户"的经营模式，公司与农户实现了优势互补，通过资金、劳动力、场地、技术、管理、市场信息等生产要素的重新排列组合，将松散的劳动力进行整合，使其发挥出最大效应，同时也实现了专业化技术的提升。依托产业化的经营，新兴县已拥有省级农业龙头企业 10 家、市级 30 家，并涌现出翔顺象窝茶业、天堂紫米、禾泰农庄等一批具有较大规模的特色农业企业，形成了强而有力的农业产业带，为县域经济注入了新活力。

3. 走向市场的新产业

我国是传统的农业大国，而农业也是新兴县国民经济的基础。通过龙头企业、中介、专业市场等组织，把分散的家庭经营与国内外市场连接起来，是新兴县农业产业化经营的有效尝试。为突破传统农业低效低能的发展壁垒，现代农业应运而生。新兴县企业广泛运用现代科技手段，运用现代化的管理科学加以组织管理，打造面向市场的新产业，保障农业发展的可持续性。新兴县农业产业化示范基地建设从培育主导产业入手，将规模农业与产业发展相结合，突出区域特色，以高效农业规模化带动区域经济发展。据统计，2015 年，新兴县实现地方生产总值 221.53 亿元，同比增长 8.7%，其中第一产业增加值 52.98 亿元，增长 4.5%，实现农林牧渔业总产值 89.33 亿元，而第一产业的经济崛起也使产业结构得到优化。目前，新兴县内已形成畜牧、凉果、水产等三大具有代表性的支柱型农业产业。

（1）畜牧产业

新兴县共有畜牧加工企业 27 家，其中广东温氏食品集团股份有限公司是新兴县的畜牧龙头企业，也是立足于肉鸡、肉猪、山羊等的畜牧生产基地，是一家以畜禽养殖为主业、配套相关业务的跨地区现代农牧企业集团。温氏倡导自动化的养殖理念，充分运用现代科技，在生产、养殖、销售的各个环节都引入科技元素，以此实现农产品数量与质量的双重提升，从而增加农产品的附加值。温氏出产的农产品在养殖过程中都采用温氏自行研发的饲料和疫苗，自动喂养的方式节省了大量的人力物力，10 年前，合作农户的养鸡规模为 0.5 万~1 万只，现在已扩大到了 1.5 万~3 万只，农户自身在合作中也实现了专业化和规模化生产。而服务部定时对接农户也能迅速解决生产过程中遇到的问题，减少养殖过程中的风险。此外，"物联网"技术的广泛运用，能够在养殖过程中调节养殖环境的温度与湿度，还能实现农户手机的"一键化"操作。据统计，"温氏"出产的养殖鸡在香港市场的占有率达 40%，在澳门市场则占有 70%，这得益于大量的科学技术的投入带来的养殖效率的提升。温氏将农户纳入产业链条，直接以订单方式规定产品数量及质量，无须农户自行判断市场需求，成功将市场需求转化为农民收益。2016 年，温氏集团实现销售收入 693 亿元，使畜牧业成为新兴县的重要支柱产业。

（2）凉果产业

新兴县以凉果为主的农产品加工业有近百年的发展历史，且该农产品加工已从初级简单的农产品生产向现代化、集约化的农产品精细加工发展。"前店后厂"式的凉果加工企业如今形成了种植、加工、销售一体化格局和"公司+基地+农户"的产业化经营模式，开发凉果品种达 130 多个，年加工 1 万多吨。目前新兴县成为全国主要的凉果加工和集散地之一。缘起于青梅种植传统的新兴现如今已经成为青梅加工的重点产业集聚地。新兴县共有龙头企业 80 家，其中种植加工企业 35 家，而广东马林食品有限公司就是最典型的凉果企业。广东马林食品有限公司始创于 1980 年，主要经营凉果的加工与销售，青梅加工制成的"话梅皇""霜梅""雪花梅"等 10 多个品种均成为市场的畅销产品。"马林"食品同样根植于市场的需求进行发展，实行"公司+农户""公司+基地"等形式，将村集体打造成青梅种植及加工基地，并针对青梅种植加工专业户和重点产区按合同预约生产、收购，统一由企业进行加工、销售。市场的需求进一步刺激了生产的发展，新兴县的青梅种植面积大幅度增加，青梅产量也随之提升。目前，新兴县已形成了以东成镇新兴县凉果加工产业城为核心，以广东马林食品有限公司等农业龙头企业为依托的凉果加工产业融合发展示范区，形成了"基地连片、特色成带、块状辐射、集群发展"的凉果生产新格局。

（3）水产产业

新兴县位于西江流域闻名的鱼米之乡，水产养殖业昌盛，自 1978 年兴办塘虱鱼苗繁育基地以来，短短几年的发展就使新兴县成为全国最大的塘虱苗繁育基地。发展至 2000 年，全县水产养殖面积达 44754 亩，总产量 15246 吨，总产值 10645 万元，分别比 1980 年增长 1.83 倍、13.49 倍和 34.6 倍。根据此得天独厚的条件，广东明基水产品有限公司于 2006 年 3 月 15 日应运而生。明基水产充分利用了新兴县水产基地的优势条件，定位于主要加工生产冷冻水产品，且水产品以出口为主，市场广阔。而明基水产最大的特色就是以"公司+基地+标准化管理+市场"的经营方式运营，即充分面向市场，把握市场需求进行生产，同时在全县形成以新城、车岗、东成、太平、六祖为主的新兴江流域沿岸优质水产养殖产业带，保证市场的供给。如今，明基水产已成为新兴县甚至云浮市首屈一指的水产品公司，而以其为代表的生态水产也成为新兴县的"六大特色产业"之一。

新兴县的传统农业在新时期重新焕发生机的秘诀主要是四个字：转型升级。通过龙头企业的带动发展，传统农业通过"公司+基地+农户""大型超市+合作社+农户"等，甚至更短的产业链条（"中央厨房"模式）缩短产业链，并集生产、销售、消费于一体发展，实现了传统农业大步迈向现代农业的跨越式发展。如今的新兴农业不再是传统意义上的农业，而是附加了现代信息技术的，融入工业生产方式与理念的高效率、高产出的现代农业产业。

（二）现代企业衔接二三产业

新兴县以现代农业企业为基础，通过衔接标准制造业纵向延伸链条，开拓立体展示横向拓展功能，横纵双管齐下，挖掘并运用第一产业的孵化功能，哺育二三产业发展，形成一、二、三产业之间互依互补的功能纽带，形成一二三产业共生共进、融合发展的产业新局面。

1. 纵向延伸链条

随着科学技术的发展，迂回生产程度逐渐提高，生产过程被划分为一系列有关联的生产环节。分工与交易的复杂化，使企业面临的最大问题在于，在经济中通过什么样的形式联结不同的分工与交易活动。为更进一步提升现代企业的综合竞争力，解决分工与交易的联结问题迫在眉睫。因此，推进产业深化融合成为企业降低成本、优化生产的首要选择。农业与第二产业和第三产业进行更进一步的交互融合，可以突破原有农业与旅游业，农业与生物制药等产业融合的边界，实现三种产业的一体化发展，建立起纵向产业链。

所谓产业链，指的是各个产业部门之间基于一定的技术经济关联，并依据特定的逻辑关系和时空布局关系客观形成的链条式关联关系形态。产业链包含价值链、企业链、供需链和空间链四个维度的概念，这四个维度在相互对接的均衡过程中形成了产业链，这种"对接机制"是产业链形成的内模式，作为一种客观规律，它像一只"无形之手"调控着产业链的形成。产业链的本质是用于描述一个具有某种内在联系的企业群结构，它是一个相对宏观的概念，存在两维属性：结构属性和价值属性。产业链中大量存在上下游关系和相互价值的交换，上游环节向下游环节输送产品或服务，下游环节向上游环节反馈信息。

中国社会科学院工业经济研究所黄群慧教授在《光明日报》的《以产业融合促进城乡一体化》一文中指出，"农业要强调吸收现代工业化成果和向服务业延伸，工业部门发展的重点要放在技术创新上并以现代高新工业技术'武装'农业"。企业的发展是一个产业不断融合、理念不断渗透、技术不断更新的过程。因此利用理念和技术着力扩大合作农户的生产规模和提升经营效益，是提升企业生产加工发展方面的能力、做大做强现代农牧加工产业的必经之路。新兴县以农业龙头产业为基础，纵向联合第二产业，形成区域产业集群，根植农产品原产地，促使加工方以及销售方、使用方的相互配合，形成强而有力的发展合力，促进现代农业的不断发展。农业企业在生产过程中根据市场需求不断调整规模，对农业生产要素的需求也随之提升，拓展市场、降低成本、提升效率等多方面的需求亟待更高效的生产制造业。因此，积极将第二产业的理念引入农业生产，上延下伸，着力打造"高效率、高价值"的产业链，在降低成本的情况下增加农业的附加价值，成为新兴县破解第一产业低效低能的最优解。新兴县从第一产业延伸至第二产业主要是基于农业发展的需求导向，具体而言有两条路径。

一是向上游延伸，衔接标准制造功能。以畜牧设备加工业为例，随着现代家庭农场的不断涌现，对于农业车间制造设备的需求也"水涨船高"，以广东温氏集团新兴县华南农牧设备有限公司为代表的装备制造企业也应运而生。南牧公司是温氏集团旗下子公司，以研发、生产、加工、销售、安装农业和畜牧业机械设备及相关配套设施为主营业务，旨在为农牧业提供高品质、机械化、自动化的畜牧设备和服务，是最典型的农业联结工业发展的产物，也是农业产业链延伸至工业产业的最佳体现。

南牧公司主营自动化、智能化的养殖设备制造与安装，为合作的养殖户节省人力。自动化、智能化的养殖设备包括自动喂养系统、自动控温系统、自动清粪系统和环保治理系统，这一系列产品的研发投入体现了温氏集团在养殖过程中秉承着效率导向，为传统的农业生产注入现代机械要素。温氏按照"政府引导、市场运作、企业主体、多方协同"的原则，以自动化设备推动农户养殖过程机械化来提高农户的养殖数量和养殖效率，推进农户向养殖规模化、机械化、标准化转变，也正符合了第一产业向第二产业延伸产业链的要义。目前，温氏集团在全国各地建设1371个现代家庭农场，其中在新兴县建设现代家庭农场337个，共安装自动料线10351条，热风（暖风）炉2400台，清粪机600台，为3400多个鸡舍安装了自动卷帘，全面提升了养殖的机械化水平。由此可知，标准化的装备制造类公司的出现，是养殖端下游在实际运行过程中衍生的需求，而将现代工业制造业与农牧业相结合，实现了产业链条的有效延伸，从而助力了畜牧业的升级转型。以此为基础，新兴县依托温氏集团加快建设了现代农牧装备产业园，将畜牧装备制造链条集聚发展起装备园区，同时积极引进国外著名农牧企业，旨在打造全国最大的现代农牧装备产业集聚区，将工业化理念彻底践行于农业产业发展。

二是向下游拓展，纵深增强精细加工功能。以凉果产业为例，随着市场对农产品需求量的不断增加，农业企业的生产规模也亟须拓展，这也带动了农产品精细化加工业的兴起。为进一步加快凉果产业转型升级，围绕做大做强主导产业、改造提升传统产业、培育发展新兴农业产业，以广东马林食品有限公司为代表的凉果深加工企业充分运用现代工业技术和信息技术，改造传统的凉果加工工艺。由传统的农业种养业拓展至精细化深加工，是对农产品价值的进一步提升，也是跨越农业现代化的重要一步。

所谓精细化加工凉果，是指一改过去传统的手工制作方式，使用机械化或半机械化流水生产作业制作凉果：在凉果干燥方面，大力推广智能化太阳能烘干技术，使用现代化信息技术自动控制晒棚内温湿度；在凉果包装方面，利用科技营造无菌条件包装凉果，提高凉果加工技术生产水平，提升产品的质量安全，保留凉果的原来风味。马林食品公司着眼于技术改造、装备升级、品牌质量提升，通过应用新技术、新工艺、新材料，改造提升新兴凉果的传统优势，以先进产能取代落后产能，推进传统产业创新转型。同时，以马林食品公司的龙头企业效应铸造精细化加工的产业化链条，在全县范围内建立起青梅原料基地，并以此为基础逐步形成集种植、生产加工、销售于一体的大型凉果生产加工园区，形成良好的集群效应。可见，按照资源禀赋发展区域特色食品加工业，是推进现代先进加工技术应用，推动食品产业机械化、自动化、标准化、清洁化生产，构建食品安全全产业链可追溯体系的必要前提。目前，新兴县已打造起包含新城、籍竹、东成、太平多个镇在内的，20 亿元产值的精深农产品加工区，积淀了深厚的发展力量。

新兴县以农业产业化经营为契机，以农业为基础，依托龙头企业载体，开展以增加品种、提升质量、优化工艺、更新装备、节能降耗、综合利用、清洁生产和两化融合为重点的技术改造，不断向上游和下游延伸发展，形成纵向的农业产业链条，将单一的农业改造为先进科技装备的现代农业，并将工业元素注入现代农业，增强农业的覆盖领域及经济附加值，这也是符合现代农业发展真谛的。

2. 横向拓展功能

功能即系统特定的作用，企业功能是企业为了达到特定的目的而进行的一系列有序、有效的活动所发挥的作用。探究企业的功能，一般可具体化为以下几种：融资功能、生产功能、交易功能等。企业因具有上述功能，才得以在市场中处于主体地位。随着市场深入发展而引致的消费需求呈现出多样化态势，对企业的要求愈加提高，那么，企业的功能拓展和业务丰富成为必然。

从经济学角度来看，企业功能拓展必然会带来外部效应，其中一个外部效应表现为开拓出新的产业领域，企业连接相关产业发展。事实上，产业发展是离不开企业发展壮大的，企业是带动产业升级发展的有利载体，企业功能拓展是企业壮大、业务范围扩大的突出表现。我们在调研新兴县现代企业功能拓展的过程中发现，企业拓展功能可以打破三大产业发展界限，例如，企业通过挖掘农业潜能、拓展农业功能，横向延伸了企业的产业链，实现了与第二产业和第三产业的有效衔接。实践证明，在供给侧结构性改革形势下，企业横向拓展功能是企业连接三大产业、强化自主创新能力和推动现代化发展的有效路径。

新兴县企业在发展进程中，以市场需求为导向，以农业现代化为目标，着力于拓展自身业务范围，不断扩展企业自身固有功能和已有业务范畴，横向开拓出服务功能、示范功能、文化功能、旅游功能、生态功能等，实现了现代企业连接三大产业。

（1）企业发掘"三化"，连接服务产业

企业作为社会经济的重要主体之一，不仅要整合资源，生产产品，也承担着除生产制造以外的其他业务和责任，例如：环境保护、人文关怀、现代化建设、服务社会等，企业以其无可替代的优势，相应地担负着产业升级、资源配置优化、经济高效发展的责任，这无疑对企业功能拓展提出了新挑战。而新兴县企业做出了有益探索，该县的龙头企业凭借雄厚资本力量、先进生产方式、优质产品等，重点挖掘出现代化、信息化、绿色化的发展契机，横向拓展了企业的示范、服务、生态保护等功能，并发展配套业务，对接三大产业的发展。

首先，企业拓展示范功能，建设现代化农场，配套跟进服务业务。新兴县温氏企业致力于现代化设备在农业中的投产和应用，在已有的融资、投资、建设等功能基础上，拓展出示范功能，实现了农业发展现代化，现代化家庭农场成为示范基地。以农场主范金树的家庭农场来看企业示范功能是如何拓展出来的。2015年，企业协助合作养户打造现代化家庭农场，配备先进的自动化生产设备，如自动喂养系统、自动控温系统、自动清粪系统和环保治理系统，同时，在企业现代化技术支持下，农场安装了物联网系统，养户可以通过操作电脑或手机，实现远程控制养殖过程。现代化家庭农场的建成不仅局限于"现代化模式的发展"，还要开拓出示范功能，延伸到服务业务。范金树讲道："现在的家庭农场还有一个功能，就是'展示功能'。经常有一些投资考察队过来参观农场，学习并创建这个现代化养殖模式，政府或私人根据当地的情况看适不适用，可不可以复制。而示范功能的拓展，也对企业和家庭农场的服务能力提出了新要求和新挑战，因此，温氏企业和农场对配套的服务业务实行跟进性发展，为前来参观学习的各大主体提供优质服务。"除此之外，农场主范金树每年都会前往多地开展培训演讲，传授现代化设备的应用经验和方法，温氏企业不仅协助农户挖掘出农业企业的示范功能，而且将示范功能和配套服务业务推广到了其他地区。因此，企业率先应用现代化设备发展农业，在竞争市场环境下成为学习典范，发挥示范效应，开发出企业的示范功能，并完善企业的相关服务业务，这一拓展功能的过程让企业成为传统产业和现代化产业的连接体。

其次，企业开拓网络销售功能，为农业建立信息化平台，连接销售服务业务。"互联网+"时代的到来，不仅促进生产高效化，也有力推进了销售市场升级换代，新兴县大多数企业以此为契机，拓展销售服务功能。以禾泰农场为例，农场所产产品不仅通过实地交易实现水果售出，而且打造了网络平台，利用微商的形式销售产品，企业提供后台服务。具体来看，市场主体可以通过微信方式加盟禾泰农场，加盟以后，加盟方负责通过微信展示农产品，吸引客户，占领网络市场，而农场则主要负责"后台服务"，全方位为加盟方销售产品提供服务，主要是打造高质量货源、及时提供优质货物、寄送货物给客户等，禾泰农场成为微商销售产品的"仓库"和"服务后台"。可以看出，企业开拓出网络化市场后，销售从单一线下模式转为线上线下兼顾模式，而企业服务领域也从"生产前沿"转向"销售后台"。

最后，企业拓展生态功能，打造绿色化农业，承接环保服务业。纵观企业发展过程中的一系列功能，融资功能、研发功能、管理功能、生产功能和销售功能等通常是一般性功能，即企业的这些功能和社会发展、人类生产生活息息相关，因此也是常见功能。然而，社会的深层次发展，一方面对企业责任义务的内涵提出了新要求，另一方面对企业横向拓展功能业务提出了新要求和新目标，最为典型的就是企业的生态环境保护责任和生态功能。对于企业而言，其本质上是市场经济中的重要主体力量，除了从大环境中获取资源进行生产赢利活动外，也会通过企业内部经济活动来回馈大环境，"获取—回馈"的内在机制不仅是外界对企业提出的要求，诸如政府引导、舆论导向、社会需求等，更是企业内生发展所致，是企业自身从长远发展着眼的经济活动目的：延伸经济业务、承担环境责任、拓展特殊功能以回馈大环境。在新兴县可以看到：温氏企业在发展传统农业过程中，坚持农业发展的绿色化方向，杜绝走发达国家"先污染、后治理"的发展路径，借助企业资金和研发团队等力量推进农业生产方式绿色化、生产过程清洁化、农业生产资源利用节约化、农业废物处理资源化和无害化，构建绿色农业体系。就温氏企业下属的南牧机械设备有限公司而言，该公司为农业绿色化发展提供了强有力的支撑，其主要业务是开发现代化养殖设备，在研发过程中，围绕农业绿色化核心理念，相应配备了环保治理系统，可以高效地处理畜禽的粪污，实现养殖污染零排放。再如六祖镇的禾泰农场也注重农场绿色化发展，利用畜牧业的粪料，为火龙果、葡萄等经济作物提供有机肥，为生态环境提供保护服务。新兴县企业在承担环保责任、拓展生态功能的过程中，发展出一系列服务业务，也承接着农业和第二、三产业的衔接发展。

（2）企业开发"三景"，承接旅游产业

2017年中央一号文件把优化产品产业结构作为农村的首要工作加以部署。农业供给侧结构性改革的核心目标是解决优质农产品供给问题，发展农业新业态。一号文件提出：要以市场为导向，紧跟消费需求变化，不仅要让人们吃饱、吃好，还要吃得健康、吃出个性；不仅满足对优质农产品的需求，还要满足对农业观光休闲等的服务性需求，满足对青山绿水的生态化绿色化需求。从文件内容中可以看出，在经济发展的新阶段中，农业消费结构出现了巨大变化，农业消费也逐渐超越农业投资和农业出口，成为推动农业经济发展的重要动力和源泉。那么，我们国家农业消费升级趋势是什么？消费者在农业领域的消费需求发生了什么变化？农业供给侧能够实现怎样的变革呢？

从农业实际发展和需求情况来看，人们对农产品的要求从"吃得饱"变为"吃得好"，又发展为"吃得健康"，同时，消费者对农业发展的需求不再局限于农产品产出，更多开始关注农业的其他价值，例如旅游观光价值、休闲价值、农耕文化价值等。那么，伴随着农业消费不断升级的趋势和农业供给侧结构性改革的形势，企业该有怎样的"使命担当"呢？

经济学理论对于企业的定位是：企业在推动经济转型发展中发挥着主体作用，企业转型会带动经济转型，企业升级会引导市场消费结构升级换代。将研究角度细化，可以看到企业自身对于转型升级的内生需要，即在激烈的市场竞争环境下，企业只有不囿于单一领域，而是不断向新领域开拓，才能全面提升其综合竞争力。从全国企业开拓经营领域的趋势来看，许多企业开始涉足农业，在农业领域开辟新商机。习近平总书记强调，要坚持市场导向，跟上消费需求升级的节奏，优化供给结构，不仅满足人民群众对优质农产品的需求，还要满足对农业观光休闲等服务的需求。放眼看新兴县企业发展足迹，温氏企业、禾泰农场、翔顺集团等企业在巩固发展主营产业以外，兼顾经营与农业相关的产业，诸如旅游业、服务业、餐饮业，突出表现在对农业进行深度开发，发展出旅游业，实现了企业功能的拓展。

新兴县企业主要在农业领域开发出了农牧景观、农耕体验、民俗景观，通过开发农业景观，衔接了旅游观光产业的发展，也进一步借力旅游产业来丰富农业发展内涵，为农业注入了持续发展的动力。温氏企业投入4亿元资金在簕竹镇新农村建设上，主要投资项目是集家庭农场和现代养殖小区为一体的特色廊道，以此吸引游客。可见，温氏在着力开发农牧潜力、打造农牧景观的过程中，连接观光产业，承接着旅游业的发展。再看禾泰农场，总经理曾润堂曾讲到"健康理念"，核心要义是：拥有健康的生活，发展健康的产业，健康的身体依靠农场健康的环境。所以，禾泰农场不断绿化农场种植环境，将1000亩作为花卉采摘区和特色果蔬采摘体验区，打造综合性的新农村，并对游客开放，让游客采摘、劳作、观光等，体验农耕文化和农业生产过程。禾泰农场在开发农耕景观中承接了体验式旅游业。新兴县恒隆天露山旅游有限公司则不仅开发出天露山旅游景区，同时积极开发民俗节日文化，并依托民俗节日文化打造出相应的景观，突出表现为开发了青梅民俗文化节，也即杜鹃花节和青梅节。在民俗节日映射下，天露山旅游度假区规模化种植了青梅和杜鹃花，形成一片具有民俗文化内涵的景观，每年凭借"两节辉映、品特色青梅宴"可吸引游客20万人。

企业在农业领域中，以已有的融资投资、研发管理等功能为力量，横向扩展其他功能，诸如服务功能、示范功能、旅游功能等，通过突出农牧特色、深挖农耕和民俗文化，建设出农牧景观、农耕景观和具有民俗气息的景观。一方面，配套发展、完善了企业所经营的业务，另一方面，承接了旅游业等产业的发展，实现了农业横向连接第三产业。

（三）企业服务提质传统产业

农业是新乡县的传统产业，农业生产源远流长，形成了"以粮为主，农、林、牧、渔、副、工全面发展"的经济结构和产业布局，逐步从自然农业向商品农业转变。然而，农业自身发展并不能突破固有的发展困境，例如：土地、水等资源限制，抗自然灾害能力差，市场环境不稳定等。同时，随着农村农业环保标准的不断提高，市场对农产品质量的要求逐渐提升，新兴县农业发展需要找到新路径。2015 年中央一号文件指出，破解农业生产成本攀升而农产品价格倒挂的"双重挤压"，并突破资源要素稀缺而生态环境承载力有限的"双重约束"，出路只有一条，那就是转变农业发展方式。那么，新兴县如何实现农业现代化转型？转型后的农业如何取得长效发展并带动农民致富呢？在多年摸索发展中，新兴县走出一条企业输出生产要素以服务农业、驱动转型之路，企业承载着整个县域的农业经济发展和传统农业转型。首先，企业"量体裁衣"，为农业标准化生产制定规范。其次，企业革新技术，将科技研发成果输送至农业领域。最后，企业依靠资本力量，驱动农业转型发展为现代化新型农业。

1. 标准规范为农业树标

农业标准化是现代农业的重要基石，是提升农产品质量安全水平、增强农产品市场竞争能力的重要保证，农业标准化的实现，是我们国家新阶段推进农业产业革命的战略要求。然而，我国传统农业长期以来缺乏统一的标准规范，农产品激素、添加剂的大量使用，食品安全问题层出不穷、屡禁不止，严重制约着农业的发展和农民收入的提高，实施农业标准化生产势在必行。那么，如何为农业建立标准规范呢？国务院关于实施农业标准化生产的要求中强调，龙头企业要大力推进农业标准化生产，鼓励龙头企业开展标准化生产基地建设，并参与相关标准制定。纵观新兴县农业发展状况，该县农业龙头企业在自身发展伊始便与农村接轨，与农业紧密挂钩，并为农业生产逐步制定出体系化的标准规范，从农业生产源头到生产过程，再到产后销售，企业显示出主位功能，为农业量身打造出严格的标准，始终不渝地推进农业标准化生产、规范化管理。

（1）企业把控生产源头

传统意义上的农民开展养殖业或者种植业，种养出来的产品规格不一，质量不等，安全系数不同，拿到市场上合格率也存在很大差异，即难以达到市场要求。现代意义上的农民在种养殖初期，会根据市场需求和产品准入规则来投资，例如，寻找符合消费者需求的种子种苗渠道，并配套化地统一购入或者批发优质的饲料、化肥、农药等，农民要在市场上进行调查、筛选等。在这种操作模式下，农民种养殖的时间成本、机会成本等会增加，同时，农业属于投资-回报周期长的行业，农民一旦对市场预期出现偏差，投入的资金将覆水难收，农民的弱势地位使其没有较大精力去根据市场规则来做到标准化生产。

不论传统农民还是现代农民，面对日新月异的市场环境和日益提升的消费水平，他们往往难以凭借自身力量从种养殖源头上实现标准化，也无法准确评估市场信息，筛选出优质材料。但是，新兴县不走寻常路，新兴县的企业也勇于破除"行业偏见"，自觉挂钩农业，依托企业较强的市场评估能力、信息筛选能力和资产能力等，将企业标准化理念运用到农业中，以企业标准规制农业生产，规范农民生产行为，从源头促进农业发展走向标准化、专业化、规范化。换言之，县内企业构成了农业源头标准化的"主力担当"，且不断由"弱担当"变为"强担当"，由不系统转向系统化、战略化。

以温氏企业为例，温氏股份从1986年开始与农户合作，开创了"公司+农户"产业化模式的先例，充分利用属下的育种公司、饲料厂等优势，对养户实行标准化管理，可以说，该模式实现了农产品的规模化生产、标准化管理、产业化经营。就拿与温氏合作的农户之一范金树来看，可以从三个阶段环节看出企业如何从源头为农业树标。

第一阶段，企业统一提供生产资料。1989年初，范金树饲养300只鸡，鸡苗、饲料等全部从温氏企业领取，领取方式是养户和企业签单。这一时期，品种选育、种苗供应、饲料配送等都由企业为农户统一提供，禁止养户从外部市场获取苗源、饲料、疫苗等。企业从养殖种植源头上为农户提供统一标准，保障企业挂钩的农业向规范化、标准化发展。

第二阶段，企业规定喂养时间。起初养户将鸡苗领回村庄鸡棚里喂养时，企业对于喂食时间并无统一规定，只要把鸡养大就可以，虽然一般都是喂三餐、四餐，但是喂到五餐、六餐也可以，养户可以自由发挥。这种模式下，养户养出来的鸡肥瘦不一。对于企业而言，鸡可以拿到市场上销售的时间不一致；对于市场而言，鸡的规格不均匀，直接导致经济效益降低。随着温氏合作户增多、养户养殖规模扩大，温氏企业对养户喂养时间进行了统一规定，养户养殖逐步趋于规范，企业从养殖喂养时间的源头上把控养殖成品的合格率，保障每一只鸡苗都可以均衡成长。

第三阶段，企业规范种养环境。2015年温氏企业着力打造现代化养殖基地，实现养殖基础设施规范化，从养殖环境上保障农户养殖走向规范，这是源头标准化的更进一步。以范金树现代家庭农场为典型，企业协助养户，采用密封式、大跨度钢结构，为肉猪营造了占地1100平方米的"五星级酒店"，猪舍的通风、保暖、光照条件优良，使饲养环境得到改善。这种环境和设施下喂养的猪，与农户自己搭猪棚养的猪相比较，前40天不会频繁生病（生病次数减少），成品猪每100斤要多2~3斤肉，更符合市场需求。

从三个阶段可以看出，一方面，企业"一马当先"为农业在生产源头上树标；另一方面，市场在扩大，标准在提升，企业"与时俱进"给农业制定规范。新兴县在企业带动农业转型发展过程中，强调标准是质量的源头，要从源头抓质量安全，首先必须从农业标准化抓起。只有实施农业生产源头的标准化，才能实现对整个产业链的监控，才能保障农产品质量安全。

（2）企业控制生产过程

源头把控农业生产标准是第一步，而生产过程标准化、规范化是企业为农业树标的核心和重点，规范化管理是农产品安全的重中之重。不同的地区对农业生产过程中的监管均有探索，比较有代表性的监管模式有：痕迹化管理、卫生评估、风险分级等，显著特点是政府主导，甚至政府成为农业生产全过程的监督主体。例如，各省市县定期从动物卫生监管所、动物疫病预防控制中心、饲料产品质量监督检验站等抽调专职人员对农户养殖开展评估。这种方式增加了政府的财政压力，使生产过程过度依赖政府，忽略了市场这只"无形的手"，养殖户并非自主注重养殖安全和养殖规范，最终使养殖户的市场风险抵御能力降低，不利于农民自身转型，也不利于我国农业健康发展。

反观新兴县农业生产过程监管模式，会发现作为市场构成主体的企业，在控制生产过程中主要借助命令、检查、监督等手段，在推动种植、养殖生产过程的标准化、规范化方面起到核心作用。以温氏企业为例，在与农户合作养殖过程中，其利用企业内部部门的分管优势，对合作户养殖做到了合理有效的监管，通过养殖环节监管，实现了养殖的标准化。

首先，企业下达生产指令，坚持标准化生产。企业制定生产标准是控制生产过程的第一步和首要环节，新兴县的农业龙头企业在生产链启动前，会明确制定各项标准，以期保证产品合格达标，例如企业禁止合作养户喂养不合格饲料。温氏企业不仅会给合作养户提供统一的饲料以在喂养源头保障规范，而且规定农户不能喂养不合格饲料，甚至违法饲料，以此保证种苗合格达标。企业所提供的饲料不仅符合市场规范，即饲料中没有违禁药物和防腐剂、催化剂等存在安全质量隐患的添加剂，而且通常是高于市场规范要求的，温氏提供喂养种猪种鸡的饲料是严格根据动物生长规律配制的，有助于种苗发育生长。除此之外，企业允许农户给种苗喂养野菜、绿色植物等不含添加剂的饲料，这些饲料可以不是企业统一提供的，但底线是不能含有添加剂、防腐剂等不合格、不达标的成分。

其次，企业委派专员开展检查，严格控制生产质量。一方面，农业龙头企业为防止合作养户养殖过程不合格，养殖方式不达标等，会定期派出工作人员下乡对动物进行检验，同时委派专员对农户养殖的动物进行不定时抽检。例如，温氏企业为预防合作养户从市场上购买让动物种苗生长快的含有添加剂的饲料，会抽取一些种苗进行化验，一旦检查出来动物体内含有禁止饲料成分，企业会停止与农户开展下一次合作，以此来"倒逼"农户养出的种苗是符合国家检验标准的。另一方面，温氏企业下派的工作人员也会定期查看动物生长情况，例如，温氏服务部每星期会查看一次猪的养殖情况，每10天查看一次鸡苗的生长情况，通过定期查看督促养户用心养殖，使动物如期生长，提高存活率。

最后，企业借助网络终端，实时监督生产全程。企业除了派工作人员对动物养殖进行抽检外，还利用物联网系统实现养殖的全程监督。养殖农户可利用物联网，通过电脑、手机操控，按时放出饲料和水分等，也可以通过物联网设备监控动物生长环境是否合格，观察动物生长是否异常，而企业可以在总部连接物联网，调取所有合作养户养殖过程的信息，可以随时实现对合作养户养殖的监管，一旦发现养户违背合同和规定来养殖，合作农户便会失去下次合作的机会。

（3）企业监控产后销售

销售是生产的最后一环，企业是否为农业树立最全面的标准，关键要看是否有产后跟踪这一环节，以及这一环节是否完善。

农民并无足够力量建立产后跟踪系统，也无法获得全面的市场消费反馈，因此，农民圈子内部无法在生产的最后一环生成规范化标准，例如，产品安全是否达标、国内外安全标准有何区别等问题，农民都无法规模化地应对和解决。另外，政府作为社会重要主体之一，在发挥"有形的手"的作用时，可以对农产品做到一定程度上的有效监控，加强对农产品的认证，然而，政府力量有限，不能做到全方位，也无法达到面面俱到。事实上，企业可以补农民的"无力"、补政府的"漏洞"。为此，新兴县企业"一劳永逸"，在生产链的最后一环下足功夫，为新兴农业严格把关，让新兴农产品按标准上市，不仅安全合格达标，而且优质，不断地在粤东、香港等地区的市场上打出标准化"品牌"。

如温氏企业，一方面，其对合作户养殖的每一批动物都要进行全方位质检，质检过关后才可以流向市场，针对不合格成品，要隔12天再开展一次质检，确保动物质量过关，也就是，对于即将上市产品要反复质检、重新质检、全方位质检。另一方面，企业统一回收养殖成品，统一销售，并严格监控销售环节，对于销售过程中出现的任何问题，要及时排除，保障餐桌安全。最后，对于出口产品，要进行出口检验，保证食品达到国外市场的安全标准线。企业充分弥补了政府抽样质检的不足，也补缺了农民质检的无能力，为农业的销售环节提供了保障。

综合源头、产中、产后三大环节，可以看出新兴企业为农业树立了"同标、同线、同质"的标准，就如温氏企业，为合作户养殖制定出"五统一"的标准，从品种选育、种苗供应、饲料配送、防疫消毒、产品上市等环节均做到标准化、规范化。在新兴县，通过企业的高效流程管理，传统农业的生产实现了规范化管理、标准化生产、规模化经营。

2. 技术输出为农业提质

改革开放浪潮下，农村也经历了脱胎换骨，新体制确立并随着经济发展需求不断更新，农业面貌焕然一新，农村生产关系日新月异，而制约农业生产增长的主要因素在于生产力低下，提高生产力成为农业发展的主要任务。那么，应该如何提高农业生产力？或者，提高农业生产力的核心是什么？生产要素的投入可以促进生产力提升。纵观各种生产要素，威廉·配第提出了"土地和劳动力"，[①] 萨伊提出了"资本"要素，[②] 阿尔弗雷德·马歇尔提出了第四种生产要素：组织。随着经济发展，技术、信息等生产要素逐步凸显出来。邓小平最早讲述了科学技术是第一生产力。各生产要素中，现代科技是最活跃和最具决定性的因素，可以说，提高农村生产力的首要和根本的一环在于科学技术的输入，只有在农业里输入科学技术，农业产出率、土地效益等方能真正提高。那么，新兴县探索向农业输出技术有何创新之处呢？

（1）障碍：传统模式下的技术输出

改革开放以来，我国农业技术推广和发展取得重大成就，20 世纪 90 年代，逐步形成了国家农技推广体系与群众性农村科普组织和农民专业合作技术服务组织相结合的农业技术推广体系；随后，确立了"科教兴农"发展战略；2015 年，我国农业科技进步贡献率达到 56%。但在我国农业科技快速发展的同时，也应该看到在我国科学技术向农村农业输入存在阻碍，突出表现在两方面：第一，技术输入农业的驱动力不足；第二，农业自身对科技的有效需求不足。分析阻碍向农业输出科技的深层次原因，主要有以下三个方面。

首先，科技输入长期呈现出行政化特征，科技转换率低下。农业由计划经济向市场经济转型过程中，受到强有力的行政力量的影响，可以看出我国农业技术输出的主推力来自政府，长期以来都是政企合一的领导管理体制，例如农业技术推广体系由政府农业行政部门主管，一方面，带来财政压力（政府科技机关的设置、科技的研究和输出推广形成农业科技输入成本，无疑增加了行政的经费支出，给政府财政带来庞大压力，财政难以实现积累，无形中减弱了财政助推科技发展的作用）；另一方面，造成农业科技人员队伍作用力小（科技人员与干部人员由政府统一管理，技术人

---

① 〔英〕威廉·配第：《赋税论》，邱霞、原磊译，华夏出版社，2013。

② 〔法〕让·巴蒂斯特·萨伊：《政治经济学概论》，陈福生、陈振骅译，商务印书馆，1998。

员也易于"人浮于事、形式主义、虚荣主义",科技人员的推广积极性并不高,难以发挥出科技人员应有的作用,很难凝聚形成有活力的农业科技推广队伍)。同时,这种体制还造成了科技输出效率低下,科研部门与农业没有直接的经济利益关系,呈现出"各自为营"的局面,科研部门与农业生产欠缺交流,科研部门推广的技术扩散能力较弱,而农业需求的反馈渠道不畅,使现代科学技术游离于农业生产力之外,在农业领域转换为生产力的效率极低,不能真正为农业提供高效的保障。

其次,农业基础设施落后,难以承载科技输入。在我们国家,农业是三大产业的薄弱一环,且农村经济发展较缓慢,导致农村农业发展所需的资金不足,而国家财政投入有限,资金欠缺导致没有经费改善农村农业发展环境,使农村农业的基础设施严重落后,因此,没有先进的平台"搭载"输入的科学技术。例如,在20世纪新兴县农业发展过程中,农业和低能挂钩,在没有国家财政和政策支持的前提下,农业发展滞后,农村硬件、软件设施差,导致农业领域不具备输入科技需要依赖的基础设备,而农民人均收入低,没有资金改善农业生产设施环境,也没有能力投资承载科技的设备等,因此,"三农"与现代化农业科技不相适应的问题凸显出来,最终导致农业无法应用现代化的科学技术,也就是农村农业基础设施薄弱极大限制了科学技术输入,也没有相应现代化平台承载科技输入农业领域。而从另一角度看,我国的农业科技研究追求高、精、尖,虽然科研技术有了较大的发展,但脱离了农业生产实际,高精尖并不对口落后农业生产现状,也并非落后农业发展的技术所需,农业研究同农业基础设施和实际生产需求没有很好地结合。

最后,农业传统落后的经营模式,对科技需求度低。我国多数农村的经营耕作方式依旧为传统落后的模式,即手工操作加畜力耕作,这种模式仅在传统技艺支持下即可维持农业生产,不需要现代科学技术的支持。而且,农村农业发展规模小,自家庭联产承包责任制实行以来,农业耕作多为家庭式经营,"小打小闹"的耕养模式对规模化、机械化耕作等技术的需求度低,对农业科技的内生需求不足,因而难以推动农业科技发展,也对"自上而下"输入的现代科技没有吸收力。不可忽略的是,农业领域的主体是农民,从事农业劳动的人员,文化水平和知识素养相对偏低,据统计，70%以上的农民文化水平在高中以下，且我国农业从业人员接受农业技能职业教育培训的比例与发达国家差距很大，90%以上的农民没有接受农业技术职业教育与培训。而且，大部分出自农村的知识分子走向城市，或者从事非农业生产劳动，造成农村人才外流严重，而大多选择继续务农的人员对输入的农业技术理解、掌握和消化的程度并不高，这直接降低了农民应用农业技术的积极性，进而阻碍了农业技术的推广和输入。农业传统经营模式和农业经营者文化水平低，导致了农业技术输入的有效需求不足。

如何打破技术输入到农业的多层次障碍，成为当下的必解之题，而新兴县又有着什么样的创新之举来推动技术输出到农业呢？

（2）探索：企业主推技术输出

2017年中央一号文件提出，要强化科技创新驱动，引领现代农业加快发展，加强农业科技研发，强化农业科技推广，支持各类社会力量广泛参与农业科技推广。地处改革开放前沿阵地的广东新兴县，在向农业输出技术上开辟出新模式，企业成为驱动科技输入农业的主体。那么新兴县是如何将技术输出到农业中去的呢？

首先，企业做先导，在农业领域建立科研体系。新兴县龙头企业自20世纪以来，一直坚持"科技先行"，企业自觉成为建立农业科研体系的主导者，也是向农业领域推广技术的主体，具有代表性的企业有祥顺集团、温氏企业、禾泰农场等。温氏企业特别注重产、学、研相结合，在向农业输送技术的前一步，就奠定好科研基础，建立起较为完善的科研体系。首先，预留科研经费。温氏企业从1997年开始，每一年都会从销售收入中提取2%作为科研经费，并设立科技创新"温氏基金"，作为企业创新发展经费，也是推动农村养殖业技术研发的主要经费支持。其次，联合科研院校。温氏企业与华南农业大学、中山大学、中国农业大学等全国20多所高等院校，以及中国农业科学院等多家知名科研院所签订了科技合作协议，目前已建成国家生猪种业工程技术中心、农业部重点实验室、国家级企业技术中心、博士后科研工作站、广东省企业研究院等科研平台。最后，创建科研队伍。企业的科研平台聚集了由67名博士、391名硕士等组成的专业科研团队，在养殖业领域（包括育种、动物饲料营养、疫病防治等方面）进行研发、技术创新。其中，一些科研人员要定期下乡对农民养殖做专业指导，向养户传授技术技巧和经验，帮助农民更好地开展养殖活动。温氏合作养户讲述到："技术员共有 7 个，每个人平均负责 40 多个养户。他们经常下来的，负责生产。每个星期下来一次，有事的时候下来很多次。"

　　其次，企业做主导力量，为农业输出生产技术。新兴县龙头企业不仅建立起较为健全的农业科研体系，而且凭借自身打造的科研平台，不断向农业输出生产技术，向农民提供所需种养殖等技术。近年来，温氏企业从未停止过养殖业领域的技术研发，并不断给合作养户输送养殖相关技术，定期下派技术员对养户进行技术指导。温氏企业的生产技术走在行业前列，其先进的生产技术主要体现在育种、饲料营养、疫病防治、饲养方式四大板块中，可以说，在技术层面，企业全方位免除了养户的生产技术之忧。具体来看：第一，输出育种技术。企业为改善种鸡、种猪、肉鸡、肉猪的性能，持续在育种技术方面革新，借助科研团队力量，推进生物新技术发展，促使优良种畜禽快速繁殖，为农户养殖提供优质种苗。第二，输出饲料营养技术。温氏企业自主建立了畜禽饲料原料数据库，积累了丰富的配方技术，广泛应用安全生物技术产品，着力提高饲料转化率，规范饲料加工工艺标准，提高加工质量，为畜禽提供质量安全的饲料，并不断丰富饲料的营养成分，为与温氏合作的农户提供优质安全的饲料。第三，输出防疫技术。企业坚持"预防为主、防治结合、防重于治"的疾病防控原则，联合高校对动物疾病防疫进行科研，建立了完善的疫病防控管理体系，并将研发技术传授给农户。农场主范金树多次强调，企业会派疫苗队为动物打疫苗，打了疫苗针，动物生病率就会下降。当动物生病了，企业服务部会教养户如何给动物下药治疗。第四，输出自动化饲养技术。温氏企业为全面提高养殖效率和生产效益，运用现代技术，打造"互联网＋"的智能养殖场，从喂料、收蛋、清粪到环控，全程采用智能化控制，提高种苗存活率，降低疾病率，养殖的机械化、自动化水平相应提升。

　　最后，企业持续发力，为农业实现信息技术的全覆盖。新兴县企业并不局限于以工业理念发展农业，对传统农业进行"工业革命"，不断输入工业技术，而且重视对农业输入信息技术，走出了一条工业与农业、信息与管理、科技与应用相融合的现代农业发展路子。温氏企业对农业输入信息化技术，也走在了全国前列。该企业对养殖主要输出的是信息化管理系统，基本覆盖了养殖全产业链，主要表现在两个方面。

一方面，在农业管理层，输出物联网技术。温氏企业应用"互联网+"思维，依托温氏物联网技术平台，打造"互联网+设备"的农牧物联网系统，使养殖设备与互联网连接，实现了对设备与生产状况的远程操控、智能自动控制，以及生产数据搜集。通过物联网，企业可获得农户养殖生产的相关数据、养殖经营动态数据、种苗生长过程中的相关数据、畜禽产品供应数据等，通过网络数据传输，进行大数据分析，实现了农牧业的信息化管理。

另一方面，在农业流通领域，输出物流技术。现代消费市场瞬息万变，而农业属于弱质性产业，那么，让物流技术覆盖农业领域具有重要意义。温氏企业拓展制冷技术、物流配送和贮藏运输等相关服务，建立了冷链物流体系，将新鲜鸡肉和猪肉等配送到各消费端。依靠高质养殖、高速物流运输，其生鲜鸡占据了香港 1/3 的市场，原奶占香港原奶市场的 80%，为农产品和消费市场架起了"绿色通道"。同时，企业还建立了生鲜连锁门店，根据物联网数据信息，建立了食品安全溯源系统，也就是说，利用物流信息技术将畜禽产地、屠宰场、市场和消费者联系起来，推动了农业的信息化发展。

（3）优势：企业输出农业技术的高效益

农业发展持续有活力离不开科研技术的发展和推广，我国在这方面采取了典型的政府主导的"自上而下"运作模式，政府财政全力支持着农业科研体系的建设和完善。对比来看，发达国家的农业科研推广模式和农业发展经验，主要有以下几种模式：以美国为代表的学院主导模式、以日本为代表的"自下而上"农民合作组织协会主导模式、以荷兰为代表的公私合作主导模式。而在新兴县，企业是农业科技研发和推广的主要推动力，也是将农业技术对口输入到农业领域里的重要主体，那么，这种企业主导技术输出到农业的模式，对农村农业发展有什么作用？相比其他模式，企业主导模式是否更有效益？

从我国 2015 年 R&D 经费中各个主体的投入资金额来看，企业投入的资金为 10881.3 亿元，占全社会 R&D 经费的 76.8%。"十二五"期间，企业 R&D 经费投入从 6579.3 亿元增长到 10881.3 亿元，年均增速达到 13.4%。根据 2014 年课题科研成果转化统计数据，企业牵头的成果转化应用共计 1920 个，其成果转化采取的主要方式是自行投资实施转化，其次是对外提供技术服务和用于大型工程项目或大型技术系统。现实数据表明，企业自行开展技术输出对于提升科研成果转化率有极大推动作用。新兴县企业在农业领域主导的技术输出，有着同样的效用，所发挥的效用比政府主导的输出技术和农民自行研发的技术有巨大优势。

首先，企业开发与农民合作新模式，倒逼农民学习新技术。政府投资研发农技、给农村农户输送技术的一个突出特点是无偿性，虽然可以降低甚至免除农民应用新科技的经济压力，但是，一定程度上会导致低效益，通常表现为农民运用新技术的积极性很低，甚至将输送而来的技术搁置不采用。企业输出技术对于农民而言，不是无偿的，而是有门槛、有成本的，"技术不是免费的"就会刺激农民好好运用技术，直接提高科技成果的转化率。新兴县温氏企业以经营养殖起家，在长期发展养殖业过程中，也不断为养殖业提供技术服务，除了直接给养殖业注入高新技术以外，还探索出鼓励农民主动应用、吸收技术的模式。具体来看，1986 年温氏企业开始采用"企业+农户"的模式来开展养鸡业务，农户和企业合作条件之一就是农民要垫付押金且要有养殖经验，企业会优先和有养殖经验的农户开展合作，也会要求农民主动去学习新的养殖技术，这样就避免了政府"自上而下"输送农技而农民被动接受的局面。而后经营模式发展为"企业+家庭农场"，农户经营家庭农场和升级家庭农场的条件均为农民要学习并运用互联网技术，养殖农场需安装物联网系统，如果农户不学习、不接纳新技术，那么温氏企业不会选择合作，也不会帮助农户建设家庭农场，更不会为农户垫资以升级家庭农场。企业提高合作门槛后，农户不得不主动去学习新技术，接受技术培训服务，并将技术应用到养殖过程中，一方面提高了农民对农业科技的认识，倒逼农民端正对科学技术的态度，化被动接受为主动学习；另一方面一改传统灌输式输出推广科技的模式，避免农民不消化而搁置农业技术，真正让农民投身、投资到技术传输过程中。同时，企业从合作伊始就将企业研发技术输送到农民手里，提高了农业科技的现实效益。

其次，企业能够传输全方位的农业技术，真正将技术落在农户手中。传统模式下政府担任农业技术推广和传输的主体，虽然可以为农民提供无偿的技术服务，但很多弊端也逐渐凸显。例如，政府输入的技术不符合农业发展所需，技术推广内容单一、针对性不强和行政效率低下引致了技术传输效益低下，农业科技成果的转化率偏低，可以说，自上而下的技术输送不能满足农业发展需求。而企业主导农业科技输出有效地解决了这些弊端，新兴县龙头企业在向农业输入技术过程中有如下优势：其一，企业有针对性地为农业提供技术服务。企业会根据农业发展过程中对技术的需求来开展科技研发、技术供应和指导应用，有效规避了政府难以全盘提供技术服务而无法"对症下药"的问题。以温氏企业给家庭农场的农场主提供物联网技术为例，温氏企业摆脱了政府"大而化之"地推广技术的模式。随着农户对养殖规模扩大、养殖效益提升的需求与日俱增，企业启动内部资源开展科研，专门为扩大规模而研发物联网技术，为提高养殖效率而开发出自动化养殖设备，并为养户提供高效养殖场规划设计，安装物联网系统，帮助农民打造出高效化、智能化的现代畜牧业，有了物联网技术，农户可以通过网络对规模养殖进行操控。其二，企业全面指导农民应用技术。温氏企业不仅将物联网、自动化等技术输送到养殖场里，还会对农民提供全流程的操作指导，传授技术的应用方法，而且定期下派技术人员下乡对养户进行养殖技术指导，针对农户养殖过程中出现的技术性问题进行及时指正，以此提高养殖效益。企业真正将技术操作方法送到农业农村，让农民学会技术应用，杜绝"形式主义、走马观花"式的输送技术，让技术落在了农民手里。

最后，企业能够提供多种要素支持，强有力地保障农业技术输出。政府推广和输出技术的一个弊端是财政有限，没有足够多的经费可以投资农业技术研发和输出技术到农村，尤其是在经济欠发达地区，政府收支紧张，经费短缺是常态，但是企业力量可以克服这一困难。企业不仅有雄厚的资本力量、抗风险能力、预测市场信息的能力，也拥有专业性强的技术团队等，也就是说，企业有资本来支撑技术研发，也有队伍来执行技术输出。温氏企业作为农业企业，以市场为动力，以农业发展需要为导向，借助企业所拥有的资源力量，从农技环节上根本性地改善了农业落后面貌。一方面，企业资金相比政府财政，具有灵活性、营利性、循环性、增值性等特点，可以持续地保障农技输出。温氏企业每年从销售收入中提取2%用于农业技术的研发和推广，很稳定地保障了农技推广。企业的逐利性也使研发资金能更有效地发挥价值，保障农业技术输出工作的顺利开展。另一方面，企业借助营业利润开展农技输出，可在一定程度上降低农民应用农技的经济负担，也降低了农技应用的风险。温氏企业通过"温氏基金"开展农业科技研发，为合作养殖户提供的物联网技术和技术服务、指导等是免费的，可以说，和温氏企业合作的养户搭乘了企业的"便车"，农民不需要为养殖技术研发投入大量资金。最后，企业拥有高素质人才，为输出农业科技奠定了人才基础。温氏企业联合高校，造就了一支由学术带头人、农业技术推广人才、农业科技企业家、高素质农民等组成的农业科技队伍。以农业发展为任务带动人才培养、科技队伍建设，科技人员不会人浮于事，不会因为行政管理不到位而出现形式主义，这是企业输出技术优于政府的重要一点。

首先，技术转化为农业生产力的效率高。企业不仅拥有雄厚的资本力量，也拥有整体性强的人才队伍，而资本是逐利的，也就是说企业行为具有追逐利益的本质，那么，企业技术研发这一行为的根本目的在于要将技术转为实际生产力，这样才会给企业带来利润。对在农业领域输出技术而言，企业主导输出比政府主导输出更具针对性。有"对症下药"的动机，企业会根据农业发展过程中对技术的需求来供应技术，启动专业技术人员和技术队伍进行农业技术研发、输出、指导，而政府主导下的技术输出很难做到这一点。政府没有企业的专业技术队伍，在财政压力之下，也无法针对农业需要输出技术。企业有资本来支撑技术研发，也有队伍来执行技术输出，而其逐利性会让技术提高利用率和转化率，让技术在农业领域真正"开花结果"，最终促进农业发展。温氏企业对农户输出一整套生产技术，有效提升了新兴县养殖业的生产效率，甚至为全国养殖业发展开辟出了最优的技术应用道路。

其次，为农业发展注入活力。传统社会中政府为"一把手"带动农村农业发展，控制农业技术的输出，实际发展证明这一模式所发挥的作用有限，而新兴县突破了这一"体制困境"，让企业成为农业科研体系建立的主导者，也是技术输出的主导者，在改革开放浪潮下，企业以市场发展为动力，以农业需求为导向，全方位服务农民，有利于农业科研力量的提升，推进农业技术的研发和进步，同时也提升企业的自主创新能力和市场竞争优势。

最后，降低科技输出成本。经济学家科斯认为：企业存在是为了降低交易成本。而为农业输出技术，就是在输出主体和接受主体之间发生交易。因此，企业经营业务和农业发展挂钩，由企业为农业直接输出科学技术，可以降低输出技术产生的成本。例如，政府若想为农业输出技术，需要建立专门的输送机构，并配置相应的工作人员，这会带来技术输出成本。而企业输出技术是企业获得利润的重要途径之一，而在农业领域有经营业务的企业对农业开展技术输出，可以降低输出成本，可以说，企业输出技术是为农业科技发展提供"捷径"。

3. 资本输出为农业增能

经济学家萨伊在 1803 年出版的《政治经济学概论》里指出："事实已经证明，所生产出来的价值，都是归因于劳动、资本和自然力这三者的作用和协力。"他首次把资本作为生产要素之一。随着国与国之间经济交流的频繁化和各国经济发展水平的提升，资本这一生产要素活跃度提升，突出表现为资本输出。而资本输出的一般根源在于商品生产在国际范围的进一步社会化，是国际化的商品经济协作的一种较高级形式。也就是说，经济发展由小范围到大范围、由低级到高级、由国内到国外的过程中，资本输出成为必要，且具有不可替代性。

回到农业发展上来看，资本要素也是必不可少的。生产要素禀赋优越与稀缺对农业发展有重要影响，而土地、科技、劳动力、设施等资源的流向，归根到底是围绕资本而动。尤其在市场环境下，要素流动从根本上是出于理性人的逐利性，也即资本在哪里，资源就流向哪里。不可忽略的是，农资获得需要强有力的资本支撑，换言之，资本是推动农业生产要素集聚和推进农业改革发展的驱动力。

然而，为农业提供资金支持，推动农业发展的强有力的资本力量主体会是谁？2017 年中央一号文件指出，（要）改革财政支农投入机制，推广政府和社会资本合作，撬动金融和社会资本更多投向农业农村，鼓励地方政府和社会资本设立各类农业农村发展投资基金，探索以市场化方式筹集资金，用于农业农村建设。可见，在农业供给侧结构性改革形势下，社会各个主体对农业进行资金投入是改革方向。而在新兴县农业发展中，我们可以清晰看到：企业是农业发展的重要的资金来源保障，资金是企业经济机体的血液，换言之，企业有能力为农业积累资本要素和资本财富。典型代表是：翔顺集团依靠资本力量开辟出象窝茶园，温氏企业充当农户发展养殖业的资金库和信贷库。

（1）企业补助，支持农户投资农业

传统经营下的农业通常是劳动力密集型或者土地密集型产业，其特征表现为：多劳力、少机械，占地面积大、投资收益低，耕养技术含量也很低。造成这种局面的主要因素之一，便是农民缺乏投资资金，而政府财政补助又很微弱，无法从根本上让农业升级为资本密集型产业，没有资本，农业设备升级难，技术投入难，最终导致农业成为投资-收益率低的产业，农民难以依靠农业获得高收入，过上高水平生活，农业不能成为农民生活上可以依靠的产业，所以，农民纷纷离开土地，离开农业，转身到城市成为农民工。企业贴补农民是新兴县打破农民没有资本推进农业升级难题的新模式，在新兴县，农民没有资金不可怕，可怕的是农民不选择在农业领域开展投资，因为企业基本全部"承担"了农民在农业领域的前期投资。具体来看温氏企业对农民投资农业的资本支持。

首先，企业补助养殖资料。温氏企业对于养户开展养殖给予全方位支持，最主要的就是资本补助。例如合作户之一范金树认为温氏企业给予的支持主要有：前期投入养殖业中的鸡苗、饲料、疫苗，都不需要给企业钱，都是通过签单方式先欠着企业，等获得收益以后，再偿还给企业。可以说企业为养户提供了种苗、饲料、疫苗等资本，农户前期投入基本不需要承担任何费用。

其次，企业根据农户情况可免除押金。与温氏企业合作的农户，需要给企业交付一定的押金，目的是提高养户的责任心，押金是根据领取种苗的数量交付的。但刚踏进养殖业的一些养户可能交不起押金，对此，温氏企业免除情况特殊的农户交付的押金。范金树曾经享受过企业的押金优惠，他讲述到："当时领取 200 只鸡苗，每只 2 块，好像要交 400 块。但是第一批就没有交押金，第二批就交了。第一批的时候，我们没有钱，企业没有让我们交押金，然后我们家就问温氏要来鸡苗养，第二批有钱了，就交了押金。"

最后，企业保障农民利润。市场环境下，农民的行为选择也是逐利的，他们会因为投资农业没有回报而放弃投资农业。为此，温氏企业坚持"要想让养户更好地生产，先要稳定好他们的生活"，为免除农民投资农业亏本的担忧，企业创建了"特殊补贴"项目。具体来讲，若动物因病而死，或者遭遇瘟疫，传统方式下农民自己养殖，就会面临"血本无归"的风险，然而，与温氏企业合作的养户就没有此种担忧，只要是非人为原因导致的动物疾病、死亡，企业承担亏损，同时给农户补贴，假如农户亏了1200 元，企业就补助到 2000 元。这样企业利用雄厚的资本力量对农民获益给予保障，吸引着农民投资农业。

（2）企业垫资，推进农业设备升级

《全国农业现代化规划（2016—2020 年）》对农业机械化提档升级做出了全面部署。"智能农机装备"被纳入了"十三五"国家重点研发计划。扶持农业机械化发展的政策体系更加完善。但我国农业机械化的发展现状不容乐观，机械化水平不平衡、地区间机械化发展差距大、农机装备技术有效供给不够等问题时有发生。探究其原因，农民自身改善农业机械化水平的能力不足，主要受资金限制。同时，各个地区经济发展水平不一，政府财政力量不均衡，在政府力量有限的地区，农业机械化水平较低。而在新兴县，企业构成农业机械化发展的主力担当。企业通过自身的资源占有丰富、资金雄厚和生产设备先进等优势，推进着农业装备升级和机械化发展。

新兴县温氏企业推动农业设备升级的模式是：垫资给农户，安装自动化生产制造设备。首先，企业出资，利用资本力量整合先进农牧设备资源。温氏企业随着利润的升高，逐步将业务扩展到畜牧设备集聚和生产上，一方面，整合全球先进畜牧设备资源，与世界知名畜牧设备公司开展战略合作，另一方面，制定适合国内的高效养殖场地建设方案，为农户提供成套养殖设备、物联网系统、环保设施等。其次，企业垫资，协助农户升级农场设备。新兴县大多数农民的家庭农场是传统型家庭农场，而升级为现代化家庭农场，需要投入大量的资金，但是农户没有资金实力。为此，温氏企业为农户升级农场垫资 40%，允许农户分 5 年还清，而且企业垫资扶持是免息的。机械化养殖设备包括自动供料系统、智能温控系统、物联网系统、污水处理系统等，极大提高了养殖效率和产出比率。最后，企业增资，加大环保设施建设的投入。伴随着环境保护成为举国上下关注的焦点，环保被提上企业资金投入的日程。为此，温氏企业优先安排环保资金，加大种场环保设施建设和维护投入，配套相应补贴政策扶持农户家庭农场做好环保工作，而且，农户在安装环保设施时，企业会垫资给农户。可以说，企业在资金链条上全方位服务农户，借助企业自身的资本力量来全力推进农业环境保护工作。

（3）企业投资，开发特色农业项目

特色农业项目的开发，也离不开资本力量的支撑。新兴县的多家企业依靠丰厚的利润、强大的资金，在农业领域里开展了特色项目的开发。以新兴县翔顺集团为例，可以看出企业运用资本开发特色农业的"企业资本输出"模式。

新兴县翔顺集团是由单一的建筑业务起家的，随着企业规模扩大、利润增加，翔顺集团开发出其他业务，具有代表意义的就是茶叶种植，集团开发出象窝茶场，形成了以建筑业务的利润为支撑，特色茶叶为辅助的多元化发展模式，形成了企业内部资源共享、优势互补的良好态势。

那么，在没有翔顺企业资金支持的情况下，象窝茶场的发展状态是怎样的呢？20 世纪 50 年代，下乡知青发现了天露山云雾缭绕、雨水充沛、湿度大等优势，开发出茶园。而后茶场被移交给共成公社成为社办企业。分田到户以后，茶场被私人承包，但是发展态势一直很差，小作坊式的落后生产工艺，制茶设备落后，场地狭小，交通等基础设施落后，严重影响了象窝茶发展。至 2007 年，翔顺集团发现了茶场潜力，开始整合茶场资源，发展象窝茶。

具体分三个阶段来看企业是如何将资本输出给茶叶产业的。首先，企业出资投项目。2007 年，翔顺集团利用企业投资资金，承包象窝茶场，每亩 500 元，租期为 30 年，并将茶园改名为"祥顺飞天蚕生态茶园"，着力在天露山上开发出象窝茶这一特色项目。接着，企业出资扩规模。2014 年，翔顺集团将种植象窝茶的面积扩大到 5000 亩，茶叶产量达到 200 吨，产值超过 4700 万元，象窝茶的种植规模逐渐扩大。与此同时，企业出资完善配套设施。翔顺集团在扩大象窝茶种植规模的同时，也在不断完善道路、通信等基础设施，引进有机茶生产加工工艺，实施统一规划、统一生产技术标准、统一加工、统一品牌、统一销售，着力将象窝茶打造成品牌茶。截至目前，翔顺集团已在象窝茶这一特色农业项目上投资了 5000 万元。

新兴县这种企业向农业输出资本的发展模式，有效地推进了农民投身农业、农业设备升级、农业特色开发，较大幅度地推动了农业转型升级。

在现代市场经济环境下，企业的作用与日俱增，突出表现在带动产业发展、增加市场活力、给市场提供商品或服务等方面，对于经济效益的提高具有显著作用。值得注意的是，企业对农业提质增能带来了不可低估和不可替代的效用。2017 年中央一号文件指出："（可）依托农业产业化龙头企业带动，聚集现代生产要素，建设现代农业产业园。"可以看出，国家在政策方向上对于企业的作用予以肯定。在新兴县发展进程中，企业的作用举足轻重，作为地方经济发展的主要担当，企业协助政府来为地方经济发展做规划、供服务，带领农民经营和发展农业，以农业为主攻方向，实现农业的产业化和现代化。对于全国诸多受行政力量影响难以高效发展的地区，新兴县企业推动农业发展的诸多探索具有重要的借鉴价值。

第一，以农为基是新兴企业培育产业的创新之处。农业是支撑国民经济建设与发展的基础产业，然而农业长期属于弱势产业和边缘产业，给市场各主体以高投入、高风险、低利润的印象，其自身的弱质性使其通常处于被忽略地位。然而，新兴县龙头企业以农业起家，依托政策对农业的倾斜性支持，充分挖掘农业的潜在价值和增值价值，不断开展投资，开拓出农业的市场价值，逐步成长为农业龙头企业，以新兴县温氏企业为典型代表。1983 年，七户农民集资 8 股共 8000 元创办簕竹鸡场，以养鸡业务为主，1995 年，温氏良洞猪场引进首批 70 头瘦肉型母猪，2013 年，温氏年上市肉猪累积突破千万头，可以看出温氏企业经营的养殖业规模逐渐扩展，不仅企业自身取得了可观的利润收益，带领员工和合作养户发家致富，也将农业的价值提升到了更高平台。多年以来，温氏企业依靠农业"打天下"，以农业作为壮大企业生命力的基石和抓手，一改农业以往的弱质性，使所经营的养殖业强势地立足于市场中。可以说，温氏企业成就了农业，将农业的经济价值扩大化，而农业也成就了温氏企业，使温氏成为全国知名的农业龙头企业。

第二，延伸农业产业链是新兴企业发展的有效抓手。延伸农业产业链是激发农业发展活力的必要途径，也是农业企业取得高速发展的必由之路。2017年中央一号文件强调，壮大新产业新业态，拓展农业产业链价值。长期以来，农业发展呈现出结构单一、产业化程度低、基础设施薄弱等态势，农业自身附加值很低，常常处于"没有发展的增长"的境地，实现不了突破性发展。新兴县企业发展农业的过人之处恰好在于延伸农业产业链这一点上，温氏企业不局限于禽畜的简单养殖和初级加工，在做好、做精养殖业务的基础上，将养殖业的产业链条不断向上下游延伸，形成了农工科贸一体化、产供销一条龙的完整的产业体系。纵观温氏企业延伸农业产业链条的过程，在养殖业的上游发展出动物种苗生产培育、饲料和疫苗配制、养殖设备制造等业务，在下游发展出流通销售、农场观光展览、技术培训服务等业务，在建立养殖产业体系的过程中，相继成立了专业育种公司、饲料厂房、生物科技公司、南牧机械设备公司和温氏食品公司等。温氏企业成功地将农业打造成为规模化、产业化、现代化的新产业。以农为基、拓展农业产业链，这不仅是扩大农业价值的重要路径，而且是培育农业新业态、新模式的创新之举。

第三，反哺农业是新兴企业长久发展的内在理念。工业反哺农业早已提出，而在新兴县是企业反哺农业，企业运用自身力量反推农业发展成为新兴县的新常态。企业作为市场主体之一，较之政府、农民等，拥有资本、技术、市场信息等资源，对推动农业发展具有不可替代性的作用，可以为农业树立生产的标准规范，运用技术提高农业生产效率，借助资本为农业提供资金支持，企业的资源优势可以在反哺过程中直接转换为农业发展优势。诸如翔顺集团以建筑业的利润反哺农业，在茶叶板块注入资金、更新加工工艺和技术、完善制茶设备、优化种植环境等，成功地将无人知晓的象窝茶场打造成为飞天蚕生态茶园；温氏企业的发展理念是生于农、反哺于农，企业以养鸡起家，横向发展了养猪、养羊等养殖项目，充分利用企业资源扩大养殖规模，例如联合高校为养殖研发技术，让员工队伍开展养殖培训服务，利用企业流动资金发展畜牧产品加工等，直接推动了新兴县养殖产业化的发展。新兴县龙头企业反哺农业、全方位服务农业的创新之举，为农业集聚了生产要素，深化了农业价值，这是当今补齐农业现代化短板的有益探索。

四

以农民主体构建融合传动系统，
实现整合共生

　　2016 年中央一号文件明确指出，（要）促进农业产加销紧密衔接、农村一二三产业深度融合，推进农业产业链整合和价值链提升，让农民共享产业融合发展的增值收益，培育农民增收新模式。这告诉我们，"发展农村新产业新业态的主体是农民，绝不能把农民丢到一边"。实践也表明，农村、农业的发展得瞄准农民这一发展主体。然而，在三产融合过程中，不少地方出现了"政府搭台，企业唱戏，农民看戏"的尴尬局面，农民成了真正的"看戏群众"。结果是，一方面，农民积极性调动不充分，政企"搞大合唱"，农民不愿意也不敢自己干，农业难以做强，产业融合缺乏后劲；另一方面，农民主体性发挥不充分，政企"联袂出演"，农业产业发展乏力，无法从根本上保证产业融合的长效性。从产业发展来看，一个企业的发展对着千家万户，没有农户这一体量，就不可能有企业的大发展，农民就是产业融合的主要"体量"。因此，要实现产业融合发展这一战略目标，首先要明确"产业融合依靠谁，谁来促进产业融合"这一基础性问题。

　　新兴县是一个名副其实的农业大县，这既是新兴县经济发展的最大瓶

作者：华中师范大学中国农村研究院/政治科学高等研究院彭红、尹家和、王愉婷。

颈，也为农业企业的发展提供了广阔空间。如何破除农业发展壁垒、开拓农业发展空间？如何明确产业融合中的基础性问题？新兴县顺应改革发展潮流，在推进农村一二三产业融合发展时，通过"强一"实现"接二连三"，把握了"基在农业、利在农民、惠在农村"的基本思路，明确了农业企业、农民合作社、家庭农场和专业大户这四类新型农业经营主体在产业融合发展中的主力军作用，在"政府主导、企业主位"原则下，充分发挥"农民主体"的传动作用，通过培养新型职业农民，打造现代合作社，建造现代家庭农场，引导农民跨界发展，促进产业融合共生，探索出了三产融合发展的全新理念。

（一）公司农民：农业接入现代市场

产业融合发展，需要充分发挥农业龙头企业的带动牵引作用。新兴县采取"公司+农户"的经营模式，改变了传统农民被动式的靠天吃饭的局面，引领农民主动融入现代市场，将传统农业变为现代农业，充当企业的"生产车间"，农民集"生产主体、利益主体、发展主体"于一体，由传统农民变为现代农民，化身为"公司化农民"，打造出了农民组织方式的"高级形态"和"升级版"。

1. 农民做经营主体

新兴县"公司+农户"的经营模式不是一蹴而就的，是在实践的印证中逐步探索而来的。改革开放以来，以温氏集团为代表的农业龙头企业长期实践创新"公司+农户"经营模式，实现了农企的长效互动，为新兴县产业发展尤其是农业产业现代化的实现探索出了有益之道。

第一阶段，农民自产自销。20世纪80年代初，在包产到户的背景下，农民可以在自有土地上自耕自营，部分农民将闲置的土地整合起来，自己建场修舍。农户与新兴县食品公司签订合同，由食品公司负责提供养殖种苗，到产品上市时，由农户自行对接买家进行收购。"三温一古"创始人之一温木辉说道："当时我们买了一个很小的三轮摩托车，养大的鸡自己运到开平县去卖，卖出的利润很不错，除去成本，每只鸡我们赚到3、4块钱。"但是这一阶段面临着一个最大的难题，由于农民的"小而弱"，抵抗市场风险能力非常脆弱，一旦遭遇风险，农民很可能承担不起损失。

第二阶段，农企"场户合作"。20世纪80年代初，以"三温一古"为代表的养殖公司先后成立。"一个公司自己养鸡能养多少! 规模很难扩大,但是和农户合作就可以发展到很大。"基于此,公司与周边农户采取"场户合作"的方式进行合作,种苗、疫苗等物料和药料由公司提供,农户向公司购买;到产品销售环节,由公司帮助农民收购,中间收取服务费。"农民养大的鸡我们包收购,收取两毛钱一只的服务费,其他方面都按照成本计算,利润平均有 3~4 元/只,群众非常赞同。"这一时期,公司发挥着桥梁作用,代购代销,自主性和与农民间的联结性较弱;同时,农民采取中间结算方式,在未取得劳动回报时,对物料、药料、技术等方面进行大量的投入,无疑给农户造成重压;另外,采用"代购代销"的方式进行,农民的收入随市场价的波动而波动,一旦遇上瘟疫等意外灾害,他们毫无抵抗力。

场户合作时期的农企合作处于探索阶段,并不是所有农户都愿意并且有胆量与公司合作。1983 年温氏集团通过"七户八股"筹建簕竹鸡场,开始小规模养鸡;1987 年温氏大规模寻找合作养户,却遇上了寻找合作农户难的瓶颈,村民没有相关养殖经验,短期内难以看到养殖收益,因此一般农户难以被发动。温氏立即转变发展思路,开始动员思想开明、市场意识浓厚的村干部带头养殖,发挥示范带动作用。于是,以良洞村支部书记、副主任以及文书为首的村干部开始与簕竹鸡场开展合作养殖。最初的养殖规模不大,每批数量在 200~300 只左右,两个月后第一批鸡长成上市,养户获得了巨大的收益,平均下来每只能够赚 2~3 元的利润,三个月一批,一年大约能够交付三批,养户最终能获得 5000~6000 元不等的收入。

第三阶段,"公司+农户"经营模式。1989 年肉鸡市场陷入低潮,价格下跌,养鸡农户面临着亏损倒闭的危险。至此,公司改变场户合作模式,建立了种苗繁育、种苗生产、饲料生产、疫病防治、产品销售环节的管理及配套体系,并向农户提供管理过程中的农业技术指导;合作农户负责产品的具体生产、管理环节。公司根据与合作农户签订的委托合同回收商品进行统一销售,并在完成销售后,与合作农户进行结算。这既保证了养殖农户能够获得稳定的可持续收入,也保护了养殖农户的合作积极性;同时有了前期村干部的示范带动,心有顾虑的农民看到了养殖的经济效益,越来越多的农户参与到"公司+农户"的经营中。20 世纪 90 年代,新兴县当时的 70000 户农户至少有 10000 户与温氏集团合作。

此阶段，与公司合作的农户具有两大优势：一方面，投入节流。公司负责提供一条龙服务，与农户开展合作生产，实行内部结算，中间的费用全部取消，即农户在从公司获取养殖种苗、饲料、药物时不用预先支付费用，而是到产品上市时由公司统一进行核算、扣除，极大地降低了农户的生产投入；另一方面，收入稳定。公司采取"保价收购"之后，农民签订合同时有"产品回收价格"，也就是说，收购价与市场价格无关，这样能使农民与市场风险脱钩，保证了农民的最基本收入。如 2014 年受禽流感影响，猪价大跌，公司即使承担损失，也保障了农户有 180 元/头的本钱。同时当年全国毛鸡价格最低时，合作农户毛利仍达 2 元/只，温氏总亏损达 10 亿元，农民却没亏一分钱。

20 世纪 70 年代末 80 年代初实行的家庭联产承包责任制，使农民获得了土地的承包经营权，家家户户有田耕有地种，极大地提高了农民的生产积极性。但随着改革开放以来的经济发展，农民传统的耕种方式已经不能适应现代化的需求。传统农民"劳动靠人力、生产靠土方、管理凭经验，产销凭运气"，靠天、靠地、靠人的"三靠"不仅难以提高自身组织化程度，让农民增收创收更是难上加难。为充分发挥土地效用，提高农民收入，以资本下乡和土地股份制为主的土地改革在各地区推行。

一方面，资本下乡的土地出租收益较低。资本下乡使资本与土地结合起来，通过土地经营权流转，农民将土地流转租给企业，闲置或利用率较低的土地被集中起来。如 1995 年温氏集团租用农户 80 亩土地建设种猪厂，租金为每年 1000 元/亩。显然，这一批农户成了"幸运儿"，可以坐享土地"价值"。但土地租赁的性质决定了其时间周期长、租金低，效益有限；更为重要的是，这没有改变农民的生产发展模式，农民难以享受土地带来的增值利益。土地出租实际上是以二三产业为核心，而非以一产为核心，由此可见，资本下乡不一定能保证资本与农民的双赢。

另一方面，土地股份合作的分红效益有限。2016 年中央一号文件指出，"鼓励发展股份合作，引导农户自愿以土地经营权等入股龙头企业和农民合作社，采取保底收益+按股分红等方式，建立健全风险防范机制"。土地股份合作通过内部整合，引导农民以土地经营权等入股龙头企业和农民合作社，让农户分享加工销售环节的收益。当然，不同地区的股份合作改革形式有一定差异，例如在珠三角等发达地区，村集体在闲置的土地上修建厂房，租给企业生产使用，通过物业出租形式获得高额分红，但厂房出租这种模式很难持续，如果别的地方地价更便宜，厂商就会转移，村级难以承担不可控的债务风险。数据显示，"2011年，东莞村组两级物业出租、土地转让及其带来的管理费、土地使用费等收入占总收入的75.29%，其中仅厂房出租就占村组经营性纯收入的约五成"，"如果村经济收入70%来源于物业收租，一旦出现经济不景气并影响租赁市场，村集体的收入就会一落千丈"。[①] 再如在山东东平等欠发达的农业地区，近年来也进行了土地股份合作的探索，采取"保底分红+利润分红"的分配方式，入股农户首先能够获得每亩1000元左右的保底分红，然后根据合作社的经营收益获得分红，东平的土地股份合作实现了农民利益共享。但总的来说，土地股份合作模式下的农业缺少外部资金注入的扶持，同时难以高度契合市场需求，土地股份合作的分红则十分有限，农民增收创收速度缓慢，农业经营收益相对有限，现代农业发展举步维艰。

可见，普通出租、土地股份制等经营形式难以让土地"尽其用"，难以让农民"享其成"，难以让农业"强其筋"，而"公司+农户"合作经营模式则彰显出更强的生命力，此模式开创了农业与现代企业融合共生的新理念，缔造出农民与企业融合共生的"联姻树"。

其一，农民参与生产经营，接轨现代产业化农业。不论是土地外包出租，还是土地入股分红，农民始终作为"局外人"，不直接作用于土地，没有参与生产经营过程，"让渡"土地使用价值，却获取较低的收益。新兴县经历了传统水稻种植、商品性经济作物种植、荒废田地外出务工、土地出租与入股等几个发展时期，实践证明，对土地效用与价值而言，这些都不是最好的办法。"公司+农户"合作经营模式中，作为土地的"主人"，分散、孤立的农民在企业的带动下，被引至现代企业生产环节中，融入产业发展链条，由个体农民升级为链条式农民。农户在土地上借助企业的力量，运用高新科技对农业进行生产、经营、管理，既为企业提供了大量的土地资源，也提高了农民的土地利用效益。

---

① 何平：《珠三角农村收租经济爆危机，村组借债分红》，《羊城晚报》2012年9月6日。

其二，农企作为平等主体，充当产业链的重要一环。市场经济下，农民与企业都是平等的市场主体，在土地普通出租、土地股份制等形式下，农民只需提供土地这一生产资料，企业或合作社的生产行为与农户难以形成紧密的利益关联。但是对于"公司化农民"，农企双方签订的委托合同，一方面对农企职责与权利进行明晰，农企分工协作，均对生产管理行为负有义务和责任；另一方面改变了农民传统身份，使他们充当了现代企业的"一员"。农民发挥自身土地、劳力的优势，承担企业的具体生产环节，物料、药料以及技术服务由公司提供，农民直接进行"车间化"生产，成为企业合适的生产者，承担起产业链中不可或缺的一环。

2. 农民做利益主体

发展现代农业产业化经营，重在建构农企以发展共赢为共同利益目标的利益共同体。农民作为企业生产的"大本营"，为企业相关产业的运营提供产品货源，是企业发展的"源"（原）动力。"发展农村新产业新业态的主体是农民"，农民充当着主力军角色，唯有发展好、解决好、保护好农民利益，让农民做利益主体，农民与企业发展才能长效"同气"。新兴县尊重"共享发展"的历史传统，在助推产业融合发展过程中，注重联结农民的利益，尊重和保护农民利益，通过多元的灵活分配方式，使农民获得了合理的产业链增值收益，促使了公司与农民共生、共融、共赢。

在产业融合中，农业龙头企业发挥着"主位"作用，向农民提供资金、技术、管理、抵御风险等方面的帮助，但这并不能否认农民与龙头企业公平协商、共同发展的普遍事实。对于农民做利益主体，新兴县主要有以下两点考虑。

一方面，企业对农民的"担心"。经过多年的发展，新兴县农业企业逐渐与农户建立起稳定的信任合作关系，公司规模化的稳步扩张对合作农户的依赖性逐渐加强。随着合作农户数量的逐步增加，为维护稳定的农户合作关系，公司对合作农户甄选的监督与管理力度不断提升，主要通过委托合同对生产过程中双方的权利义务做出明确规定，为企业的"担心"打造"定心丸"。具体说来，企业一是担心农民"不忠诚"，即农民违背合同规定，如任意使用药物，添加物料，将合同公司的产品以私人方式转售出去等。"我们的合同写得明明白白，哪怕市场价高过我们的收购价，也不能卖出去，如果有，这就是不忠诚，马上要炒掉，并且将他们赚的利润扣掉一部分。"温木辉强调。二是担心农民经营"不用心"，公司回收产品有严格的标准和要求，农民经营管理的任何一个过程出现问题均有可能影响产品质量，"喂猪时间应在早上8点，如今天9点喂，明天10点喂，这些都是不允许的"，这就要求农民扣住每一个细节，强化责任意识，明确自己的利益与企业的利益是绑在一起的。

另一方面，农民对企业的"担心"。实践表明，小而弱的农民在市场交易中议价能力较弱，与龙头企业地位难以平等，农企之间的利益联结关系往往存在不对等、不合理、不稳定等困境，造成农民与企业"弱联结、难融合、低发展"，诸多"工业吞噬农业""公司吃掉农民"的现象不足为奇。也正因如此，产业融合发展难以实现"深度"融合、"长效"融合。农民作为弱势的一方，对农业产业化容易表现得胆怯谨慎、信心不足。有了前车之鉴，不少农民担心企业赚钱"尝甜头"，自己赚不到钱，只能尝到一点甜头，或者尝到一时的甜头，最后公司吃掉"甜头"，农民只有吃"苦头"，农民从属性的劣势地位无法得到根本转变。因此，掌握话语权，做利益主体成为农民的诉求。

"让农民在一二三产业融合发展中居主体地位，分得更多利益，是发展的本质要求。"在产业融合实践中，各地结合实际，建立了多形式利益联结机制，比如创新发展订单农业，引导龙头企业在平等互利的基础上，与农户签订农产品购销合同，形成稳定购销关系，探索合理的利润分配机制等，努力实现"产业要发展、企业要增效、农民要增收"目标。新兴县通过农企共同投入、共同经营、共享利益等手段，让农民多层次、全产业链地融入企业利益环，实享了农业产业化发展之果。

一是共同投资。新兴创新的"公司+农户"经营模式，并不是传统简单的公司对农民的带动，而是农企作为平等的市场主体，在投入上各自承担一部分，共同承担经营风险，所有权边界明确，农企权责清晰。一方面，企业先行垫资。为解决农民资金缺乏等问题，企业先行垫资为合作农户提供一定比例的启动资金，农户随产品回收分批扣回，缓解了资金压力。在新兴县典型的"公司+农户"模式中，温氏基金垫资占总启动资金的 30% ~ 40%。据农场主范金树介绍，一个现代化家庭养殖场大概需要 120 万元左右的建设资金，企业不仅会为养户免费提供 30% 左右的建设补贴，还会提供 30% 的无息垫资帮助建设现代家庭农场，农户仅需投入 40% 左右的资金。另一方面，农民预交保证金。为保证农户履职尽责，帮助农民正"姿态"、端"心态"，农户在正式与温氏合作前，需向公司交付一定的保证金。如果没有足额交付保证金，公司在结算时将会扣除相应金额。农民利益与企业利益挂钩，农户不再是简单地"打零工"，而成为"正式工"，也因承担了风险变得更负责。

二是共同经营。新兴引导企业创新农企合作，通过发展"企业派工，农民包工"、农企合作经营等模式，使农民参与现代企业的生产经营活动，农企分工合作，共同完成。一方面农民通过发挥自身土地、劳力的优势，承担企业的具体生产环节，将生产"车间"搬至田间，整个生产过程均由农户经营管理。以新兴县的象窝茶园为例，象窝茶园向附近村民租赁土地5000 亩发展茶叶种植，再将部分茶田承包给村民经营管理，公司根据品种以阶梯价格向村民回收茶叶并统一加工出售。农民不再是单一经营的个体，而是现代产业链条中的一个环节。另一方面，公司作为合作农户一站式物资供应、技术服务和市场销售的现代农牧服务平台，负责提供一条龙服务，将品种繁育、种苗生产、饲料生产、药物生产、产品生产、产品销售等环节进行产业链配套整合，形成了完整的一体化产业链管理模式。

三是共享收益。为了打破以往农村及农村产业发展过程中"企业持续致富，农民原地踏步"的现象，新兴县积极引导企业创新利益分配机制，坚持"公司得的多，农民得的多"的原则，实行"二次分配"，让农民与企业共享产业融合发展带来的"甜头"。农民与企业协作经营，产品出售后所获收益由双方共享，具体来说，二次分红不属于可预期收益，是温氏集团自主自愿的"非协议"行为，即在公司年景好时，企业会从增值收益中拿出一部分返利给农户，将加工、销售环节的部分收益让利给农户，让农户享受产业链带来的增值收益。例如，2016 年温氏股份收益提升，向合作农户实行二次返利派发"福利"，在原定收购价格的基础上，1 头猪返利10 元，1 只鸡返利 1 至 2 角。

3. 农民做发展主体

产业发展需与时俱进,产业融合在创新与实践中不断发展,是产业不断融合、理念不断渗透、技术不断更新的一个过程。与此同时,在变革与发展的压力下,农民也不是故步自封的,而是随着公司的发展而发展的,在公司的帮助下采用新技术、新方法步入发展轨道。

第一,社会环境压力。"绿水青山才是金山银山",在产业融合发展的同时需要注意建设生态文明,这是时代的呼唤、企业的责任,更是作为发展主体的农民应有的回应和责任,环保搞好了,农民的农业生产才能有条不紊地进行。然而现实中,发展主体在"富了口袋"的过程中悄然"毁了生态",忽视了对环境的保护。如新兴江污染事件是新兴县发展的一个痛点。新兴江水质在 2014 年前为 3 类水,2014 年之后便被划为 5 类水(水质明显下降),其重要原因就是生产污水的不当排放。当时以温氏集团为代表的农业企业,从 20 世纪 80 年代就开始发展养殖业,政府、企业均无明确环保规定,农民养殖随意性明显,环境污染问题日渐积累,因此,如何处理发展中的环保问题是农民实现持续发展面临的症结之一。

第二,企业发展要求。企业的发展需要合作农户的同步发展,合作农户规模化水平和技术水平提升,不仅能促进农村的产业升级,也能为企业的进一步发展奠定基础。在产业发展过程中,因受生产资金、劳动用工、科技装备的制约,合作农户的生产规模、效率难以进一步提高,农户的收入增长愈发缓慢。农民增收是核心问题,如何提高农民生产效率成了新兴县迫在眉睫的事。"国家连续多年的惠农政策使农村就业和增收渠道拓宽,所以必须提供更高的收益才对他们有吸引力,假如在未来 5 年内,农户户均年收入不能超过一定数额,那么与企业合作的农户将会萎缩,'公司+农户'的模式将会陷入发展困境。"

第三,市场竞争要求。产品面向市场生产,市场决定企业能否打造发展的新业态和新品牌,产品质量优劣、供需是否对口,直接影响企业效益,终而影响农民增收。构成企业市场竞争优势的因素有多种,企业提高综合竞争力,必然对合作农户提出更高要求,尤其是对农民的生产技术提出更高的要求。企业的发展部分取决于农民如何发展,在日益激烈的市场竞争中,农民必须借助企业的高新科技武装自己,运用现代化手段和要素，充分掌握工业领域的标准化大生产模式，实现生产的自动化、智能化、信息化，实现对农业"车间"的高效经营，在单位时间产生倍增效应，力争在市场竞争中免遭淘汰。例如，传统养殖时期，温氏的合作农户一年只能养5000~7000只鸡，采用现代化生产技术养殖后，农户一年能养殖1.5万~2万只，产量迅速提高。

在社会环境压力、企业发展困境以及市场竞争要求等大背景之下，如何让农民具备发展能力、打通发展渠道、明确发展方向、整合发展资源，是新兴县需要直面的迫切问题。本着一切从实际出发的原则，新兴县结合山区特点、时代背景以及产业新业态，充分发挥企业的带动作用，引导农民主动响应时代呼唤，跟随时代"节奏"、企业"节拍"向前迈进，做与时俱进的发展主体，实现了农民与企业同进步、共发展。

一方面，企业帮扶农民。农业龙头企业是建设现代农业的重要力量，对培育现代农民、引领农业转型升级、促进农村一二三产业融合发展等方面具有特殊作用。龙头企业依托强大的技术及资金力量，能为农民产前建造与甄别、产中服务与环保、产后检测与销售提供有力支撑。以环境环保为例，个体散户一旦违反环保规定，在资金缺乏、技术限制的条件下无法进行改造升级，就只能面临生产倒闭的结局；对于传统"公司＋农户"经营模式的农企合作，公司企业没有义务为农户再次承担投资风险，对农户的资金投入有限，技术指导与服务有限；而在温氏集团"公司＋农户"的合作经营模式下，公司能为农民承担部分未来发展风险，为合作农户提供更多生产服务，减轻农户的非饲养性劳动负担。温氏集团首席执行官温志芬提到："我们会积极引导公司＋农户的模式升级改造，建设现代家庭农场，让农民更好地适应社会的发展趋势，以迎接未来的挑战。"因此，新兴县对农户的环保改造依据"从易到难"的原则，遵循环保"从严"的原则，首先从温氏集团的养户开始，然后扩展到其他公司加盟户，再到个体散户。实践证明，企业尤其是农业龙头企业能够促进农户更好地适应环保要求，一是公司有技术研发能力，能够给农户提供技术支持；二是环保设备升级需要花费较大成本，相对于政府，公司能够提供更多的资金支持；三是公司有条件要求农户进行环保投入，而政府管不到散户。总之，通过企业的资金、技术等方面的支持，农户实现自身的升级换代，虽然前期投人大，但能在产生环保效益的同时，实现生产倍增、农企共赢。

另一方面，农民主动适应。发展农村新产业新业态、推进农村一二三产融合发展的主体是农民。农民主体应发挥主观能动性，多渠道参与产业融合，提升产业发展能力，积极主动适应改革发展需求。农民增收主要有两种途径，一是得到公司更多的让利，二是提高自身生产效率，扩大养殖规模，增加单位收入。二次分红的让利有一定范围，显然不能以企业过分让渡利益实现农民的增收，因此，从技术上提高农民生产效率才是长远之计。新兴县农民在企业力量的注入和帮扶下，积极主动升级改造，改变传统农业生产模式，适应新时期发展要求。2015 年，范金树筹备扩大养殖规模，以升级改造为契机开始建设现代家庭农场，在温氏集团的支持下建设降解床，温氏集团给予 50% 的支持，达到 100% 的降解率，实现了真正的零排放；同时，温氏集团引导农民主动参加内部发展交流会议，并提供外部学习参观机会，使农民了解现代生产方式，树立现代生产理念，农户的专业化水准得到提升，"传统农民"变身"职业农民"，适应了农业产业发展新常态。簕竹镇党委书记邓均效讲到："农民通过在企业接受培训，规范起来，素养也好起来了，以往不会养殖的，现在掌握养殖技术了。"

（二）现代农场：农业整合现代要素

新兴县以龙头企业为依托，通过企业服务和管理，将技术、标准、市场等现代企业生产要素与传统农业进行了整合。改造传统农业生产模式，将过去相对脱节的农业生产环节纳入整个产业链当中。新兴借助企业的资源优势和管理服务优势，打造以农企合作为基础的现代家庭农场生产模式，实现了生产、加工、包装和销售一体的生产经营，不仅推动了农业生产的标准化、专业化和高效化，带动了农民致富增收，而且通过激发第一产业的带动作用，促进了一二三产业融合发展，实现了对传统农业的改造升级。

1. 企业定制下的标准化生产

改革开放以来，我国农业生产模式发生了巨大变化，但传统的小农生产经营模式依然持续制约着部分地区的农业发展，与一些农业发达国家的集约化、标准化、规模化管理相比，我国农业生产的科学管理手段贫乏，生产前缺乏规划，生产时缺乏管理，科技成果利用率不高，生产管理制度和规范化作业体系有待进一步完善和加强。

为此，新兴县通过打造农企合作的现代家庭农场，发挥农业企业的引导作用，借助企业主体将先进的企业生产管理经验引入农业生产中去，为现代家庭农场的生产和管理制定了一系列的专业标准，推动了农业生产的制度化和规范化。

以企业指导推动生产要素标准化。新兴县主要通过企业引导的方式，指导农户进行现代家庭农场建设。一是选择标准生产场地和产品。企业依靠自身具备的信息、经验优势结合农户种养的农产品类型，在选址规划方面指导合作农户选择合适的地址建设农场。据新兴县温氏集团的一位服务部经理介绍，现代农场建设前服务部会安排技术人员陪同农户去考察建设环境，并提供规划建议。二是提供农场建设标准。企业为合作农户提供"厂房"建设的标准和规格，安排专人与养户对接并提供建设指导。温氏集团在各地都专门设置了为农户提供指导的企业服务部，在建设农场阶段，服务部会帮忙联系设备提供商和建设公司并提供建设建议，新兴范金树现代家庭农场就是在温氏的帮助下建设起来的。三是给予选址符合要求的农户一定标准的资金支持。企业通过垫资、补贴等资金支持帮助养户跨越高额投资门槛。据农场主范金树介绍，一个现代化家庭养殖场大概需要120万元左右的建设资金，企业不仅会为养户免费提供30%左右的建设补贴，还会提供30%的无息垫资帮助建设现代家庭农场，农户仅需投入40%左右的资金，垫资部分待农户营收后再分期返还给公司。

以企业监管推动生产程序标准化。标准化管理是现代企业管理的一项基础性工作，是提高管理质量的重要手段，依靠企业监管推动农户生产的标准化。其关键是建立规范、科学、高效的标准化管理体系，以此为各项工作的规范运行提供保证。近年来创新的一些生产管理模式也无一例外地首先把标准化管理列为基础工程，不遗余力地加以推广和实施。新兴县现代家庭农场在标准化生产和管理方面的实践与探索，逐渐形成了一套有特色的标准化管理体系，在促进农业发展方面做了有益的尝试。温氏集团为与之合作的现代家庭农场都制定了一套详细的生产管理标准，并以公司规章制度、养殖合同等具体形式运用到具体操作中去。养殖都是在公司技术人员的指导和监督下，按照严格的要求开展的。既有投料喂食的时间、用量等要求，又有药品来源、种类、数量等的要求，还有生产环境的温度、湿度、光照等方面的要求，生产过程都有一套标准的操作程序，全程有摄像头监控，而且还有技术人员不定时走访监督。温氏集团依靠公司旗下的服务部门抓牢养殖环节，实现养殖管理的标准化。企业服务部通过对养殖过程中的投料、保健、粪便清理三个主要养殖环节进行重点标准化管理，降低了养殖风险。据温氏服务经理介绍，温氏会通过技术员指导、发放养殖指导手册、拟定养殖规范合同等方式对养殖的投料喂养、防疫保健、粪便发酵三个主要方面进行详细规定和监管，同时提供原料、设备、技术等服务。另外，在产品收购环节，集团也有详细的规定。农户与温氏集团有文本形式的合作合同，按照养殖批次，一批一签，每养一批鸡或者猪都要签一份合同，而不是签一份持续好几年的长期合同。关于种苗的售价、收购的价格以及饲养的天数等，合同中都会明确规定。如果到了合同规定的饲养日期，公司没有及时收购，温氏集团会根据超出的天数给农户一定的补贴，具体补贴方式都有明确规定，而且都是以钱款的形式予以补贴。

企业通过制定公司内部行政管理规定和生产管理手册的方式实现人员管理的标准化，一方面通过制定公司内部人员管理条例、制定绩效考核指标等多种方式实现对技术员的综合管理和监督，督促技术员为养户提供更好的指导和服务，实现公司与养户的良性互动。对技术员而言，关于下乡的次数、产量、次品率、基本质量、环保、生产和安全、基础建设、环境与保温工作、疾病防疫等方面公司都会进行考核。此外，对于销售员，猪的损耗率、客户投诉率等均被纳入考核。

以产品检验推动产出标准化。家庭农场"出口"关主要由公司把控，公司收购家庭农场产品时都会对产品的数量和质量按照合同标准进行检验，最终的检验结果会影响到农户收入。其一是对产品的数量进行标准化。标准化的指标主要有：养猪的出售率，肉料比即出售的肉重与用的饲料重量的比率，单斤费用即每斤肉需用的费用和总产量。其二是从质上对产品要求进行标准化。公司会对产品的健康状况、检疫情况设定标准。从温氏和合作养殖户签定的家禽质量安全承诺书中看到：养户的最终产品需符合 NY5034 无公害食品"禽肉及禽产品"标准的要求。公司会派专人对养殖产品进行抽样检查，不符合要求的会通知养殖户。此外，公司还会根据量和质的标准将产品的质量分为三个等级，并制定相应等级的回收价格。关于农户的补贴和扣费也在公司的文件上进行了制度化的规定。就连收购交接的时间、地点、运输方式也有相关的规定，比如说，公司应提前五小时以上将肉鸡回收上市清单通知给养户。

2. 企业服务下的专业化生产

传统的农业生产方式和生产工具的现代化程度普遍偏低，农业基础设施相当脆弱，抗御自然灾害的能力较弱，有相当一部分地方的农户都还以手工方式耕作，农业生产技术的落后，导致农产品品质难以提高，农业产品本身的品质与一些农业发达国家相比，差距很大，缺乏竞争力。生产手段落后，严重浪费了劳动力和自然资源，制约了农业发展的速度。新兴县在推进一二三产业融合发展的过程中，充分意识到了提高农业生产力、改造传统农业生产方式的迫切性。为此，新兴县通过三产融合，依靠龙头企业的带动作用，引进先进的农业生产技术和管理模式，打造以农企合作的现代家庭农场为代表的专业化农业生产模式，实现了农业生产方式由传统到现代的大变革。

其一，以企业服务部为平台，提供专业化的农业技能培训服务。传统的农业生产依赖农户的种植或养殖经验，农业生产技术都源于农户生产实践总结和上辈的经验传授，农户难以具备体系化、科学化和专业化的生产技能。在新兴县，以温氏集团为龙头引领建设的现代家庭农场，不仅注重生产设备的更新升级，也注重农户职业技能的培训提升，并形成了以提高生产效率为驱动、以生产自动化为导向、以农民职业能力建设为抓手的现代生产培训体系。一是以专业技术人员为主体，建立生产技术对接服务。公司技术人员对口服务家庭农场，定期走访家庭农场，为农户提供疾病防疫、生产养殖等技术服务和指导。二是公司提供系统化农业生产培训。公司聘请专业技术人员定期为农户开展相关生产技能培训。簕竹镇政府办谭主任介绍："温氏建设温氏学院做培训，不仅给自己的员工培训，还会扩展到对整个行业提供培训。"三是搭建农户间的经验交流平台。由企业牵头，定期开展农户经验交流会和技术政策咨询会。

其二，以现代化物联网设备为载体，提供专业化的养殖管理服务。新兴现代家庭农场通过农企合作，依托企业专业的管理团队和强大的技术支持，实现了农场管理专业化和农业生产技术化。一方面，随着物联网技术被应用于家庭农场，专业化的信息管理成为可能，公司也可以借助物联网了解所有农场的养殖情况并获取农户的操作数据，将养户纳入企业信息管理的接收端。除此之外，公司还能通过数据分析平台为高层决策提供准确及时的信息。据温氏总部办公室主任介绍，农户可以在手机上安装温氏研发的软件，通过物联网监测系统获得关于养殖场的温度、湿度等信息，据此及时调整农场的养殖环境。而且农户的操作数据会被及时反馈到公司管理信息系统，公司根据分析数据对农户进行实时信息管理和养殖指导。另一方面，养户可以依托物联网的自动化设备和公司提供的技术团队实现高度技术化的养殖。养户可以通过物联网获取农场实时的养殖信息，借助自动喂料设备快速精准地给农场的畜禽提供食物，通过控温控湿设备为畜禽提供稳定舒适的生长环境，还可以通过刮粪机自动清理养殖场的粪便，养户还可以借助物联网技术对农场养殖的一些环节进行远程监控和操作，实现远程化养殖生产。

其三，以农户养殖需求为导向，搭建专业化的养殖技术支援网络。企业为养户提供全时段全方位的保障服务，专门成立服务部门，从现代农场建设到产品出售的整个过程基本上都会有技术人员为农户提供上门指导和服务。温氏集团总部办公室主任介绍：公司会在有合作养殖户的地方建立一个辐射半径为30公里的服务部，定期安排技术员为范围内的农户提供建厂、养殖指导、疾病防疫等服务。农场饲料不够，农户可以直接打电话给服务部，服务部会安排人将饲料送货上门。如果养殖过程中出现动物疫情，服务部会在最短时间内派出专业的畜牧医生，直接上门提供诊断和救治服务。

3. 企业支撑下的高效化生产

我国农村现在的经营体制是以家庭经营为基础的联产承包责任制，在实际经营中，农户往往自主决策、分散经营，而且缺乏科技支撑，既不能实现规模化经营，又很难适应市场需求的变化。虽然单位土地的产值较高，但主要依靠大量的人力投入，生产效率仍然偏低。新兴县充分发挥龙头企业的带动作用，凭借龙头企业的资金优势、技术优势、管理优势和市场信息优势，以农企合作为载体，运用高新科技发展设施农业，充分合理地利用当地农村土地资源、人力资源，实现各种生产要素的最优组合，最终实现经济、社会、生态综合效益全面提高。

一是企业多方位引导，升级农业生产设备，实现自动化高效率生产。新兴县现代家庭农场在龙头企业的带动和支持下，将现代物联网技术和机械自动化技术运用到农业养殖中去，减少了人力成本和时间成本，提高了产品产量。现代家庭农场主范金树介绍："传统猪场每500头猪需要请两人，一个人月工资约4000元，一年得支出人工费20万元，相比自动化成本较高。"而现代家庭农场就不一样，养猪的利润就更大，而且人力成本更低。范金树现代农场养殖有1000头猪，平时由范金树妻子1人管理，不需要请工人。农场每年收益30万~50万元，利润一般为30%。据介绍，1000头养猪规模的家庭农场，每头猪的盈利基本能够保持在200~300元左右，一户农场每年能养两批猪，年收入能够达到40万元左右。一块1000平方米的地，可以养750头，投入约为40万元，加上押金和猪苗大概50万元，每年还可以赚37.5万元，成本很快就可以收回来。养殖收入成为养户家庭生活收入的主要来源，实现了一业养一家、一业富一家的以单类农业生产为支撑的高效生产经营模式。

二是发挥企业市场主体优势，整合产业链，提升产品价值。新兴现代家庭农场不仅通过增加技术投入提高生产效益，而且通过农业生产组织管理变革和经营模式创新，将农民生产纳入整个产业链当中。公司与养户签订养殖和保价回购合同，企业为农户提供幼苗、饲料、疫苗等生产资料，农户负责日常生产养殖。企业根据合同规定，按时保价回购农户的产品，再进行加工、包装和销售，解决了农民可能面对的农业产品的销路和价格问题，通过生产经营模式的升级，整合产业链价值，借助企业较高市场议价能力和企业品牌溢价，大幅提升了产品的出售价格，通过农企合作利益共享，改变了农民在产业价值链中的弱势地位，大幅提高了农民的收入，使农民增收致富成为现实。

三是企业先担风险，降低农户损失。企业通过保底回收、利润补贴等形式的风险共担机制实现了养殖效益的提高。传统的一家一户农户生产模式在市场风险和自然风险的双重影响下显得十分脆弱，一是家庭生产的市场敏锐度缺乏，很难及时根据市场供求的变化调整农业生产，二是家庭生产常常面临自然灾害、政策变动等多重风险，农户常常会因此出现生产歉收而返贫的情况。

现代家庭农场采取农场与公司合作生产的模式，通过产业链分工将产业链风险分解成市场风险、政策风险和养殖风险。一方面，养殖风险农户承担。农户专门负责生产环节，承担操作不当可能造成的养殖损失。另一方面，市场风险、政策风险企业承担。公司通过和农户协定固定的较高的收购价格帮助农户承担市场风险，同时公司帮助家庭农场设计符合环保政策的养殖场，并要求农户参照标准建设，这一方式替农户解决了不了解政策可能带来的政策风险。农场主范金树说："和温氏合作的原因有几个，一是因为自己投资有风险，个人担不起风险，而与温氏合作可以稳赚不赔。二是因为自己缺乏销路、技术、管理手段和购买鸡苗的渠道，而这些都是温氏所具备的。"风险分担机制通过生产链分工，实现了经营主体较为有针对性地承担风险，实现了公司和农户风险共担，利益共享。

（三）跨界农民：由农业进军二三产业

新兴农民在经历了第一阶段"公司+农户"后，发展到第二阶段"公司+家庭农场"，不仅完成了从"公司化农民"到"新型农业经营主体"的身份转变，自身实力逐渐壮大，而且推动了新兴县农业的转型升级。但是新兴农民没有停止农业发展的步伐，而是紧追时代潮流，基于自身的能力，通过打破传统农业生产思维，延伸农业产业链条，拓展农业多元功能，使农业连入第二产业，对接第三产业。一方面，新兴县农民再一次实现了身份的新升级，变成了"跨界农民"，即实现了农业和农产品的种植、流通、销售等与其他领域的跨界融合；另一方面，新兴县以跨界农民为主力军，依托农业，反哺二三产业，既实现了农业可持续发展，又推动了三产融合发展。

1. 打破传统思维，打造高端农业

新兴县是农业大县，通过新型政府政策的引导，在龙头企业的驱动下，大量的新型农业经营主体不断涌现，而且农业规模不断扩大。根据2016 年数据统计，新兴县拥有各类规模以上农业龙头企业 80 家，农民专业合作社 515 家，按 2016 年新制定的家庭农场和专业大户标准，家庭农场种植业 20 万元以上、30 万元以下，专业大户 10 万元以上、20 万元以下，养殖业 20 万元以上、30 万元以下的家庭农场有 5140 多个，各类种养大户有 11870 多户，农业发展规模日益扩大。新兴农业与其他地区一样，也面临着在农业规模日趋扩大的同时，如何实现农业"质"的提升，即如何实现农业升级发展这一问题。新兴农民敢闯敢拼敢想的精神再一次被激发出来，他们积极转变"就农业论农业"的传统农业理念，用工业理念发展农业，通过发展工业化思维与文化创新思维，改变传统的"背朝黄土面朝天"农业生产模式，打造"工厂化、品牌化"的高端农业，在夯实农业的基础上，进一步提高农业的生产效率和品质，"唤醒"了新兴县传统农业发展的活力。

一方面，以工业化思维打造工厂化农业。以往，农民常常根据自己的个人经验进行农业生产，采用粗放式的管理模式，缺少技术手段，农业生产常常缺乏科学性，又因为土地资源缺乏，土地利用率不高，传统的养殖模式耗费了过多的人力和物力，导致农民经营收益少，还常常使农业生产陷入困境。过去，新兴县家庭农场主范金树的传统养殖场需要农场主自己看守，喂料由人工进行，每天需要喂三次，另外传统猪场的猪粪也要人工去铲，耗费大量人力和时间。为了解决人工问题，范金树请了两位管理员对传统猪场进行打理，一位管理员一个月的工资就要花去 4000 元，范金树每年在传统养猪场花费的人工费就将近 20 万元。"每次从猪舍走出来都是汗流浃背、满身臭味。"范金树在访谈中说道。不仅是人工费用负担重、环保压力大，传统的养殖场猪均占地面积大，利用率不高，养殖数量少，1100 平方米的猪舍只能养 700 头猪，猪均面积要占到 1.6 平方米。传统的养殖模式走入了瓶颈期，但是范金树没有放弃，他在书中看到了美国采取的工业化养殖模式。或许是依托新兴人特有的冒险精神，范金树积极寻求转变，与新兴县温氏集团合作，由温氏集团提供技术支持，并投入资金 100 多万元，为范金树的家庭农场安装了全自动化设备，并连入了温氏自主研发的物联网，将传统养殖场打造成了养殖工厂，范金树只需动动手指头，进行手机养殖软件的操作，就可随时随地用手机登录温氏物联网养殖系统，查看猪舍里的实况，操作通风系统、水帘喷雾系统等，实现了智能养殖。通过自动化控制系统、环保治理系统、物联网系统等创新科技智能养殖，猪舍变成了"星级高科技住房"，在高效现代化养殖模式下，范金树如今一年就可轻松养殖 2400 头猪，不仅猪均面积变为 0.9 平方米，而且年收益达 50 多万元，比传统养殖模式年收益高出了 25 万元。

另一方面，以文化创新思维打造品牌化农业。新兴县是禅宗六祖惠能大师的故里，禅宗文化传承不息，新兴农民巧用"禅文化"，借助文化创新思维逻辑，将文化与农业要素融合，向内深度探索，创造农产品的附加价值，打造出品牌化的产品，同时向外输出文化，传递新兴县当地生活的文化价值。农民既能保障所经营的生意生生不息，又能提升产品形象，发展当地品牌化农业。禾泰农场是新兴县较大的农场之一，该农场的主人是被称为新型农民的曾润棠。2012 年，曾润棠与新兴县六祖镇其他村民合伙投资创办了农场，以每亩每年 1200 元的租金租用当地农民土地，引进台湾的种苗和技术，优先聘请出租土地的村民种植，又聘请专业技术员指导村民种植，购买温氏集团的有机肥对果树施肥，大力种植红心火龙果。农场主曾润棠种植出来的红心火龙果比普通农户种植的个头大，而且质量高。在红心火龙果种植基础上，曾润棠进一步打造禾泰农场的品牌，别具匠心地将禅文化注入农产品中，形成"禅果"，提升了红心火龙果的附加价值，虽然曾润堂的红心火龙果价格比市场上的火龙果价格普遍偏高，但是有了"文化底蕴"的红心火龙果供不应求，红心火龙果已成为禾泰农场一张响亮的名片，声名远播。如今禾泰农场的面积由原来的 80 亩扩展到 1000 亩，其土地年租金上调至 1300 元/每亩。相应地，农场的效益也一路上升。据统计，2015 年，曾润棠经营的农场产值在 800 万元左右，而 2016 年，其产值达 1300 万~1400 万元。除了曾润棠的"禅果"之外，新兴县还形成了一批"新兴凉果"、"新兴排米粉"、"马林"贡米、"香和源"花生油、"温氏"食品等农产品品牌，均将地方特色和地方文化注入了品牌建设中，既提升了农产品的文化品位，又扩大了农产品的影响力和传播力，提高了市场占有率。

2. 延伸产业链条，跨入二产领域

中央一号文件提出，推进农村一二三产业融合发展，通过农业"接二连三"方式和农产品加工业前延后伸，让农民不仅分享种养业本身的经济效益，而且分享加工、流通带来的效益。现阶段，在新常态要求下，我国的产业结构正在进行深度优化调整，产业发展与国际接轨、跨行业跨领域融合发展的步伐空前。近年来，我国农业虽然在与第二三产业融合上步伐有所加快，但总体上仍处在起步阶段。由于产业融合度不够，加工环节面临着巨大挑战，农业产业结构单一，难以走出价值链的低端，因此农产品市场竞争力不足，阻碍农业从大到强、从大到优的发展。新兴在三产融合过程中，逐步意识到农业产业链单一是影响三产融合的关键因素。对此，新兴县农民立足农业需求、企业需求和产品需求，以拓展农产品加工链、开发农业设备链、开拓农产品营销链等形式，使农业连入第二产业，打破农业产业结构单一的困境，实现农业产业链的延伸，同时也实现了农业的可持续发展。

一是立足农业需求，拓展农产品加工链。简单的农业生产无法满足农业的可持续发展，农业持续发展的迫切需求推动着新兴县农民开辟新的产业链。为此，新兴县农民在实践过程中，立足于新兴县特色农业，按照企业管理标准和质量标准生产农产品，进一步提升农产品的档次和质量，借助技术优势，对优势农产品进行精深加工，提高农产品的附加值。郑经绍是新兴县天堂镇的紫米种植大户。天堂镇农田肥沃，适合紫米的生产。郑经绍采取"公司+合作社（基地）+农户"模式对当地零散性生产经营模式进行改造，其中公司以运营为主，主要进行紫米营销和研发，合作社负责种植紫米，当地参与种植紫米的农户可以加入合作社，合作社对农户进行统一管理，要求紫米的种植必须在严格的质控标准下进行。合作社利用先进的农业技术实施全程监控，监督农户生产，以保证紫米的品质，当紫米收货之后，公司会以溢价收购农户的产品。郑经绍明白光靠生产紫米不能够维持产业发展，更加需要做的是打通上下游产业链，因此，郑经绍在第一产业紫米种植的基础上，研发了紫米茶、紫米糊、紫米酒等精深加工产品。郑经绍提到："现代都市人的生活节奏快，做紫米饭、粥可能会觉得烦琐，我们就推出紫米茶、紫米糊等精深加工产品。比如紫米茶，主要针对办公室人群，以袋泡茶的形式，开水一冲，一整天都可以喝到紫米茶。"其通过对紫米的精深加工，打通了第二产业，实现紫米生产的工业化。

二是立足企业需求，开发农业配备链。企业无法同时顾及生产、加工与包装等多个环节，而农民凭借场地优势和人力优势，生产出配备农业的产品，解决了企业发展受限的难题，满足了企业的需求。温氏集团在新兴县创办了饲料厂，饲料在包装过程中需要使用大量的塑料编织袋，但是当时全国编织袋企业少之又少，并且主要集中在浙江地区，温氏集团不得不从浙江购买包装袋，不仅价格高昂而且运输成本也高。良洞村秦木养书记在与温氏交流沟通中敏锐地意识到温氏集团对塑料编织袋的巨大需求。于是经过村委会商议决定，良洞村主动向温氏提出合作创办塑料包装厂①。良洞村利用村内闲置的大礼堂折价 30 万元，入股筹建塑料包装厂，温氏集团出资 30 万元，双方共计投入 60 万元，各占股 50%。温氏集团投入的 30 万元现金中 20 多万元用于购置生产机器，剩余 10 万元作为流动资金。除此之外，良洞村和温氏集团联合设立考察团队前往浙江塑料编织厂进行考察，并且聘请浙江塑料编织厂专业技师，传授本地村民设备使用和生产经验，培训出一批专业人才，专门负责生产。良洞村塑料包装厂的利润虽然不高，但是产量始终没有达到温氏需求量的 10%，只能提供温氏临近 6 家饲料厂用的编织袋，编织袋在新兴县仍然供不应求。

三是立足产品需求，开拓农产品营销链。农民仅仅依靠自己的力量直接向消费者出售农产品，其销售范围和销售数量是非常有限的。农民需要选择合适的营销渠道，将产品交由商业中间人销售，就可以将农产品运输到很远的地方，扩大产品的销售范围。以新兴县太平镇茶农为例，茶农的茶产区主要集中在太平镇的象窝山，象窝山海拔高度为 600~800 米，属高山地带，长年云雾缭绕，气候湿润，独特的地理环境非常适宜种植高山茶。但位居深山的地理区位也带来一些问题，一方面市场对茶产品的需求量比较大，茶产品供不应求，另一方面当地茶农的销售门路少，茶产品销售不出去，销售渠道的不通畅，让当地茶农很"受伤"。为转变这种状况，太平镇茶农主动与象窝茶场合作，由象窝茶场向附近村民租赁土地 5000 亩发展茶叶种植，再将部分茶田承包给茶农经营管理，茶农严格按照茶场的生产标准和生产流程进行茶叶种植，在采摘过程中，也遵循茶场要求，进行人工采摘。茶叶成熟后，茶农将生产出的茶产品直接销售给象窝茶场，

---

① 当地人又称之为"编织袋厂""塑料编织袋厂"等，本书不做区分。

象窝茶场根据品种以阶梯价格向村民回收茶叶，并且统一加工，茶农的茶叶由企业负责销往市场，解决了茶农的销售门路问题。象窝茶园总经理崔健平曾表示："茶农通过签订合同向我们承包茶园，管理茶园，其余销售环节都由公司来经营。"这种营销模式既满足了消费者对产品的需求，达到货畅其流，又平衡了地区性供求。

3. 拓展产业功能，迈进三产领域

农业部会同国家发展改革委等 11 部门联合印发了《关于积极开发农业多种功能大力促进休闲农业发展的通知》，明确提出将休闲农业发展与现代农业、美丽乡村、生态文明、文化创意产业建设及农民创业创新融为一体，推动农村一二三产业融合发展。在农业生产成本迅速上升、生态环境日益恶化、资源约束不断加强的背景下，依靠拼资源消耗、拼农资投入、拼生态环境的粗放式农业发展道路难以为继，必须加快农业发展方式改革。而加快农业发展方式改革单单依靠用第二产业武装农业，力量薄弱，虽然能够在短时间内提高农业的发展水平，但是难以在长时间内维持农业持续发展，因此更需要向农业内部深入挖掘农业的多元功能，培育农业与第三产业对接。新兴县引导农民依托本地绿色生态资源和区域特色，强化农业与旅游、文化创意等产业融合，开发农业的示范功能、旅游功能和文化功能，培育新型业态，包括展示农业、旅游农业、文化农业等，提升农业价值，拓展农业增收空间，进一步扩大了新兴农业的内涵。

其一，基于特色产业，挖掘农业示范功能。新兴县最具特色的产业便是畜牧业，在新兴县企业大力发展第三产业的热潮下，新兴县农民以特色畜牧业为基础，凭借新兴县龙头企业的优质农业科技资源，借力企业产业转型升级契机，与企业合力树立农业典型示范，带动特色农业进一步迈向现代化。在籣竹镇打造现代"农牧小镇"的大环境下，良洞村村委会与温氏集团开展了养殖小区示范建设，一方面，良洞村村委会充分利用山地、林地和非农保护区，确定养殖示范小区的场地；另一方面，温氏集团进行前期养殖小区建设资金投入，无偿提供给良洞村村委会 40 万元，建设资金超支部分由温氏集团先行垫付，后由养殖小区承包户按批次偿还。在建设养殖小区过程中，温氏会利用自己研发的技术，承担 15 亩土地的平整和鸡舍兴建工作，并且为养殖小区装配现代家庭农场的养殖设备和环境处理设备。养殖小区建成后，良洞村村委会在镇政府公开招标，同时动员养户积极承包，让养户对养殖小区进行规模化和现代化经营。养户承包养殖小区后，合同租期为 5 年，每年都会为良洞村村集体带来 38750 元的租金收入。村集体和企业合作建设的养殖示范小区，不仅增加了良洞村村集体的收入，而且为现代养殖业树立了标杆样本。

其二，借力品牌农业，发掘农业旅游功能。新兴县农民利用品牌农业，借助农业景观资源和生产条件、农村设施与空间、农产品及经营活动、林果文化与农村人文资源等，大力发展集观光、休闲、民俗、文化、旅游、节庆等活动于一体的休闲观光农业，同时保存乡村的田园风光，打造田园综合体，满足都市人的乡村情结。新兴县禾泰农场除了进行红心火龙果以及其他水果种植之外，在"禅果"种植基础上，大力开发休闲旅游农业，农场主曾润棠通过土地流转租下 1000 亩土地修建观光农业，在农场建立起游客中心、农家菜馆、参观体验区等一系列配套设施，吸引了众多游客前往禾泰农场体验农耕种养、果蔬采摘等特色旅游项目。除此之外，曾润棠规划整理了 500 亩土地打造花海，打造花卉观赏项目，让游客得到味觉和视觉上的享受。同时禾泰农场打造水果网络销售平台，借助微商和微店模式进行线上销售，进一步扩大了水果的销售范围。现今禾泰农场不再单纯依靠果蔬种植和果蔬加工，也开启了新式生态旅游，不仅成为当地人旅游休闲的地方，也成为新兴县龙山旅游示范点。

其三，依靠创意农业，开掘农业文化功能。通过大力发展创意农业，新兴县农民将农产品与文化、艺术创意结合，培育出一批高文化品位的创意农产品，提升了农业的文化内涵。新兴县东南部山区的天露山脉，海拔高达 800 多米，因为临近南海，海风北上，常年云雾缭绕，雨水充沛，相对湿度大，同时，新兴山地较多，在太平镇一带，土壤多是带泥的黄沙，有机质土层深厚，拥有种植高山茶的良好地理环境，所以这里一直有茶叶生产。20 世纪 50 年代，新兴县的知青发现了象窝山这片种茶宝地，便开垦出了象窝茶场，开始引进云南大叶茶种进行大面积种植，后因为历史原因，茶场逐渐疏于管理被遗忘。茶商崔健平发现了象窝茶场，整合了原来各茶场的资源，改变了旧式的加工手法，利用先进的技术和设备，从茶叶的引种、培植、管理和生产工艺等方面全方位进行革新。象窝茶园以出产健康茶为目标，规定在生产茶叶时，一是全部茶树施用有机肥，二是宁可减产也绝不打农药，走上了"绿色生态有机茶"之路。除此之外，象窝茶园创造性地利用新兴县是六祖故里的优势，将六祖禅文化注入茶文化当中。以茶入禅的"茶道"，为象窝茶注入了"正、清、和、雅"的丰富禅学内涵。象窝茶也正是因其高质量的生产，茶文化与禅文化的创意结合，被评定为中国国家地理标志保护产品。象窝茶的价格从原来几十元一斤提高到目前的三四百元一斤，相对于过去翻了几十倍，茶农的收入也在不断增加。

五

以机制协调构建融合稳定系统，
实现均衡共生

　　一二三产业融合是顺应农业现代化、农业产业化发展推进的一项工程。2015 年国务院办公厅出台了《关于推进农村一二三产业融合发展的指导意见》，强调要通过推进农村一二三产业融合发展，促进农业增效、农民增收和农村繁荣，为国民经济持续健康发展和全面建成小康社会提供重要支撑。实现农业增效、农民增收和农村繁荣，需要建立起相应的内在机制加以协调。有些地区在一二三产业融合发展进程中出现了一些问题，比如在推进一二三产业融合时，并不是实现它们的有机融合而是简单相加，使各种机制呈现出不健全的局面。处于三产融合进程中的新兴县同样也面临着如何实现一二三产业有机融合这个难题，经过新兴县政府、企业、农民三者的共同努力，新兴县在三产融合过程中形成了一种系统化的融合机制，一是以市场主导打造资源整合机制，二是以企业庇护打造风险先担机制，三是以多元分配打造利益共享机制，为各地三产融合过程中的新创机制提供了范例。

　　（一）以市场主导打造资源整合机制

　　《中共中央关于全面深化改革若干重大问题的决定》明确提出"使市

　　作者：华中师范大学中国农村研究院/政治科学高等研究院冯雪艳、周志姚、赵文杰。

场在资源配置中起决定性作用"。在农村一二三产业融合发展中，无论是区域融合、产业融合还是农企融合，市场配置都是最为关键的机制之一，可以说，将市场配置机制引入农村一二三产业融合发展是十分必要的。广东省新兴县在推进产业融合发展过程中，充分尊重现代市场的作用，坚持市场的主导地位，打破完全由政府调度配置资源的方式，以市场发展激发农业潜力，以市场需求引导产业融合，以市场选择助力农业合营，确保了一二三产业融合健康、有序推进。

1. 市场发展活农业

中国是一个农业大国，"三农"问题关系到社会稳定、国家富强和民族振兴，解决"三农"问题的关键是处理好农业产业化的问题，对此，2015 年中央一号文件首次提出了"推进农村一二三产业融合发展"的创新思路。一二三产业融合中农业的发展方向问题尚未明确，不同地区对此进行了不同的探索，但许多地区发展的"指挥杆"握在政府手中，发展方向和发展路径受到限制，摸索不出最适合当地的发展规划，出现了动力不足、效率较低等问题，直接导致农业徘徊不前，发展无门。有鉴于此，广东省新兴县创新"市场引领"的新思路，将市场立于主位，并鼓励现代农业企业利用市场力量挖掘农业潜力，带动农业发展，实现农业改造升级，并在此基础上推动第二、三产业的发展。

第一，农业地位提高。中国从 20 世纪 80 年代改革开放至今已近 40 年，这意味着我国的工业发展已有三十多个年头，面临发展瓶颈，而我国的农业生产水平与发达国家仍有很大差距，换言之，中国的农业有相当大的发展潜力，这与现代市场所追求的高效是相契合的。正如禾泰农场的曾润棠经理所说："未来的发展方向也许就是农业。"新兴县在龙头企业温氏集团的牵头下，大力发展畜牧业、种植业等农业经济，这似乎与"无工不富"的观念相左。事实上，新兴县所立足、所寄托的，并非"足蒸暑土气，背灼炎天光"的传统农业，而是加入现代因素的智慧农业，不论是生产、经营还是销售，每一环节都经过了优化和改进，在这一过程中农业得以优化升级，其影响力得以增强。

第二，立足农业潜力。从台湾以及其他农业较为发达的国家或地区的情况来看，农业具有很大发展潜力，是富民之关键所在。从我国农业发展历程来看这也是合情合理的。首先，农业一直都是国之根本，正如俗话所说——无农不稳。同时，农产品也是人们的生活必需品。改革开放后，农产品不再像过去一样只简单地满足人们的"生存"需求，更是具备了产业附加值，效益提高，因此可以说农产品在竞争激烈的市场中占据了一席之地，只要合理发展，农业市场前景不可估量。正是看到了这样的发展前景，新兴县做出了立足农业的选择，温氏集团引领养殖业发展，禾泰农场致力于种植业的进步。在此过程中，政府并没有过多地干涉或指挥，相反，它主要负责幕后协调工作，主要依靠市场的牵引作用。

第三，市场需求引导。任何产品只有面向市场，才能获益，农业产品也是如此。因此，新兴县在发展农业的过程中，坚持以市场需求为中心，根据市场环境变化及时调整发展方向，换言之，即在市场需求的牵引下，瞄准产品需求量以及需求品质，对产业进行优胜劣汰，有机整合，推动了产业的融合。随着生活水平的提高，人们关注的重点从物质层面转向精神层面，更加关注生活的品质。禾泰农场经理曾润棠在外出参观农业生产基地的过程中，基于对市场需求的敏锐感知，认识到市场对绿色农产品存在较大需求（这意味着生态农业有很大的发展空间），因此萌生了引进技术品种种植的想法。他辞去村长职务后便着手建设生态农场，抬起锄头，过上了面向黄土背朝天的农耕生活。起初，曾润棠和几名志同道合的朋友共同向村民租赁了80亩地，种植以火龙果为主的各类台湾、日本水果。在台湾农科所提供的种苗和专业技术指导下，加上聘用工人团结一致的悉心栽培，2013年底的首次收获赢得了市场消费者的认可。由于市场反应良好，2013年，曾润棠经理将其农场面积增至250亩，2015年增长到500亩，至2016年其农场规模已扩大至1000亩，并返聘村民到农场耕作。除此之外，为满足人们休闲娱乐的生活需求，禾泰农场逐渐向观光旅游农业转型。

2. 市场导向融产业

许多地区都在进行一二三产业融合的尝试，而与其他地区不同的是，新兴县充分尊重市场，把握市场调节资源配置的规律，以市场需求规划产业发展方向，走出了产业优化组合之路。

在自然经济条件下，三大产业之间界限明确，农业相对独立落后。随着生产力水平提升，经济不断发展，第一产业与第二、三产业之间开始逐渐融合。所谓产业融合，指的是超越产业边界、产业发展一体化的现象，是产业发展的新趋势，通过产业链、价值链的分解、重构和功能升级，引发产业功能、形态、组织方式和商业模式的重大变化。农村一二三产业融合以农业为基本依托，农业生产经营的专业化水平发展到一定程度时，资本、技术以及资源要素进行跨界集约化配置，有效整合农业生产、农产品加工和销售，产业的高度分工催生出新的产业形态，如新型生态农业、休闲旅游农业等，促进农业、农村、农民的发展。

目前，《新兴县创建县域一二三产业融合发展试点县的实施方案》已出台，新兴县推进三产融合的基本原则和基本思路是：推动三大产业相互交融，相互促进，扶持农业企业向二、三产业发展，延伸产业链；引导骨干企业从工业向一、三产业两头拓展，降低产业成本；发挥旅游三产优势，为一产、二产增加文化魅力。即以利益打通产业壁垒，以市场需求推动产业融合。

利益驱动，企业"跨业"发展。市场对企业行为的影响在一定程度上可以说来源于利益。温氏集团自1983年成立，现已成为以养猪、养鸡为主，配套相关业务的跨地区的现代农牧企业。集团上市后仍继续坚持以畜牧业为主业，运用资本市场的力量不断进行技术上的提升与改进，完善产业配套，形成产业链向下游业务不断延伸、空间不断拓展的布局。目前，温氏集团的动物保健品和农牧装备除满足温氏集团的发展外，还走向了市场。换言之，温氏集团从最初的养鸡，横向向养猪、养奶牛、养鸭等多品种发展，纵向围绕产业链延伸，向上游的饲料、生物制药、农牧机械、粮食加工贸易等发展，同时也向下游的屠宰、食品加工销售、物流配送等方面延伸，在发展路径上跳出单一的农业企业范畴，以养殖业务为核心打造了完整、高效的产业链，甚至还跨行业发展金融、房地产、文化等产业，是全产业链发展的一个典型示范。全产业链的搭建意味着服务体系的完善。温氏集团不仅仅依靠养户的养殖产品获得利润，而且在整个服务体系中产生收益，例如，温氏集团合作养户的饲料都是温氏集团提供的，自给自足，且有自己的船队码头进行运输，产值很大。温氏集团年总产值高达600多亿元，其中饲料大概就占了200亿元。

需求黏合，产业"融合"为一体。市场需求推动了不同产业之间的融合发展。不锈钢产业是新兴县的支柱产业之一，不锈钢产能过剩的现实使新兴的不锈钢企业立足市场需求思考转型升级，在原有的产业基础上进行突围和创新。万事泰集团是高端不锈钢厨具的品牌制造商，多年的厨具生产经验使其认识到传统不锈钢厨具的市场正在收缩，因此万事泰根据人们生活水平的提高和对精致生活的追求，将转型方向瞄准智能制造，打造智能厨房。万事泰集团的"智能厨房"计划以不锈钢餐厨具为基础，配合手机 App 的应用，打开 App 选择喜欢的菜式，客户在 App 上下单后稍做等待，物流便会将做菜所需食材配送到家。随后，智能锅具根据手机所选的菜谱进行时间和火候的调节，只要将食材倒进厨具中进行翻炒，新鲜健康的菜品即可出锅。在整个计划中，万事泰集团在不锈钢加工业的基础上增加食材的供给和物流配送服务，实现了产业链由二产向一产和三产延伸。万事泰集团还想顾客所想，开发了"养生谷"项目，主动为"智能厨房"添加食材供给服务，打造健康食材的生产基地，满足顾客的需求。在"养生谷"中，根据顾客的需求进行蔬菜、粮食的种植和鸡、鸭、鱼等的养殖，借助农业的优势帮助实现智能厨房"安全智能生活"的目标，充分满足市场需求，使其更具市场吸引力。

产业融合或者说产业组合之间的原动力主要是经营主体追求利益的本能，而市场需求则是产业融合向好发展的驱动力。产业的优化组合，从技术等要素的渗透、市场需求信息的共享，到产品生产之间的协作，再逐渐发展为组织形式上的交叉融合，促成了产业之间相互延伸、互补，形成环环相扣、完整的产业链，充分体现市场导向，增强了产业链上各企业的竞争力与赢利能力。

新兴县企业之所以走上产业组合的道路，主要是为了能在竞争激烈的市场环境中提高自身竞争力，增强市场生存能力，换言之，产业融合是以市场为导向的。

3. 市场助力合农企

在全国农业产业化的推进过程中，企业与农民合作的"企业+农户"模式已屡见不鲜。例如云南省昆明市倘甸和轿子山通过区管委会牵头与云南白药集团中药资源有限公司签订了中药材发展战略合作框架协议，建立了"云南白药集团+倘甸"和"轿子山两区管委会+龙头企业+基地+农户"

的发展模式，把分散的小型生产经营企业或农户连接起来，积极组织区内龙头企业、种植大户/散户合理布局，实现了中药材种植、经营从粗放、分散向集约化、规模化转变。

再如广西南宁市宾阳县和吉镇伶俐林场的"黄金·传奇"百香果示范基地，是由广西冠茂达盛农业有限公司引进的龙头项目，目前基地采用"公司+农户+基地"的模式，已推广种植近200亩，全产业化发展带领农户及贫困户参与种植，愿意参与种植的农户，可享受公司保价收购所带来的稳定收益；有土地不愿意参与种植的农户，可与合作社合作，享受稳定的项目合作分红红利，也可以到合作社种植基地务工领取薪酬。

相较于倘甸和轿子山两区通过政企合作建立销售、共赢平台的做法，和广西百香果示范基地以合作社连接企业与农户帮助农户脱贫致富的做法，新兴县有所不同。在发展过程中，新兴县的农企通过市场化的机制，依据产业发展需求，实现合作生产，改变了传统的单一合作模式，有效增强了农企间的利益联结。换言之，新兴县的农企合作将处于较优势地位的企业与处于较劣势的农民结合起来，既使企业获得了稳定的生产动力，又使农民获得了稳定的发展路径，双方相辅相成，相得益彰。

首先，农户自主选择行业。农户根据自己的意愿选择要进入哪个行业、自己做还是与企业合作，而意愿背后是利益最大化的市场因素在起作用。与温氏集团合作的家庭农场主范金树，其择业过程较为典型地体现了这种作用。范金树是20世纪90年代的中专毕业生，在当时来说学历算是比较高的。1992年毕业时，范金树被分配到3A公司前身——新兴县不锈钢制品厂——工作，月薪500元。工作一年后，范金树转行做了一年电工，兼职DJ，月收入700元。随后，范金树返乡与其哥哥一起养鸡，直到1998年范金树结婚，第二年分家，范金树开始独立养殖，规模从3000只增加到6000只，又到9000只，后来扩大到1万只。在养鸡期间，范金树还种过甘蔗，亏本后改为养鱼，但一年后又以每年8000元的租金转租出去。从2011年至今，范金树转为养猪。范金树到目前为止从业履历的变化为：企业职工—电工、DJ—养鸡—养猪，据他本人所述，他一直在寻找效益更高的行业，从目前来看，养猪的收益最高，700头猪每年可赚20多万元，而他现在还在不锈钢制品厂上班的同事，每月只有3000~5000元的收入。同时，范金树与温氏集团合作多年，他认为与温氏合作比养"私猪"有保障，他的一位亲戚养了十年"私猪"，算下来总利润是 12 万元，不足范金树一年的利润。

其次，农户自主选择合作企业。同一行业在新兴县有多家企业共同发展时，农户经过自己的判断决定与谁合作。20 世纪八九十年代，新兴县的养殖企业有"三温一古"，当时的温氏集团并不是最强的，他们吸引合作农户的有效手段即利润。古章汉是按照上市鸡苗量进行核算，比如说同样是 10000 只鸡苗，出售时只能卖出 9500 只，总共赚了 9500 元，按照古章汉的算法是每只鸡赚了 1 元钱，而温氏集团以鸡苗数进行核算，相当于每只鸡赚了 0.95 元钱，实际上所获利润一样，只是古章汉的单价看起来更高。而关键是，温氏集团为了平衡市场利润，会将每只鸡的利润提高到 1 元，"温""古"两家单只利润一致，那么在假设成活率为 100% 的情况下，温氏集团的合作养户所获得的实际利润则为 10000 元。由此，很多养户不愿意跟古章汉合作，而是选择跟其他公司合作养鸡。大家都说："在古章汉那里赚到每只 3 元钱，其实只有赚到 2 元多，只是看着面上的数值更大一点，按鸡苗数量来算，数字虽然难看一点，但是实际得到的利润是一样甚至更高的。"企业主要是靠给养户的利润来竞争，实际上是利润分配的问题。范金树提到，在 1998 到 1999 年租鸡舍的时候，他除了养温氏集团的鸡，还养了 2 批温木辉的鸡，把鸡舍隔成几个单间，同时分开养他们的鸡，想看一下跟哪家合作价格更稳定一点，赚得更多一点，养了 2 批温木辉的鸡之后，发现温氏集团的技术要更先进一点，就没有养温木辉的鸡了。可见，农户对企业的选择是市场的力量在起作用。

与此同时，企业也选择农户。企业主要考虑的因素有：农户可信度、忠诚度以及"三个标准"。可信度考察的主要是户口问题，要求合作农户为本地户口，在合作开始前，温氏集团服务部主任会亲自来了解养户的基本情况和可信度。忠诚度主要是看在市场不好或出现重大疫情导致农户利益受损时，农户是选择继续与企业合作还是放弃合作，如果农户放弃了，那么农户将被列入企业的黑名单，企业不再与其合作。而"三个标准"分别为规模标准、资本标准和环保标准。有意向与企业合作的农户，需要满足这三个标准。规模标准即是农户的养殖数量需要成规模，具体的数量根据不同养殖类型有不同的要求；资本标准主要体现在押金的缴纳和场地的建设上，在签订合同前，农户需要向企业缴纳一笔押金，押金的数额根据养殖规模计算，鸡苗一般为每只 4 元，猪苗一般为每头 140 元。除押金外，农户还需要出资进行场地建设。环保标准则是农户需要安装环保设备，使生产过程符合国家环保标准。假如有一位农民想养鸡，他需要先进行场地建设，随后到温氏集团的服务窗口去开户，开户的时候服务窗口的工作人员会进行登记，由服务部工作人员核实情况后，农户要向温氏集团缴纳相应的押金，程序全部走完后，企业方与农户签订合同，开始正式合作。范金树也说到，2011 年他开始养猪的时候，也是要本地户口，并且需要交押金，第一批养猪的时候每只交了 100 元，养了 500 只，总共交了 50000 元的押金，交不上押金的农户无法与温氏合作，这里面有温氏集团推广规模化养殖的考虑。

可以看到，农民与企业合作不是一拍即合也并非政府的有意安排，而是一个包含诸多考虑的双向选择过程。

一般而言，市场、需求和消费是决定农村一二三产业融合发展的关键。要遵循市场经济规律，引导农村产业融合发展从生产导向转变为消费导向、市场导向，让市场主导融合发展的路径和方向，尊重企业与农户的市场主体地位和经营决策权，提升农村产业开发水平，鼓励国内外工商资本参与农村产业融合发展，不搞行政干预，充分吸收国内外先进管理理念，重点完善基础设施、公共服务和市场监管，优化发展环境，引导农村一二三产业朝着社会预期目标融合发展。

（二）以企业庇护打造风险先担机制

新兴县是广东省的特色农业大县，农业龙头企业与农户是否能够和谐发展，不仅关系到农户的利益、企业的提升，更是关系到整个县域的发展。在这种"公司+农户"的模式中，农民与企业形成的是一个和谐共生系统。企业庇护农民，是为了避免农民在生产过程中破产，保护农户的可持续生产。同时，企业在保护了农户的可持续生产之后，有利于继续保持自己的生产力以及为自己形成强大的后方基地。于是企业就开始新的尝试，从亏本补贴一步一步拓展，逐步开始了对环保投资补贴等方面的探索。虽然这些探索在初期并不成熟，但是这已经是农业龙头企业对农民先担风险做出的有效尝试。随着企业的进一步发展，这种风险先担的机制也在走向成熟。企业通过使要素补贴清晰化、价格收购稳定化、风险界定明晰化等手段，形成了一套完整的风险先担机制。这套机制的成熟使新兴县的农业企业与农户之间达到了和谐共生的良好局面。

1. 农民风险自担的困境

中国的改革开放进入第40年，家庭联产承包责任制也是如此。在经历了家庭联产承包责任制的这些年里，农民的积极性得到了极大的提高，农村的面貌也焕然一新。但是，这也将一家一户的小生产者，推向了一个更富有挑战性与危险性的角逐中，农民不得不独自面对在市场经济洪流中出现的困境。就农民自身而言，他们多数是一家一户的小规模经营，所以在面对市场竞争时，他们扩大生产无资金，提高效益无技术，改善经营无方法。于是就形成了一系列难题。就农民的观念而言，他们往往害怕亏损，不愿意进行扩大规模的投资，也不愿意在机器设备升级换代方面进行投资。其结果必然不利于自身的发展。农民既然卷入市场，必然要面对来自市场发展过程中的风险。农民在自身的局限性与市场的选择性下面临的投资风险、经营风险、发展风险、市场风险就显而易见了。

其一，面临投资风险。农民面临的投资风险主要体现在：首先，农民经济处于弱势地位，对于农业的投资多是短期投资，在自己经营小规模的农业生产赚取利润之后，几乎全部用于自己家庭的生活消费，所以用于扩大再生产的部分就变得微乎其微。其次，农民的普遍心理是只能赢利，不能亏损；在其面临亏损或经历亏损后，往往难以东山再起。最后，农民的投资行为比较盲目，在面临投资种植业还是投资养殖业的时候，由于自身掌握的市场信息有限，以及市场体系的不健全，其投资往往具有盲目性和自发性，这样农民对于投资就没有一个比较明确的定位。这三点使农民在投资方面陷入了"困境"。簕竹镇红光社区治保主任苏红丽表示："养猪确实比养鸡赚钱，但是自己依旧不愿意养猪是因为养猪的成本比较高，前期投入比较大，资金回收期就比较长，这样不可预期的风险相对来说就比较大。总之，还是因为自己的资金比较少，胆子比较小。"

其二，承担经营风险。农民面临的经营风险往往突如其来，让其猝不及防。这往往是由技术的落后、观念的陈旧导致的，所以农民会面临经营的瓶颈，走不上正轨。农民的技术手段往往比较落后，常常靠经验吃饭，同时有些农民的思想较为局限，多数情况下只是看中眼前的利益。就生产技术而言，大多数农民都是人工种植或养殖，机械化程度很低。就生产的观念问题而言，有些农民的思想保守观念还是很严重的，在农村由于信息的相对封闭性，很多农户不掌握市场行情，不能根据市场进行有效的调节，而往往根据自身的经验或是他人的经验进行饲养活动。温氏合作养户苏丽红提到："我以前开车帮别人运鸡的时候看到养私鸡的老板每只鸡可以赚 6 元钱到 7 元钱，回家后就和妻子决定养私鸡，自己买饲料、鸡苗。但刚好遇到禽流感，自己由于技术条件有限，不能很好地做好防疫工作，最后所有的鸡以每只 1.2 元的价格处理了，最后总共亏了 10 万元。"

其三，担当发展风险。农民无论是突破现实发展还是实现长远发展，都不能离开对国家政策的响应，以及对市场发展规律的适应。突破现实发展和立足长远发展，对于农户来说十分关键，如果能够适应形势的要求，就能够获得生存与长效发展，否则就会面临着被淘汰的风险。农民面对政府制定的有关环保政策，虽然在短期来看会有或多或少的不满，但是为了自身更好的发展，还是需要去适应政府的政策。这种环境保护的要求又是农户自身发展的必然走向。农民作为市场上的弱势方，面对着来自环保的压力，如何解决环境污染问题则关系到农民的切身发展。农民的资金有限，同时技术水平又相对不高，导致环境污染问题不能得到有效解决，无法符合政府规定的标准，其结果就是面临倒闭的危险。新兴县环保局的欧副局长针对畜牧业发展造成的环保问题时谈道："农民要发展，就得保护环境，国家规定的标准是沿河 50 米内不允许养殖，现在新兴县规定沿河 500 米以内不能养殖。在这个范围内的养户面临的是拆迁问题，500 米之外的养户则是面临着设备的升级问题。"无论是拆迁还是设备的升级，农户面临的都是一笔可观资金的投入，当没有足够的资金去重新建厂以及添置环保设备时，他们要独自承担这种发展的困境。

其四，直面市场风险。农民所面临的市场风险主要是销售渠道有限。一方面，市场体系不健全，组织不完善。农民往往将产品卖给集市上的小商小贩，没有固定的收购机构，遇上市场行情好时，农民的产品就会被一抢而空；当市场行情不好时，这些农副产品就无人问津，而农产品都是时效性比较强的物品，如果长时间销售不掉，就意味着农民这一次的收成得不到回报。严重的情况下，农民就面临破产。另一方面，农民的文化素质较低，农村信息闭塞，农民的投资决策、经营决策等难以科学化，进而导致直面市场风险带来的压力。良洞村秦木养书记提到："从1949年到1980年，这30年来一直种植水稻，产值比较低，在市场上售卖也不好，也没有合适的市场，人们那个时候的生活也不好。"

2. 企业风险先担的探索

在"公司+农户"的模式中，农民虽然可以通过企业的平台将产品销售出去，但是面对市场的变化，企业并没有给农民任何保障，当面对自然灾害或市场价格波动时，农民要独自承担来自生产、经营、发展等方面的风险，在多重风险的压力下，再加上农户的实力相对弱小，无力承担风险背后的代价，很多农户就不得不放弃与企业的合作，或者去寻找能够给予自身利益保障的企业。

在新兴县温氏企业与农户合作初期，市场亏损由农户自己来承担，特别是在20世纪90年代的时候，出现了鸡瘟，一些合作农户在这次养殖过程中出现了亏损，所以就出现了四种局面，一是有些养户继续与温氏合作搞养殖业，二是有些养户放弃了与温氏的合作，三是有些养户与其他养殖公司合作，四是有些养户走上了另谋生计的道路。新兴县簕竹镇家庭农场主范金树表示："大约是1992年，发生过鸡瘟，我们家也亏损过一批，但是亏得不多，大约200块钱（当时200块钱对老百姓来说也算是一笔大钱）。但是，后来温氏慢慢地看到不能让农户亏损，如果不给农户补贴维持农户的再生产，那么与自己合作的养户就会变少，自己就没有了生产的来源，于是温氏后来就出了一个政策，若非人为故意破坏，出现亏损时企业会给予补贴。"

面对农户与之合作的不稳定性，公司顾虑也开始出现，企业考虑到了自己生产者的稳定性，自己原料供应地的扩大，以及自己合作体的牢固性等问题，并且认识到公司和农户应该是一个利益共同体，农户供应农副产品，公司收购、加工、销售农副产品，谁也离不开谁。这就宛如公司和农户分坐在跷跷板的两端，失去一方，另一方就别想往上翘，只能坐以待毙。因此，公司有效地发挥了其在产业链条中的主导作用，在利益分配、风险承担中摆正了自己的位置，正确处理与农户之间的关系，逐渐形成了一种特殊的补贴制度。

一方面，亏本补贴制度逐渐形成。企业在与农户的合作过程中逐渐意识到自身与农户的这种"舟"与"水"的关系，认识到农户的亏本，会不利于自己的发展，同时也是对农户的不负责。于是企业就开始探索一条亏本补贴的路子，保障农民的利益尽量不受损。温氏企业从 20 世纪 90 年代中期开始，对于农户在养殖过程中出现亏本的情况，提供特殊的扶助方案。当时，温氏集团温北英董事长出台了一个政策，农户在养殖过程中，如果出现了亏损的情况，公司就给予一些补贴。簕竹镇养殖专业户范金树表示："1995 年，由于空气污染，我鸡场里的鸡出现了感冒咳嗽的状况，紧接着出现了大面积的死亡。当时我大约是亏了 1000 块钱，温氏集团就组织开班子会，他们考虑到养户要生活，没有工资的，就补贴多一点，最后公司大约给我补到 2000 元。"

另一方面，环保设备补贴制度提到议程。营造良好的生存环境是农民的生活追求、是企业实现长久生存的关键、是县域实现良好发展的重要一步。新兴县作为一个畜牧养殖大县，自古以来就有养鸡的传统，特别是温氏集团，在 20 世纪 80 年代就开始搞大规模的养殖，畜牧养殖对当地环境污染的贡献率大概有 60% 左右。针对这种状况，环保局开始与温氏集团沟通，提出要改善这种局面，温氏集团也意识到企业后续的生存和发展离不开环保优势。如果环保出现问题，其养户也会损失很多，环保问题不解决，公司本身也会受影响，而且温氏集团在新兴作为大企业，自身获取利益后也自觉地负担起了一部分社会责任。养户建设储存室，建设降解床，温氏都给予一定的补贴，比如范金树农场，温氏为其提供了 50% 的资金补贴修建了降解床，基本上没有再产生什么污染。

3. 风险先担的制度化

随着公司的发展，企业对农户的风险承担越来越完善，形成了一套完整的风险先担制度，来确定农户与企业的合作关系，进一步将对农户的保护书面化、程序化、契约化，在要素补贴、价格锁定、风险的明确界定等方面形成了一套完善的机制。企业实现了对整个链条的有效经营，企业与农户的关系继续加固；农户能够更稳定地去享受产品在加工和流通领域的利润，有效解决了以往的企业和农民之间利益联结不紧密的问题，这样农民有了生产的积极性，双方的契约关系稳定了，同时企业得到了发展的空间，最终实现了农民和企业的良性发展。

（1）要素补贴制度化

企业以资金为支点，形成完善的资金保障体系，增加农民建厂融资渠道，为农民融资分担风险。企业在资金和生产要素方面所提供的支持，有效地缓解了农民面对市场失利的压力，农民可以等赚取钱后再给企业补齐生产要素的费用。同时企业对农户给予技术指导，一改传统的生产方式，不仅使生产效率提高了，更使风险得到了有效防控。企业根据市场的变动为农户提供信息，也增强了农户对市场的敏感度。

首先，资金补贴。资金补贴解决的是农户融资难的问题，将农户最为头痛的事情解决掉，农户才能够顺利地进入生产领域。在建厂之始，企业通过无偿出资方式为愿意升级现代化家庭农场的农户提供 30% ~ 40% 的启动资金，为农户分摊生产扩建风险；农民在建厂过程中，企业会为资金受限的农户提供 30% 的无息借款，弥补农户资金缺口，农户利用日后赚取的利润偿还。籍竹镇养猪专业户范金树表示："猪栏、设备以及贷款大约 120 万（元），温氏贷给 30 多万（元），总之，养户自己出很多，要把基建先搞好，温氏再掏钱给买设备。这 30 多万元等后期养户赚了钱，再一点点偿还。如果养户突然不养了，第一他的设备在这里，第二他有一个途径可以起诉你，同时他也跟养户签了合同，温氏可以将养户的猪栏租给别人养，他慢慢收回他自己的钱，这是对温氏自己负责，也是对养户的支持。"

其次，要素配备。企业考虑到养户的资金是有限的，生产周期的投入跟不上生产的速度。所以，企业向养户提供基本的要素配备。在温氏企业中养户可以通过向企业缴纳一定的押金获得种苗、饲料等生产要素，而且押金比较低，一只鸡的押金大概为 5 元，一头猪的押金大概 200 元，交纳押金是为了让养户用心养殖，等养成之后交给企业，在最后的核算中，企业将养殖过程中所消耗的饲料扣除，最终到农民手中的就是净利润。现在温氏集团的猪肉卖 6.8 元一斤，而猪贩从私人养猪户那里拿猪的价格也大概是 6.7 元到 6.8 元一斤，两者之间相差不大。但是对于私人养猪来说，拿猪苗的钱和拿饲料的钱被供给商赚了，从生产原料到销售环节都要自己去找，成本更高。温氏集团的猪苗相对比较便宜，虽然饲料贵一些，但是饲料的质量好，养的猪相对来说会比较好，温氏集团合作养户的很多成本和环节都被温氏集团内部消化了，最终赚得会更多。

最后，技术帮扶。技术帮扶给农民提供了更多风险防范的有效途径，风险防范得当，能降低农户的生产风险，同时也能降低企业的市场风险。企业利用自己的科研成果，给农户免费提供生产资料和下派专业服务人员，能科学预防潜在的危害。温氏集团的服务部主任每个星期都会到所负责的农场去，这是一种考勤制度，保障养户对技术方面的需求得到及时满足。温氏集团会给每个养户一个手册——《养户猪群饲养记录本》，里面分别将冬天和夏天猪群饲养的每日工作安排进行规划，将防疫的基本要素和要求明细都写下来，让养户参考上面的要求养猪，养户每天需要将自己的饲养情况记录好，如此双方形成了一套制度。在幼猪成长初期，服务部主任会定期查看幼猪的成长情况，尤其是对于新的养户。

（2）价格固定程序化

价格的稳定可以增加农户对于生产结果的预见性，在很大程度上消除了农民心中的疑虑，从而增加农户的生产愿望。同时企业通过保底的收益和赢利后的二次分红，在很大程度上加深了与农民的联系，提高了农民与企业的配合度并提高了农民生产的积极性，这在长远来看是为企业的发展赢得民心，对企业的发展壮大提供了后备力量。

第一，价格锁定。企业将农民纳入自身的生产环节，通过商定价格、兜底保障，解决了以往农民难以抵御市场风险的困境。企业在经营前与农户商定价格，签订协议，让农民不受市场价格变动的影响。家庭农场主范金树说："我相信温氏，其他公司可能会在好价钱的时候努力收购，而如果连续亏两年，可能就不管我们死活。但是温氏不会，除非它破产，否则它一定会保障我们的利益，与我们同生死，因为价格锁定了，而且在面对市场不景气的时候温氏也确实做到了按照合同的价格收购我们手中的产品，我们就不会因为市场的变化而担心。"

第二，风险兜底。在市场价格出现滑坡时，企业给予农民保底收益，市场和收购差价由企业承担。只有这样企业和农户才能够同生死、共发展。亏损的时候企业能够顶住。农民是最为讲义气的，会与企业建立更为长久的合作关系。在与温氏的合作养户里有的人养得好一些，有的人养得差一些。如果养得确实不好，技术员就会去跟踪观察，如果养得不好，确实亏了一点，企业会开班子会给予补贴。比如养户养了 10000 只鸡，亏了 3000 元，此时班子就会开会，可能会补 8000 元给养户，还有 5000 元的差价做兜底。

（3）风险界定明确化

风险界定、探究责任的源头、明确责任方，这是对企业负责，也是对农民负责。龙头企业指导农民明晰责任归属，准确经营，降低在经营过程中出现的风险。

一方面，在生产过程中，农户与企业先明确责任，企业通过物联网对整个生产过程进行跟踪监测，确保能够准确追溯经营过程中的责任方。与温氏集团合作的养户不可以在市场价格高时，偷偷地将猪拿出去卖掉，如果卖了猪，交给温氏的猪数量不够，这样押金就没有了。如果死了一头猪，技术员就会过来，通过物联网卫星定位的方式，用软件拍照片上传给公司备案，1200 头猪死了每一头都要备案，养户还剩下多少头猪，到时候就把多少头猪交给公司，差一头猪都不能结算。并且还要对出现事故的猪鉴定责任方。如果不是农户造成的，死的猪最后再折算钱，打到养户的账号。对于出现死亡的禽畜，公司会派出专业检查人员，对禽畜的死因进行科学的解剖鉴定，最终明确责任方。温氏合作养户范金树表示："我们养户养的猪，在猪出栏的时候都要打一个耳标，其含义是这些猪是我这里养的，每头猪全部有编号，可以用于追踪观察，作用主要有以下几点：第一，到时候谁吃了猪肉有问题，可以追查到我。因为每一头猪都打上耳标，如果我们给猪用国家违禁药品，到时候市场要追究我的责任，这是国家统一规定的，而我们公司也执行得很严格。猪上市之前都要抽血抽尿去化验，也不可能每一头猪都检验，按比例一千头猪抽多少头，要化验出没有抗生素或者药物残留，这样才能够合格，才可以上市。第二，是猪一旦出现了问题，可以通过这种标记跟踪观察了解情况。"

另一方面，企业以指导农民标准经营为出发点，制作生产经营手册，并且细化每一个生产环节标准。温氏集团合作养猪户人手一本的《养户猪群饲养记录本》，分别将冬天和夏天猪群饲养的每日工作安排都进行了规划，将防疫的基本要素和要求明细都写下来，让养户参考上面的要求养猪，养户每天需要将自己的饲养情况记录好，每天几点到几点的工作，喂了几次料，都要记录下来给温氏集团检查，便于监管，从技术员提供服务到对饲养的监督都提出了具体化的要求，形成了一套制度。一旦出现事故，可以按照合同办事，各自承担相应责任。

从农民自担风险到企业对先担风险进行探索再到风险先担机制的成熟，新兴县对于风险先担机制的探索经历了一个曲折的过程。风险先担机制作为新兴县这种"公司＋农户"模式下企业与农户利益联结下的一种创新的合作机制，其发展成熟紧紧地将企业与农户打造成了一个利益共同体。这种风险先担机制结出的是符合农户利益，适合企业发展和县域提升的"果实"。

（三）　以多元分配打造利益共享机制

实现发展利益共享不仅是农村产业融合发展的重要目标，也是进一步推进和深化产业融合的重要途径。在许多地区，农民和企业没有实现利益共享，利益分离，双方各自为营，导致合作关系难以维持，往往存在企业吞噬农民利益的现象。在农企利益分离的情况下，农民在探索经济发展的过程中缺乏动力，企业发展对农户发展的带动作用小。具体表现在三个方面：一是在利益不共享的情况下，企业没有在农业领域投入技术的驱动力，农民缺乏技术，农业经营只能"靠天吃饭"。凉果生产是新兴县的传统产业，在 20 世纪 80 年代，农户将凉果采摘下来后是在自己家里挖个池子加点料，把凉果放在里面浸泡，产品质量无法保障，销量很低。从 90 年代开始，新兴县整合凉果加工产业，将生产凉果的果农纳入公司的凉果生产基地，以先进技术建设标准化的凉果生产流程，既提高了公司收益，也提高了果农的收益，很多农民渐渐走上了致富的道路。此外，对于新兴县的养殖业，农业局梁胜华副局长说："新兴县有养殖的传统，但是农民很缺技术，想做大也做不成，没有人会养鸡、懂鸡，温氏集团最早投资技术，以技术引领带领农户迅速致富。"二是在利益不共享的情况下，企业没有保价回收、保障市场的动力，农民没有销路，个体农民无力寻找市场。1983 年 10 月，新兴县食品公司遇到波折，解除了原本与它合作的养殖大户和养户之间的合同，这些养户短时间内失去了市场，只能依靠自购的三轮自行车载着鸡到周边其他县去卖，除去成本，实际利润已经所剩无几。三是在利益不共享的情况下，企业没有提供生产原料的积极性，农民没有原料来源，收益便没有保障。1983年新兴县食品公司与养殖大户和农户解除合同，肥料兑换幼鸡的政策优惠也没有了，鸡苗、饲料和疫苗都只能向私人老板采购，但是因为鸡苗进价、饲料和疫苗成本较高，最终的利润很多进了企业老板的口袋。对此，范金树说："除去这些原材料和经营过程中产生的成本，赚的钱都给这些老板了，等于是给别人免费打工。"利益不共享情况下的农民增收、农村发展面临着巨大的瓶颈，但是农村又有很多商机，资本逐利的天性使企业无法忽视这些商机，它们在寻找商机的过程中着眼于自身发展，兼顾农民发展，促进了产业融合，形成了一条农企之间利益共享、共同发展之路。

综上所述，只有实现"企业分利于农民，农民让利于企业"，农企利益共享，农户与企业之间才能维系技术支持、市场保障、要素互给的关系，在此基础上才能实现双方的共生共赢发展。新兴县在推进产业融合发展的过程中，以"公司+家庭农场"模式为主要载体，以增产增效为动力，通过引导企业创新共同发展、利益共享机制，使农民、社会享受发展带来的增值收益，不仅为产业融合的持续发展注入了活力，也进一步密切了各发展主体间的利益联结，使其逐渐发展成为命运共同体。

1. 权利共享

要实现利益共享，首要的是要实现权利共享，让农民在公司发展中找到归属感、责任心，才能真正实现三产融合。三产融合的关键机制就在于权利共享，譬如在股份制的作用下，各种生产要素的合作能够产生规模效应，在市场环境下更有拓展版图、抵抗风险的能力。新兴县以经营权、所有权、追责权和收益权为切入点，整合生产要素，优化资源配置，切实落实责任，助力农企合二为一。

（1）整合所有权

在新兴县，股份制是以温氏集团为代表的新兴企业成功的重要因素之一，新兴县企业引导农民利用自有资源参与企业、产业生产，以股权纽带连接农企，引导农民将土地经营权或资金入股到合作项目中，可按股份获得收益，实现了资源变股权、资金变股金、农民变股东。

　　在股份制的作用下，公司的凝聚力、公司与农户的忠诚度和信任感都很强，以温氏集团为例，这种股份分配机制主要包括全员持股机制、股权分类机制和要素入股机制。首先，股权分配机制。1983 年，温北英牵头以温鹏程个人名义承包了簕竹一个荒废的农场，联合严百草、温木恒等人在簕竹镇石头冲村召开集体会议，确定"每人集资 1000 元，创立新兴县簕竹畜牧联营公司"。到 1986 年底，联营公司职工有 39 人，全部持有企业股份，提高了员工的积极性，变员工为股东，这使他们在禽流感的时候愿意继续支持温氏企业。其次，股权分类机制。20 世纪 90 年代，温氏集团在员工持股的股权分配机制上，创新了股权分类机制，把股份分为 A 股和 B 股。A 股实行"浮动分红制"，主要面向企业员工。温氏集团在起步阶段，资金紧张，为了募集资金，决定以股份代偿员工工资，员工可以自愿认购企业股份，企业盈利多分红多，以此调动员工积极性。B 股实行"固定利息制"，温氏集团面向全社会出售 B 股。持 B 股者不需要承担企业破产的风险，每年能够拿一分到两分的固定利息。A 股股东作为集团权益所有者，在集团危机之时斥资相助，使温氏集团在"三温一古"竞争中脱颖而出。第三，要素入股机制。20 世纪 90 年代后期，农民或者村集体开始以要素入股公司。在农民层面，以农场主范金树为例，他将 10 亩土地、36 万元资金、1 个劳动力投入高村养殖场，成为农场的"小老板"，每年从公司获得收益 30 万~50 万元。在村集体层面，以良洞村为例，村委会以集体土地和建筑折价入股，与温氏集团共同创办了种鸡厂和编织袋厂。1989 年，良洞村先是将村集体的五金厂厂房、砖窑共 40 亩和 20 亩山地、草房划拨出来作为温氏良洞种鸡厂的建厂用地，2004 年到期后，良洞村村委会以土地折价 15 万元入股，分成 15 股。温氏前期投入 100 万元，良洞村持种鸡厂 10%左右的股份。1998 年禽流感过后，温氏集团进一步扩大养殖厂规模，良洞村向种鸡厂追加投入 15 万元，良洞村的股份始终保持在 10%左右，投资回报率在 30%~40%之间，良洞村每年分红均在 3 万元以上。1992 年，温氏在新兴县创办了饲料厂，良洞村主动向温氏提出合作创办编织袋厂。1997 年 7 月，良洞村与温氏集团合资 60 万元创办良洞塑料包装厂，良洞村以大礼堂折价 30 万元入股，占 50%的股份，产品全部供应给温氏集团。

（2）同掌经营权

企业将农民纳入生产和管理体系，农民在企业的规划下经营，相互融合发展生产。一方面，企纳民入"产业链"。新兴县以"企业派工，农民包工"的模式，鼓励农民发挥自身优势与企业合作，并将产品直接出售给企业，由企业负责销往市场，由此将农民纳入现代产业发展体系之中。以新兴县的象窝茶园为例，象窝茶园向附近村民租赁土地5000亩发展茶叶种植，再将部分茶田承包给村民经营管理，公司根据品种以阶梯价格向村民回收茶叶并统一加工出售。此外，新兴县的凉果加工业也采用这模式，共成镇青梅已经成为我国一大特色，每家农户就是凉果公司的凉果生产基地，农户分散种植果树，按要求时间采摘，再由企业统一标准生产，销往市场。温氏集团与农户合作的"公司+农户"模式也是这种模式的经典，农民向温氏集团交押金，从温氏集团拿鸡苗、疫苗和饲料，分散于各地帮温氏集团养鸡，温氏集团排期集中收购，流向市场。另一方面，民嵌企于"生产环"。企业将生产环节进行标准分割，由企业与农民依靠自身优势协作生产：企业提供技术、资金等支持，农民则负责具体经营，分散的农民变身为"企业一员"。从2015年开始，温氏集团将"公司+农户"模式升级为"公司+家庭农场"模式，以"养殖一卡通"卡片确定每个养户的身份属性，并将此卡作为在温氏集团领取种苗、饲料和疫苗以及最终结算的凭证；以《养户猪群饲养记录本》将农户纳入公司的考核流程，公司必须对每天的饲养情况和具体时间一一记录，作为温氏集团对农户进行考核的凭据；以打卡服务和为农户提供培训强化温氏集团的人力资源素质，以便农户精通经营的整个流程。集团还利用现代化观测系统对经营节点进行如实记录，覆盖生产、加工、销售全过程，及时发现农户遇到的问题并帮助农民解决。农场主范金树表示，物联网系统能收集数据并即时100%传到服务部后台，一旦发现问题，服务部将立即安排技术人员上门处理，自己不需要担心。养户巡查系统能记录农场每天的情况，看农户是否按要求操作，确保生产过程安全。对此，许村养殖场农场主陈新民表示，农场采用企业统一的生产标准，自己只需按要求操作即可，相当于企业的生产部门。

2. 收益共享

公司和农户的收益分享主要由价格浮动机制、二次分红机制和奖励机制组成，这些共同构成了公司和农户收益分享的主要内容。

一是价格浮动机制，公司和农户之间有一种以浮动补贴为载体的价格浮动机制存在。在市场价格比较低的时候，公司在收益后会通过"浮动补贴"减少农民的利益损失。从 1992 年之后，鸡价太低造成了一些农户亏本，温氏集团都保证了养殖户的利润。企业设立特殊止损补贴，在农户因不可控因素遭受损失时给予补助，使农户在维持生活的基础上有机会"翻本"，减少了农民的生产风险。对此，农场主范金树说，自己养的鸡因患瘟疫亏损 1000 元，温氏集团服务部几位办公室主任开会讨论后给了自己 2000 元的补贴。而在市场价格高时，企业在按保底价结算的基础上，给予农户额外的奖励，确保盈利能惠及合作养户，公司设立"浮动补贴"，即市场价格高时，将回收价格上调 0.1~0.2 元。

二是二次分红机制，以二次分红机制实现收益的均衡分配。新兴县在产业融合过程中，通过"二次返利、配股分红、乘数奖"等多元的灵活分配方式，使农民获得了合理的产业链增值收益。农民与企业协作经营，产品出售后所获收益由双方共享，而当市场较好时，企业会将增值部分收益以"二次分红"的形式派发给农民。例如，2016 年年底，温氏集团在原定收购价格的基础上给予合作养户每头猪 10 元的分红，规模为 1000 头猪的高村养殖场，收获分红超过 1 万元。农企双方的收益均随着产出价值的增加而提升。2016 年养殖市场"丰收"时，温氏以每只鸡 0.1 元的价格为合作农户进行二次分红，保障农户获得增值。农企作为生产经营管理的共同体，同时也是利益共同体，企业通过乘数奖、浮动补贴、配股分红、二次返利，让农民享受生产环节带来的增值利益，与农民共享了农业产业化发展之果。陈新明高兴地说："给温氏养猪，我一年毛收入 30 万（元），比打工翻了好几番！"二次分红为不定期发放的非协议行为，不属于可预期收益。

三是奖励机制，公司与农户之间以福利性奖金打造奖励机制实现利益共享。在效益比较好的时候，公司除了给予农户应得部分钱款外，还会给农户发放福利性资金，按当年肉鸡养成总数计算，一般 1 只鸡给 1~2 角。

公司承担市场风险，进行价格保障兜底，约定最低收购价，若市场价格提高农户的相应收益会增加。同时，设立奖惩措施，养得好就赚多点，养殖情况不好，技术员就会去调查，如果确认是由非人为因素导致亏损，温氏集团会开班子会给这些农户提供特殊的补贴，让农户有一点利润。比如范金树养10000只鸡，亏了3000元，温氏集团召集班子开会，班子里有经理、各个办公室主任，共同决定奖励额度或者补贴额度。最终，温氏集团补了8000元给范金树，5000元的差价，当作额外补贴。

3. 发展共享

利益共享机制是三产融合的动力，主要表现为三产融合的各个主体能够在三产融合中共享发展成果，具体体现在企业与农民共享发展成果、企业与村庄共享发展成果和企业与本区域共享发展成果三个方面。

（1）要素供给：企业与农民共享发展成果

传统的养殖模式面临着成本高、收益少、污染严重等多重困境，尤其是在"新兴江"环境整治过程中，传统养户的污染已经成为一个最重要的掣肘因素。企业在农户发展遇到瓶颈时会通过要素激活与农民共享发展成果。在新兴县主要体现在支持传统养殖场的升级改造和资助家庭农场建设上，体现在环保资金和技术两方面。

首先，资金资助。在家庭农场建设方面，企业以无息补贴形式资助现代化家庭农场建设。家庭农场建设前期投入很大，少则几十万元，对于普通农户而言是一笔很大的数字，但是温氏集团对于现代家庭农场均有无息补贴。若家庭农场项目投入建设资金为120万元，温氏集团一般会无息垫付36万元，并提供技术支持。企业先行垫资为合作农户提供一定比例的启动资金，然后随产品回收分批扣回，会缓解其资金压力。在环保治理方面，企业会出资50%补贴养户升级改造。企业指导并协助家庭农场做好环保工作，推行雨污分离、粪尿分离等措施，运行效果良好。通过现代化建设以及相关设施的配套，家庭农场有效地提高了养殖效率，降低了劳动成本，实现了粪污的零排放。对于范金树家庭农场，温氏集团投资了30万元将其路面、养猪棚四周地面还有旁边的池塘周边都硬化了，把池塘建成了一个降污效果"显示器"。

其次，技术支持。因为环保整治，承包地审批更加严格，土地仍然是最大瓶颈，而要盘活手里的土地，让有限的承包地产生更大的效益离不开技术的支持，温氏集团能够提供这种支持，其强项是技术，弱项是土地，因为以集团身份很难承包土地，农民的土地和温氏集团的技术刚好实现了需求的"耦合"。以范金树现代家庭农场的建设为例，范金树现代家庭农场的地是永安村集体所有的，原来全部是风化石头地，范金树到镇上去公开招标，以3000元把地承包了下来。温氏集团给范金树现代农场提供先进的生产技术、信息化技术和物联网智能平台。在生产过程管理、养殖技术服务和农户在线服务方面提供全方位的服务。农场主范金树说："以前养猪，喂什么饲料、打什么疫苗全凭经验，现在是科学养猪，按照公司的统一指导来。"目前，新兴22个现代家庭农场均已实现信息化管理，并通过物联网将农户与企业连接起来，企业可监督养殖，农户则可寻求帮助。企业为合作农户提供诸如设备、技术等生产"配料"，既能保证产品质量，也能降低农户生产成本。温氏自行研发养殖设备、饲料、疫苗等生产要素并提供给合作农户（且研发费用农户零分担），打造联合品牌，实现利益共享。

（2）项目支持：企业与村庄共享发展成果

在三产融合过程中，公司与农户的经营往往需要"村委会"牵线搭桥，或者企业直接与村合作融合发展，因而在收益上，公司会与村庄共享发展成果。主要表现为三个方面，一是企业助推村庄集体经济发展；二是推动养殖小区建设；三是推动村庄基础设施建设。

第一，助推村庄集体经济发展。首先，以良洞村为例，与温氏合作以后，良洞村村集体经济累计收入在15万元以上，而簕竹镇其他村每年集体收入仅在1万元左右。为了带动簕竹镇村集体经济发展，温氏集团在良洞编织厂股权分配中主动提出"温氏多让一点，良洞村少让一点"，将二者的股份比重由39%降低到19%，这一措施使簕竹镇各村集体的收入都提高到了3万元以上。其次，本地农民优先工作权。顺应政府"鼓励企业优先聘用流转出土地的农民，为其提供技能培训、就业岗位和社会保障。引导企业发挥自身优势，辐射带动农户扩大生产经营规模，提高管理水平"，温氏集团承诺在同等条件下，优先聘用流转出让土地的农民。良洞村通过整合土地资源开展现代农场建设，不仅使村集体每年增收30余万元，而且带动了村民获得土地租金、打工收入、分红收入等多重收入。

第二，推动养殖小区建设。温氏集团在簕竹镇打造现代农牧小区的背景下，推动"公司+农户"传统合作模式进一步升级为"公司+现代家庭农场"的模式，竭力打造现代养殖小区。企业推动养殖小区建设，一方面能够形成现代养殖业的标杆样本，另一方面可辅助增加村庄的集体收入。2005年，温氏以簕竹镇为示范点，动员各个村委会开展养殖小区建设。养殖小区这个平台是三方（村委会+农户+公司）共同完成的。一般情况下，先由村委会寻找确定建立养殖小区的场地，有意向承包的农户相互竞价，竞价的优胜者与村委会签订租赁合同，租金由村委会收取并作为集体经济收入，合同租期一般为5年左右，既便于承包户发展赢利，也利于村委会灵活调整。比如良洞村村委会将养殖小区上的15亩山坡地租给一个农户，租期20年，一次性支付租金10万元。后期的投入主要由温氏集团支持，温氏负责养殖小区建设资金的投入，无偿提供村委会40万元资金，剩余的建设资金也由温氏集团先行垫付，由养殖小区承包户按批次偿还，每出一批鸡，从每只鸡的利润上扣两角钱，在8到10年内扣完垫资额度。温氏集团按照现代家庭农场的高标准为养殖小区进行规划设计和实际建设，温氏承担15亩土地的平整工作和鸡舍兴建工作，同时负责装配现代家庭农场的现代化养殖设备和环境处理系统。

第三，推动村庄基础设施建设。企业在三产融合过程中，为乡村提供环保、修路等项目补贴。在簕竹镇，无论是那个村委会，只要有整治环境、修路等基建项目，温氏集团都会提供相应比例的资金支持，少则1万~2万元，多则上百万元。以温氏集团和良洞村的发展为例，温氏集团对良洞村的基础设施建设投入很大，一方面，完善基础设施，不但有利于村民的日常生活，也便于温氏与农户合作养鸡运输。另一方面，良洞村土地资源很多，在温氏集团后续发展中还可以提供大量的土地资源，同时可以在提供土地资源过程中以折价入股或者土地租金入股的形式发展集体经济，形成密切的利益共同体。在良洞村开展新农村建设过程中，凡是涉及环境整治、村庄绿化、污水处理、垃圾处理以及路灯、健身器材、休闲公园建设等基础设施与公益建设的项目，温氏都会提供资金扶持。在2005年，良洞村实施自来水改造工程，从距村5公里的一个水库里抽水到良洞村，总计花费 60 万元，温氏集团又捐助了 10 万元。

（3）回馈社会：企业与本区域社会共享发展成果

在三产融合过程中，企业也积极回馈社会，与本区域共享发展成果，主要表现在对乡镇的投资帮扶和积极承担社会责任两个方面。

第一，企业对乡镇帮扶投资。以温氏集团为例，温氏集团对簕竹镇帮扶投资力度很大，给予簕竹镇本地承包养殖小区的养户 60% 的无息贷款，条件仅仅是与温氏集团签订 5 年期的合作合同，这 60% 的无息贷款可以在后期的养殖过程中分批偿还。对于一个普通农户，前期投资的资金压力往往很大，这种帮扶性质的投资无疑解决了很多养户的资金难题。

第二，企业积极承担社会责任。企业积极扶危济困，在抗洪赈灾、慈善捐资、爱心助学、建桥修路等公益事业方面贡献良多。譬如，凌丰集团积极履行社会责任，其中仅惠能小学的资金投建就达 2500 万元；翔顺集团以回馈社会为己任，先后帮助坝塘村打通环村公路、修建文化活动中心、造休闲公园等，2010 年以来累计捐资逾 2000 万元；温氏旗下益康生环保科技有限公司先后承建了全县近 300 家养猪场的废水处理系统示范项目，实现了污水"零排放"，此外，公司也能带动本地人就业和创业，温氏集团以生鲜店为载体，带动了就业和经济发展。温氏集团在新兴县有很多生鲜店，一般店里面都配有温氏集团的一个销售员，也会有一个技术员跟他们对接。

三产融合的过程中存在多元产业主体，同样也存在多元利益，因而需要用多元分配的方式来构建一个利益共享机制。通过股权共享机制和产权共享机制来实现权利共享；通过二次分红的分配机制、特殊补贴的救济机制和福利性奖金的奖励机制来实现收益共享；通过企业与农民共享发展的要素供给机制、企业与村庄共享发展的项目支持机制和企业与本区域社会共享发展的回馈社会机制来实现发展共享。

新兴县围绕"基在农业、利在农民、惠在农村"的基本要求，以市场需求为导向，以农民长效增收为目标，以改革创新为动力，以县域协同发展为核心，着力推动要素集聚优化，促进一二三产业有机整合、协同发展、延长产业链、提升价值链、拓宽增收链，优化生产力布局，加快建立现代农业产业体系，为转变农业发展方式、助推"三农"强、美、富和全面建成小康社会提供有力支撑。在农村产业融合发展中，新兴县企业与农民之间的联结机制并非简单的买卖关系或合同契约关系，而是尊重市场规律与强化企业社会责任的有序结合，并在此基础上形成以保障农民权益为目标，以风险先担、风险共担、互惠共赢为核心的利益共同体，此外还有产业与产业、产业与县域之间融合而成的发展共同体，共同推进着农业产业、区域、县域的可持续发展。

结　论

习近平总书记指出，中国要强，农业必须强；中国要美，农村必须美；中国要富，农民必须富。然而长期以来，由于缺乏技术、资金等现代要素的注入，农业一直都是产业发展的短板。可以说，农民依靠农业仅仅能够解决温饱问题，难以真正增收致富。因此，许多农民走出农村，涌向城市，投入工业和第三产业中，试图摆脱致富难的困境。如此一来，农业发展的短板依然长期存在，甚至更加严峻。为此，国家提出工业反哺农业、城市反哺农村的路子，企图实现农业产业化的转型。但是，各地工业反哺农业都是依靠工业外部推力，虽颇有成效，但仍然存在诸多不足，难以从根本上为农业发展注入内源动力。在此情况下，国家提出了农村一二三产业融合发展的新路子。然而一二三产业究竟怎么融合、如何在融合中切实解决农业发展和农民增收问题，这些现实问题都有待探索和进一步解决。广东省新兴县通过共生共荣的方式，通过产业主体联动、产业融合和机制保障等方式，探索出了一条三产融合的中国道路。这一改革不仅使新兴实现了农村发展、农民增收方面的有效提升，也为城乡一体发展积累了有益的经验。可以说，新兴共生既有着强烈的地方特色，也对其他地区的

作者：华中师范大学中国农村研究院/政治科学高等研究院郭瑞敏。

三产融合具有强烈的启示价值。

（一）新兴共生的内容

新兴共生作为产业融合的中国样本，其最大的特色之一就是打破了传统工业反哺农业的道路，走出了一条农业引领和反哺二三产业的道路。具体而言，就是在农业中培育现代企业，以龙头企业为载体，延伸发展二三产业，进而以二三产业发展为契机，反哺农业。

1. 以资源为载体实现主体共生

新兴共生的主要内容是产业的共生，但是产业的共生离不开主体功能的相互补充和配合。产业融合的重要支撑便是合理优化配置产业资源，即调整农民和企业的优势资源，实现要素、技术和市场方面的取长补短，进而推动一二三产业的有机融合，最终形成一种融合型的新型产业。

其一，要素共享。企业发展需要大量的劳动力和土地资源，而农业发展亟须破解技术、资金和市场方面的困局。因而，企业与农民双方在需求的牵引下，达成了合作意向，形成"公司+家庭农场"的合作模式。这样一来，农业为企业提供的劳动力和土地资源，为企业带来了充足的原动力和支撑力，帮助企业扩大了其发展规模。同时，企业以资本输能、要素供给等手段，为农业的标准化、专业化、科学化生产提供了支撑。总而言之，企业以农业发展的需求为基础，为农民提供了对口急需的要素服务和生产标准，为农业的产业化发展提供了支撑。

其二，服务共进。技术相对落后，生产方式粗放是制约传统农业发展的重要因素之一，然而技术服务恰好是企业重要的优势资源。为此，企业首先将其技术资源下推，通过设服务部、派技术员以及对农民进行技术培训的方式，以优质的技术服务，实现了对农民的改造和对农业的改造。其次，为了适应农业产业的不断发展，企业不断引进技术人才，设立研究机构，提升其技术服务品质。最后，企业对农民进行的技术服务不同于政府等其他机构，其提供的技术服务更加实用全面，以产前、产中、产后三个阶段全方位的服务带动了农业的转型。

其三，价值共升。市场需求的引领是产业发展的重要指南针，然而农民由于其自身的局限性，难以深入了解市场需求和发展方向，一旦市场风云变幻，农民往往首当其冲受到市场的冲击，可以说，企业与农民的合作能够弥补农民在市场信息匮乏方面的缺陷。同时，企业通过其市场主体的优势，可以为农产品拓宽销售渠道，为农业提升产值提供重要的支撑。再者，企业通过把握市场的发展方向，可以引领农业朝着优质产业的方向进行发展、转变和提升，例如企业知悉市场对于生态产品、健康农产品的需求，依照市场的需求，对合作养户进行标准规范，对于农业价值提升至关重要。

2. 以功能为纽带实现产业共生

近年来，国家不断发文推进三产融合，国务院关于三产融合的文件明确指出，三产融合是指以工业的理念发展农业，推进农业供给侧结构性改革，着力构建农业与二三产业交叉融合的现代化产业体系。然而，各地在探索中，大多以工业产业作为主力，单纯以资金为切入点，短期内扶持农业发展，无法从根本上解决农业发展内动力不足的难题，致使农业短板长期难以补齐。新兴县的产业融合以农业为基础，哺育龙头企业的发展；同时借助龙头企业延伸产业链条，拓展农业功能，发展与农业相关的二三产业。

一方面，以农业资源为基础，带动链条式共生。与其他地方的产业融合不同，新兴最大的特色之一就是"农业基础"。新兴共生选择以农业为基础，有其深刻的历史原因和现实原因，这也是新兴的地方特色之一。新兴是一个农业大县，有着悠久的畜牧业历史和传统。从20世纪90年代起，新兴当地以"公司+农户"的模式，发展畜牧业，为农业引领产业融合奠定了坚实的基础。近年来，随着高效农业的不断涌现，车间化的现代家庭农场不断崛起，在此需求的带动下，温氏企业成立了南牧公司，专业对接现代家庭农场的设备需求，在此基础上，带动了设备制造业的发展。此外，在现阶段，市场对于农产品的需求呈现出多元化的趋势，例如对冷鲜禽类的需求等。而单独依靠农业难以满足市场的需求，因而在企业的带动下，衍生了佳润集团等要素加工业。另外，随着农业产业化的发展，农业逐渐告别了过去粗放式的生产模式，走向标准化。而标准农业的标志之一便是统一的加工、标准化的包装等，这无疑对产品的包装材料提出了更大的需求，带动了以良洞村为代表的村集体企业——"编织袋厂"的发展，带动了要素制造业的产生和发展。

另一方面，以二三产业为支撑，打造反哺式共生。事实上，新兴的一二三产业融合不仅仅是简单的农业引领二三产业发展，而是在此基础上，形成了一二三产业相互作用、共生共荣的新型融合型产业。那么二三产业是如何作用于农业发展的呢？首先，补齐农业短板。企业的发展为农业带来了资金、技术等现代要素，这些要素打通了农企合作的链条，通过农业和二三产业的融合，以及二三产业技术规范、资金扶持，使农业得以摆脱传统靠天吃饭的粗放模式，朝着精细化、科学化、标准化、专业化方向发展。其次，促进农业提质。企业的另一大优势是市场资源，而农业恰好因为缺乏与市场沟通的渠道，难以与市场有效对接，限制了农业的产业化发展。而二三产业恰好为农业与市场搭建了稳固的桥梁，通过对农业市场的开拓，提升了农业的生产效率，提高了农业的产值，使农民得以分享下游产业链的利益。换言之，二三产业与农业相辅相成，二三产业的发展带动了新兴产业反哺式的共生。

3. 以机制为保障实现利益共生

产业融合如果缺乏切实有效的机制作保障，难以真正持续有效地运行下去。新兴县的产业融合模式，无论是主体融合还是产业融合，都离不开以下几个机制的引导和保障。

其一，以风险先担机制为保障，为农民收益兜底。农民因其自身的弱小属性，难以抵御市场的冲击，也无法承担市场带来的风险，换言之，抗风险能力差是制约农业、农民迈向市场，走向产业化的绊脚石之一。而要推动农业转型，必须克服这一难题。新兴的三产融合，通过主体之间的联动，实现了主体之间资源的交换和功能互补。将农民这一叶扁舟与企业这艘航母联结在一起，依靠企业的资金、技术、市场洞察力和抵抗力，大大降低了农民发展农业尤其是现代农业的风险。具体而言，企业通过无息垫资，为农民承担投资风险；以技术服务为农民承担经营风险；以价格先定为农民承担市场风险。这一系列的风险先担手段，为农企结为利益共同体提供了坚实的后盾和保障。

其二，以利益共享机制为保障，为农民增收拓能。建立一套完整的利益联结机制是推动三产融合的核心所在。农民与企业的联动从根本上来讲，是利益的联结。只有握准利益联结这一命门，才能推动产业有机融合，而非机械地联合。为此，新兴县引导企业通过价格先定、歉收兜底、二次分红等方式，为农民的利益提供了更加稳固的保障，使农企利益联结更加紧密，实现了农企利益共生。除此之外，在农民与企业合作的过程中，不仅企业为农民的利益做保障，农民也与企业命运共担，一损俱损，一荣俱荣，真正实现了利益共生共荣。温氏企业的负责人表示："我们在考察农户的时候要考虑农户的忠诚，因为农户是和我们命运相连的合作伙伴，如果他在赚钱的时候就合作，赔钱的时候就退出不合作，这样的农户我们是不考虑的。"

（二）新兴共生的条件

探索三产融合的中国道路，就是要根据实际条件，因地制宜，寻求产业资源的最优化配置。在新兴县三产融合的过程中，政府、企业、农民、市场等都提供了不同的发展条件，为产业融合提供了良好的生长环境。

1. 企业培育：新兴共生的重要载体

新兴县产业融合的一大特色就是以农业龙头企业为驱动。通过发挥企业的资源整合作用，实现了产业资源的重新优化组合，推动了产业链条不断延伸，开发拓展了产业的多种功能。鉴于新兴的农业特色，在产业融合中，农民需要发挥其主体作用，但由于传统小农缺乏资源、技术、资金，难以实现这一转型，因而需要培育新型产业主体，构建现代农业经营体系。为此，新兴通过对以温氏集团为代表的一系列农业龙头企业的培育，改造和升级传统农民，整合传统与现代要素，开发农业新功能与新业态，延伸发展第二、三产业，实现了农业经营主体、功能、业态的全面创新。通过企业培育，打通了要素流、技术流和资金流，实现了传统小农向现代公司化农民的转变；同时，在企业的带动下，全县实现了高端农业的发展以及农业产业化的提升。除此之外，企业还以其现代资源优势，弥补了政府在治理等方面的缺口。可以说，企业培育是新兴共生的重要载体。

2. 政府辅助：新兴共生的外部推力

尊重和发挥市场在资源配置中的决定性作用是现代市场经济发展的基本特征。但市场也有其短视性，坚持市场配置资源的决定性作用，并不意味着政府可以放任不管。新兴县的重要经验，就是通过现代企业这一市场主体来引领产业融合，政府将自身定位为辅助发展者，引导监督者。一是积极培育新兴农业经营主体，支持新兴产业发展。二是引导企业等创新利益分配机制，保障农民共享发展利益。三是强化环保和质量标准，引导企业等市场主体走绿色环保可持续发展之路。新兴的实践告诉我们，政府既无能力，也无资源决定产业融合的方向与内容，但政府可以在促进全面融合、可持续融合等方面有更好作为。

3. 风险先担：新兴共生的前提保障

传统农民在现代产业发展中处于弱势地位，如何有效降低农民在面对现代市场发展时所要承担的风险，成为农村产业融合发展面临的重要挑战。为此，新兴县引导企业创新风险先担机制，有效地减轻了市场风险对农民发展的冲击，为产业融合及深化发展创造了条件。新兴县通过引导企业采用资金垫付、要素先给的方式，帮助农民建设现代家庭农场，为农民分担了融资风险；利用技术优势，从标准生产、科学生产和信息化生产等三个方面，降低了农民的经营风险；利用市场优势，与农民事先定好价格，并设定10%的浮动区间，不仅为农民的歉收兜底，同时使农民在市场攀升时可以多多受益，为农民承担了市场风险。可以说，企业利用其自身的优势，为农民提供了全流程、全方位的风险先担服务。这为农民这一融合主体能够进入市场、参与产业融合提供了良好的前提保证。

4. 利益共享：新兴共生的动力基础

产业融合的关键在于建立一套完善的利益联结机制，使多主体、多产业、多要素可以共同参与，共同发挥其优势，实现资源的最优组合。然而，要有效激活不同主体的参与积极性，真正发挥不同主体的作用，关键在于协调不同主体的利益诉求，实现"1+1>2"的效果。新兴县率先打破传统单一的"分利"机制，坚持提能与增收并重，推动各新型经营主体与普通农户之间建起激励相容机制，形成了不同经营主体之间分工协作、优势互补、互惠共赢的新格局。具体而言，通过权益共享、收益共享和发展共享，达成了多主体之间利益的合理分配。可以说，新兴县在产业融合过程中之所以能长期发挥"公司+农户""公司+家庭农场"的带动作用，能够有效实现政府、企业、农民之间的协调合作，关键在于创造了一套利益共创、利益共享的利益协调机制，使不同主体能够共同创造和分享产业融合带来的增量利益。

（三）新兴共生的价值

新兴共生的实践探索，既具有强烈的地方特色，也有一定的普遍性，其面临的问题和探索积累的成功经验，可以为全国其他地方的产业融合提供借鉴意义。

1. 走出了产业融合的中国道路

三产融合的概念起源于日本，在我国各地也有过不同类型的探索实践。但是其他地方的三产融合往往面临着二产吞噬一产、企业吞噬农民的困境。新兴通过共生融合的道路，打破了这一困局。具体而言，通过以农业产业为基础，哺育龙头企业，继而利用龙头企业的带动，延伸了产业链条，拓展了产业功能，衍生出了与一产相关的二三产业。可以说，新兴共生实现了一二三产业的有机融合，达到了一二三产业共生共荣的效果。在新兴，农业产业不再是被蚕食和吞噬的短板产业，而成为跟二三产业互融共进的优势产业。具体而言，新兴通过挖掘农业产业的优势，围绕农业的发展需求延伸二三产业，使农业得以在三产融合中占到一席之地，并与二三产业均衡共生发展，免于被市场和二三产业所蚕食。可以说，共生共荣是产业融合的关键所在。

2. 打破了农民增收的困境

《国务院办公厅关于推进农村一二三产业融合发展的指导意见》指出，推进农村一二三产业融合发展，是拓宽农民增收渠道、构建现代农业产业体系、探索中国特色农业现代化道路的必然要求。在这一意见的指导下，新兴县通过打造"公司＋家庭农场"的方式，并借助利益联结机制，将农民与企业紧密联系在一起。一方面，企业通过技术、资金、要素等方面的扶持，使农民从经验型的传统农民转变为现代化的、专业化的、标准化生产的公司化农民。另一方面，企业通过先担市场风险，使农民从靠天吃饭、抗风险能力弱的传统小农转变为有风险抵御能力的现代农民。也就是说，技能的提升，为农民的增收提供了基础和契机。

3. 破解了农业发展后劲不足的难题

农村一二三产业融合发展的目的之一就是补齐农业发展的短板，构建现代农业产业体系，新兴的产业融合道路正是在这一目标的指引之下形成的。一般而言，产业融合都是采用输入外力的形式扶持农业发展，但是新兴的产业融合，通过整合各类要素，为农业发展注入了源源不断的内动力。其一，通过将农业纳入企业的产业链条，为农业发展提供标准化、专业化的指导，推动了农业产业化发展，使传统农业得以向现代高端农业进行转变。其二,以农业为基础,通过延伸农产品加工链、设备供给链、要素供给链、冷鲜销售链等,推动了农业价值的提升。其三,通过二三产业的崛起和壮大,为农业产业提供技术、要素等支持,反哺农业的发展。

4. 突破了城乡一体发展的困局

新型的产业融合打破了单一发展的模式,采用城乡一体协调发展的机制,打破了城乡二元对立的困境。新兴县通过整体的布局规划,打造新的农村定位,力图将农村打造为区域产业的生产基地、发展中心,从而以产业发展为纽带,打造城乡发展利益共同体,强化城乡发展联结,在实现产业融合发展的同时,形成了城乡一体化的发展新格局。此外,在产业融合的基础上,新兴通过立足不同乡镇的产业发展特色,打造农牧小镇等特色小镇,实现城乡一体共进,推进全镇范围内的整体布局规划,依照小镇建设的定位,优胜劣汰,引进相关产业,淘汰不相关的产业,最终规划形成了 20 万亩优质稻种植区、新兴江流域沿岸优质水产养殖产业带、现代畜牧产业中心等"六区二带一心"的区域产业发展格局。

(四) 新兴共生的局限

不可否认的是新兴共生是对农村三产融合道路的一次有益探索,是农业产业化的重要尝试。但是在其探索过程中,也面临着一系列新的问题需要在进一步的实践中予以化解。

1. 政府如何用好"有形手"问题

新兴的三产融合充分发挥了市场"无形手"的作用,充分赋予了市场资源配置的决定性作用。但是面对市场的不确定性,很多时候,农民甚至企业都难以抵御市场的巨大波动,需要政府有形手的介入支持。但如果政府有形手管得太多,又会在一定程度上影响市场活力。要解决这一矛盾,需要一方面理清市场和政府的关系以及管理边界,政府在其职责范围内管理,做到不越界,只有这样才能保证产业融合的市场活力和发展势头。另一方面,政府需要做出前瞻性的整体布局考虑,划定产业融合的社会准线。例如,政府作为三产融合的重要主体,应该对环保问题、产业融合的大方向把控问题进行有效的指导和监督。

2. 三产融合的多元化难题

新兴产业融合的重要支撑之一就是龙头企业的带动和培育,"打温氏牌"也是新兴重要的融合策略。然而产业融合仅仅依靠龙头企业的带动，难以保障其持续运行。龙头企业是当时当下的环境造就的特殊主体，以其作为领头羊具有一定的风险，一旦环境改变，龙头企业可能难以成长并发挥其优势作用。此时，要想推动三产融合的多元化发展，培育新型农业经营主体，引领产业融合的发展至关重要。同时，更为重要的，是依靠其他主体，提升农民的技能和抗风险能力，给予农民以平等的与企业对话合作博弈的能力和平台，从根本上保障农民的收益，而非仅依赖企业风险先担和优惠政策对于农民和农业的外部扶持。换言之，只有找到多元化的融合主体，降低产业融合对于龙头企业的依赖，才能真正实现内生性的产业融合。

3. 农企利益协调的难题

利益联结机制是推动产业融合发展的重要纽带。在新兴的共生融合中，农民和企业在相互合作的过程中，形成了"合同契约"等硬性的联结载体，同时又有新兴共生文化的软机制为依托。但是由于农民的弱小属性，其在与企业的合作过程中，难免处于下风，农民的利益保障在一定程度上取决于企业的决策。然而，由于缺乏明确的制度保障，农民的利益难以得到有效保障。因此，推动利益联结机制的制度化尤为重要。要解决这一问题，需为农民参与搭建平台和载体，提升农民在产业融合中的参与度，同时以制度化的机制作为保障，提升农民的话语权，建立一套农企平等协商对话的机制，只有这样，才能从根本上解决农企利益协调的难题，保障农民在三产融合中的权益。

实践经验

互融共进：打造一二三产业
融合的中国样本

——基于广东省新兴县的调查与研究

习近平总书记指出，"中国要强，农业必须强；中国要富，农民必须富。"长期以来，由于缺乏有效的机制途径，农业与二三产业相脱离，导致"产业难融入，企业难进入"，甚至面临"工业吞噬农业，企业蚕食农民"的困境，使农民发展缺平台、农业发展缺资源、农村发展缺主体。对此，新兴县在近20年的实践探索中，以农业产业化发展为基础，在农业中培育现代企业；以农业龙头企业为载体，基于农业需求延伸发展二三产业；以二三产业发展为契机，提质和升级农业。由此，在"互融共进"中打造出产业融合的中国样本。其关键就在于：以资源互补促进农企共生、以功能互联助推产业共融、以业态互动引领城乡共进、以利益互惠实现发展共享，从而破解"谁来融""如何融""融什么""融到哪"的难题，形成不同主体、不同产业一体发展新格局，开拓了农民增收、农业增效的全新路径。

一　以主体联结为主轴，助推资源互通共进，走出组织融合之路

新兴县通过资源、技术和市场等要素的互通，促进了农民、企业等产

作者：华中师范大学中国农村研究院/政治科学高等研究院胡平江、杨明、郭瑞敏。

业主体的有机联结，打破了农企合作鸿沟，为一二三产业融合提供了有效载体。

（一） 资源双向整合，打通农企要素链

在产业融合过程中，新兴县龙头企业和农民各自发挥自身的现代和传统资源优势，实现了要素的最优配置。

1. 农业培元，以传统资源哺育现代企业

新兴在市场机制的引领之下，充分发挥了农民的土地和劳动力等优势，推动了农民与企业深度融合。一是发挥土地资源优势。农业生产需要大量的土地资源。2016 年，新兴县政府推动温氏集团与农户合作养殖，有效激活了农民手中的土地资源，也为温氏集团的发展提供了重要支撑。二是发挥劳动力优势。企业的发展离不开稳定的生产者，而新兴诸多农业企业的发展，离不开与其合作农民的支持。当前，新兴县与温氏合作的养户达 4000 多户，在 20 世纪 90 年代曾达到上万户。以每个合作户提供劳动力 2 人计算，每年为企业生产提供劳动力达 8000 余人。

2. 企业输能，以现代要素培育现代农业

龙头企业所掌握的现代要素优势，在产业融合和农企联结中发挥着重要的作用。其一，资金输出。新兴县利用龙头企业资金优势，为愿意升级现代家庭农场的农户提供 30%～40% 的资金，帮助农户建设现代农业生产车间。例如，农场主范金树，在 2016 年向企业申请建设高效农场，温氏公司审核通过之后为其提供 36 万元的资助。而对于格外困难的农户，企业除直接资助外，还为农户提供无息贷款，等投入有了产出以后，再分期还清。其二，要素供给。企业在与农户合作的过程中，为农户免费提供种苗、饲料、疫苗等，等到产品上市以后，再统一从农户收益里核算扣除，以此降低农户的生产投入。农场主范金树表示："从 2016 年起，我开始帮温氏养猪，签订合同，交了押金以后，就能在服务部免费领取猪苗、疫苗和饲料，到了年终核算的时候，一并扣除费用。这样一来，我们就可以节省一大笔产前投资。"

3. 农业提质，以现代农业塑造企业品牌

企业以现代要素改造传统农业，不仅实现了农业的升级换代，也为企业品牌的树立夯实了基础。一是产品保量，为企业提供稳定供给。企业通过与农户合作建设农场，保证了企业农产品的供应数量，解决了公司缺乏稳定产品供应的难题。二是产品提质，为企业提供品质支柱。温氏服务部管理人员提到："农户要完全按照公司的标准养殖，从猪苗、激素、疫苗到饲料，全部由公司配套，养殖过程要接受公司监督，生产出来的产品都是安全放心的产品。"三是产品拓源，为企业提供生态体系。如该县厨具制造企业万事泰集团借助生态养殖、冷鲜输送、社区门店和智能厨房4大板块，打造出"安全厨房"新概念与产品体系。

（二）技术上引下推，重塑农企服务链

农业技术落后是制约农业产业发展的重要因素。新兴县通过发挥龙头企业的技术优势，重塑农业服务链条，推动了农企联结和产业融合。

1. 外引内聚，加强技术服务

新兴县以农业龙头企业为平台，不断引入智慧资源，为农业提供更优质的服务。一是人才引进。1992年，温氏以技术入股的形式，邀请华南农业大学动物科学系与公司进行全面技术合作。至今，温氏已和国内10多所知名的农业院校、科研院所进行合作。同时，企业也吸引了大批农业科技人才加盟。温氏集团2008年就有大专以上学历的知识分子1800多人，常年在温氏集团工作的有博士20名、硕士110名、教授级专家顾问20多名。二是技术研发。目前，新兴县温氏集团已经建立了国家生猪种业工程技术中心、农业部重点实验室，搭建了分子生物学、细胞生物学、克隆和转基因、BSL-3实验室等多个高端研究平台，承担了国家"863"计划、国家生物育种高技术产业化项目等省部级以上重大项目80余项。截至2015年底，公司累计获得省部级以上科技奖励23项，专利119项，为农业产业的升级换代提供了强有力的技术支撑。

2. 需求对接，下推技术服务

在农业技术应用过程中，新兴县利用农业龙头企业的优势，使农民主动采用新技术。一是对接效率需求。农户进行生产改造时，企业下派专业人员给予指导。石头冲养鸡户梁户提到："公司派技术员给我们确定升级方案，我们积极配合，现在一个人就可以管5000只鸡了。"二是对接成本需求。采用新技术，往往需要一定的资金成本，导致农民不愿采用。对此，新兴县发挥企业的作用，由企业向养殖户提供资金奖励、资金补贴。

三是对接环保需求。以往农户开办养猪场，虽然富了一方，但往往臭了四方。对此，企业通过开发相应环保设备，解决了农民养殖的长期环保困扰。籣竹镇农户范金树说："我的农场升级后，实现了污染物的零排放。"

3. 全程指导，用实技术服务

不同于政府"临时培训"式技术服务，新兴县以企业为主导的技术服务体系实现了全流程一站式服务。首先，产前技术定标。新兴企业在与农民合作的过程中，以技术为农业定标，例如家庭单元、一业为主、规模适度等。此外，企业为农民提供选址、规划等专业服务，保证产前准备工作的科学性。其次，产中技术指导。企业下设服务部，服务部技术员每周3~4次前往养户家为农民提供有针对性的技术服务。温氏服务部的负责人表示："我们的技术员每周都去责任片区的农场进行巡视，一旦发现疫情等异常情况，立刻进行处理。除此之外，我们还定期开展技术培训，所有的合作养户都可以参加。"最后，产后技术质检。为了保证进入市场的产品质量，企业建立了专门的质检体系。农场主范金树表示："我们养的这个猪都是严格按照企业的标准来的，如果自己乱用药和饲料，到时候质检不过关，企业是不收的。"

（三）市场互通联结，对接农企价值链

面对市场的能力较弱，是农业发展的重要制约因素。为了攻破这一难题，新兴县以企业为中介，通过有效对接市场，提升农业生产价值。

1. 规范农民生产，强化质量供给

产品只有面向市场，才能获益。因此，新兴在市场需求的牵引下，瞄准产品需求量以及产品品质的需求，对产业进行优胜劣汰，有机整合。一是以产品安全为方向，提升农业品质。针对市场消费对健康安全的重视，新兴各企业纷纷打造"养生谷""生态茶园""生态农场"等项目，提升农业生产品质。如万事泰集团为适应"安全厨房"发展方向，主动将厨具制造产业延伸至绿色生态农业，开发绿色食品。二是以标准生产为手段，优化产品质量。企业根据产品质量的要求对农民生产进行了标准化规范和标准化质检。例如，企业与合作农户签订养殖合同，规定了农户喂养、防疫等时间节点和投喂量，以精确的数量和时间点来明确标准，以此保证农业的标准化生产，优化农产品质量。

2. 拓宽销售渠道，强化需求牵引

在新兴产业融合中，企业利用其市场占有优势，拓展农产品销售渠道，发展订单式农业，提升了农业生产的有效性。一是拓宽销售渠道。例如，温氏企业的养鸡产业涉及活禽养殖、禽类加工、活鸡销售、冷链销售等多个环节，同时开拓海外市场，将冷鲜肉类销往香港等地，通过拓宽市场需求侧，提升了农业的产值。二是衔接市场需求。如农场主范金树表示："20 世纪 90 年代，我们家是帮温氏养鸡，后来温氏发展养猪业且利润更高，我就开始帮温氏养猪，2016 年温氏提出要建设高效农场，我就第一个报名了，做高效养猪场一年可以赚 50 万（元）左右。"

3. 依托企业保护，强化品牌效应

在新兴产业融合过程中，农民依托农业龙头企业这一市场航母，有效提升了自身抗风险能力。其一，企业回收，利润稳固。企业不论市场行情如何均定量回购，实现产销一体。在 2013 年，温氏因 H7N9 流感事件经营亏损 10 亿元，但仍保证合作农户每只鸡 2 元钱的利润，使农户免受市场冲击。其二，企业下单，生产定向。企业直接以订单方式规定产品数量及质量，无须农户自行判断市场需求，破解了农民市场信息滞后的大难题。其三，企业立牌，提升附加值。据温氏佳润食品公司的负责人介绍："依靠温氏集团的良好口碑，温氏的毛鸡市场售价是每斤 7.35 元，要高于市场平均价格，因为温氏的质量有保证。"

二　以功能互补为纽带，助推流程衔接共进，走出链条融合之路

新兴三产融合以农业为基础，通过延伸产业链条，拓展农业功能，带动和哺育二三产业发展，形成了一、二、三产业之间的互依互补。

（一）衔接农业标准制造功能，连入第二产业

现代农业的不断发展，农业生产"车间"的制造材料、农业生产要素等需求的逐渐提升，为加工制造业的发展提供了契机。

第一，衔接多元产品需求，引入产品加工业。随着养殖业的不断壮大，活禽的数量不断增加。同时，市场对于冷鲜禽类产品的需求量不断增加，也带动了农产品加工业的崛起。例如，温氏集团下辖的佳润集团，辖荣康、荣安、南浔、佳味等 4 家四级公司，拥有 7 个供港澳冰鲜鸡出口注

册备案养殖场、2家肉鸡屠宰加工厂、1家熟鸡加工厂，现已成为华南区最大的鲜冻禽类产品屠宰供应企业。

第二，衔接车间生产需求，引入设备制造业。以温氏集团为例，随着现代家庭农场的不断涌现，集团对于农业车间制造设备的需求不断增加。为此，温氏集团成立了以研发、生产、加工、销售、安装农业和畜牧业机械设备为主营业务的南牧公司。据统计，温氏集团在新兴县建设现代家庭农场337个，共安装自动料线10351条、热风（暖风）炉2400台、清粪机600台，为3400多个鸡舍安装了自动卷帘，全面提升了养殖户的机械化水平。

第三，衔接标准服务需求，引入要素制造业。在温氏"公司+农户"与"公司+家庭农场"的合作过程中，公司提供疫苗防治、饲料供给等全要素一条龙服务。为此，温氏集团从简单的畜牧养殖、销售主导企业转变为兼营生物制药、饲料加工等业务的多元化现代企业。如1992年温氏集团与良洞村村民委员会合作，基于农产品包装需求，合办塑料编织袋厂，年产值达到200多万元。

（二）开拓农业立体展示功能，连接第三产业

新兴县除对农业生产方式进行升级变更外，还依据区域特色，融合旅游等产业，挖掘和拓展农业功能，为农业、农民发展增值提效。

首先，农业接入"展厅"，打造特色长廊。如簕竹镇结合自身农牧产业发展优势，成功打造出集现代养殖小区和家庭农场于一体的示范廊道，实现了农业生产与观光展示的有机结合。簕竹镇镇领导表示："我们要把簕竹镇打造成一个农业示范小镇，将最先进和最前沿的农业设备、技术和模式都引入我们小镇，通过特色的汇聚，使我们小镇可以代表农业发展方向和最新前沿，使所有想要了解现代农牧业的人，都可以来我们这里参观，充分开拓农业的展示功能。"

其次，农业接入"教室"，打造文化体验区。新兴县将"禅"文化与农业发展联系起来，开发农业的文化体验功能。如象窝茶园创造性地将六祖禅文化注入茶文化当中，使以茶入禅的"茶道"，为象窝茶注入了"正、清、和、雅"的丰富禅学内涵，象窝茶也被评定为中国国家地理标志保护产品。如今的象窝茶从原来售卖几十元一斤，变为三四百元一斤，价格相

对于过去翻了几十倍，茶农的收入也在不断增加。

最后，农业接入"景区"，打造观光旅游业。新兴县依托自然环境优势，通过精心培育特色农作物，规划出系列农业旅游观光园区。如该县禾泰农场通过开发休闲、采摘、观光农业，将火龙果产业与旅游业结合起来，吸引了众多游客前往禾泰农场体验农耕种养、果蔬采摘等特色旅游项目。除此之外，农场主曾润棠规划整理 500 亩土地打造花海，打造花卉观赏项目，推动了农业向第三产业的延伸。

（三）激活二三产业引领功能，升级第一产业

补齐农业短板，是三产融合的目标之一。新兴县通过创新"企业+家庭农场"的方式，实现了二三产对一产的提质升级。

1. 企业定规矩，打造标准农业

新兴县的龙头企业利用其技术、资金等优势，在三产融合的过程中通过定标、定质、定向等手段，推动了农业产业的升级，为三产融合奠定了基础。首先，"契约式"带动。企业在与农户合作之前，会对农户进行资格审查，通过之后，再与农户签订养殖合同。温氏集团负责人表示："跟我们合作的农户必须符合三个标准，第一个是家庭单元，第二个是一产为主，第三个是规模适度。"其次，"订单式"合作。企业打破传统自产自销的方式，采用"订单"的方式与农户进行合作。温氏养户范金树表示："以前都是自己养猪自己卖，没有人管。现在温氏养猪，合同一批一签，只有按照企业规定生产企业才收购。"最后，"专业式"服务。为了保证产品的质量，企业帮合作养户安装"物联网系统"，全程监控养殖环境；同时派技术员每周 2~3 次到农场巡视，从各个环节保证产品安全；此外，在产品出场时，对其进行抽检，全方位保证了产品的质量。

2. 企业引方向，打造高端农业

在龙头企业的带动下，新兴县推行车间化农业的生产方式，将农业纳入企业生产线，将家庭农场变为农业生产的车间。第一，生产"自动化"。企业为农户提供种苗作为"原料"，农户将种苗放入现代家庭农场的自动化"操作间"养殖，依靠自动投料机、自动刮粪机等自动化技术设备进行"加工"，之后便把"成品"交付给企业。第二，管理"信息化"。随着自动化和物联网技术被应用于家庭农场，养户也变成了企业信息管理的接收

端。据温氏总部办公室主任介绍，农户可以在手机上安装温氏研发的软件，通过物联网监测系统获得关于养殖场的温度、湿度等信息，据此及时调整农场的养殖环境。第三，经营"高效化"。在信息技术的引领下，农业的效率显著提高。据石头冲村梁姓农场主介绍，以前农场养鸡每批养5000到7000只，收获利润5万到6万元，建立现代农场以后，每批养殖数量增加三倍左右，利润增至15万到20万元。

三　以业态创新为引擎，助推要素整合共进，走出价值融合之路

新兴县在推动产业融合过程中，借助特色小镇、产业园区等平台，进一步优化产业发展资源，创造全新的产业业态，为保持县域产业发展活力奠定了重要基础。

（一）以特色小镇为依托，实现立体功能汇聚

新兴县在推动产业融合发展的过程中，创造性地将产业融合发展与特色小镇建设相结合，不仅拓展和完善了小镇功能，也进一步拓展了产业融合发展的空间。

1. 拓展生产功能

新兴县以特色小镇为载体，培育主导产业，进一步拓展了小镇的生产功能。其一，因地制宜，激活产业特性。新兴县基于现有产业发展，梳理出文化旅游、农业种植、农牧养殖等区域优势产业，引导相关乡镇聚焦优势产业发展。例如该县簕竹镇将自己定位为农牧小镇，立足温氏集团，挖掘农牧优势产业，投资830多万元，建成了6个自动化生态养殖小区。其二，差异分类，培育主导产业。新兴县进一步对小镇产业发展进行宏观布局，引导各小镇以优势产业为基础，集中培育小镇主导产业，淘汰落后产业与无关产业，实现产业的差异化发展。其三，优化升级，夯实产业基础。在保留传统产业的基础上，特色小镇鼓励和支持企业以市场化的方式升级改造传统产业。在现代企业带动下，簕竹镇80%的传统养殖场已升级改造成现代化家庭农场和现代化养殖小区。

2. 完善生活功能

新兴县在推动小镇产业汇聚与发展的同时，引导企业参与村庄基础设施建设，改善农村生活环境，提升居民生活品质。一方面，保持生态强

项，提升生活质量。新兴县以"生产、生活、生态"三生融合为发展要求，划定污染物排放红线，倒逼环境改善，打造了农民宜居环境。如簕竹镇划定养殖污染与臭气污染排放标准，关停了 2 家涉污水涉臭气企业，有效保护了村庄生态环境。另一方面，补齐设施短板，改善生活环境。新兴县在引导并推动产业向农村转移和发展的过程中，也引导企业参与到村庄基础设施的建设和发展中，补齐农村基础设施短板。如翔顺集团以回馈社会为己任，先后帮助坝塘村修建环村公路、文化活动中心、休闲公园等，2010 年以来累计捐资逾 2000 万元。

3. 创新展示功能

新兴县充分挖掘和发挥小镇的示范引领功能，为产业融合发展树立标杆、样本，从而激发发展活力。一是打造技术展示区，为产业发展指向。新兴以特色小镇产业发展为载体，建立生产技术展示平台，展示现代产业生产发展技术，从而为传统农业的升级改造指明方向。如簕竹农牧小镇建立畜牧养殖技术展示长廊，为现代养殖业的发展提供了示范。二是建立产业示范区，为融合发展立标。新兴县坚持"以小带大""以点带面"的发展理念，通过发挥特色小镇产业融合发展的示范引领作用，为产业融合发展的探索树标立杆。如新兴县通过打造簕竹农牧小镇，以畜牧业为主导产业引领产业融合发展，不仅为全县推动产业融合发展提供了学习载体，也积累了重要的建设和发展经验。

（二）以产业园区为载体，实现前沿技术汇聚

产业园区是汇集产业发展资源、推动产业升级发展的重要载体。新兴县在推动产业融合发展的过程中，大力推进农业企业向现代产业园区集中，以规模发展汇聚优势企业与先进技术。

1. 立足农业升级需求，汇聚装备制造技术

需求是企业及产业汇聚和持续发展的重要动力。新兴县农业产业的升级发展进一步拓展了对现代农牧装备设备的需要，有效刺激了现代农牧装备业的发展。一方面，衔接产业需求，培育龙头企业。新兴县引导企业对接农业产业升级需求，推动发展现代农牧装备制造业，同时，培育制造龙头企业，整合发展技术，引领农牧技术发展。如新兴县引导温氏集团建立南牧机械设备制造公司，专门适应传统农户、企业发展升级需要，并一举

成为当地农牧设备的龙头企业。另一方面，龙头企业引领，汇集优势企业。新兴县充分发挥当地农业产业升级发展需求和农牧设备先进制造技术的双重优势，大力发挥现代龙头企业的引领作用，引进全球农牧设备制造先进企业，并以此为基础形成新的产业发展中心和先进技术汇聚中心。新兴县通过发挥当地农牧制造龙头企业的引领作用，汇聚了全球多家高端的农牧设备制造企业，并由此形成了 500 多亩的现代农牧装备园，一举抢占了农牧制造业发展高地。

2. 整合传统优势产业，升级产品加工技术

新兴县着力整合已有优势产业，并运用现代产业发展理念，变革产业发展技术，实现产业发展的升级换代。一是整合优势产业，组建农产品加工园。新兴县转变产业发展理念，运用现代园区发展理念整合传统优势产业，将原有一家一户的"小作坊"式加工厂进行整合；同时，引导农产品加工企业向产业园区汇集，从而形成规模发展、互补发展的新格局。如新兴县将原有小而散的凉果加工企业进行整合发展，形成凉果加工产业园区，此外，新兴还发展形成了畜禽养殖与加工、水产品养殖与加工、粮食生产与粮油加工等多个产业园区，进一步拓展了新兴的产业融合面。二是运用现代科技，助力加工技术升级。新兴县积极推动企业创新产品加工技术，特别是推动龙头企业进一步加快科技创新步伐，促进农产品档次升级；并通过建立"以强带弱""技术共享"等机制，推动县域农产品加工产业的整体发展。截至目前，新兴县全县年农产品加工总量达 22 万吨，产值超过 20 亿元。

3. 面向产业发展未来，创新信息应用技术

新兴县着眼于产业未来发展的需要，开展了"智慧农业"建设工程，依靠现代信息技术推动产业升级发展。一是以标准生产为基，建立智能控制系统。为了有效提升农户、企业的标准化生产程度，新兴县引导企业运用现代信息技术建设智能自动化控制系统，从而实现对整个生产过程的标准化、规范化管理。如温氏养殖企业运用该系统实现了对每个养殖环节的信息化管理，而马林公司也通过该系统实现了对凉果生产过程的全自动化控制。二是以安全生产为线，构建质量追溯系统。新兴县以"农产品全程可追溯"为目标，通过政企合作构建了企业、政府两个生产管理平台，实

现对企业没有生产环节的实时记录，从而使企业生产透明化、对职能部门的监管可视化。三是以放心消费为标，创新信息展现系统。新兴县引导企业运用现代互联网技术，记录产品的生产监测信息、生产记录影像等，消费者可以通过一体机或客户端实时查询相关信息，有助于消费者放心消费。

（三）以创新平台为支撑，实现高端智慧汇聚

新兴县在推动产业融合发展的过程中，通过搭建创新平台、拓展创新渠道、激发企业创新活力等方式，推动产业技术不断创新发展，为产业融合的深入发展提供了强大的支持。

1. 搭建服务平台，汇聚创新资源

为了更好地整合国内外的知识资源和技术资源，新兴县于 2016 年 8 月成立了专门的创新发展中心，并根据县域产业发展的实际需要，搭建多种平台服务于县域产业技术的创新发展。其一，建立技术创新平台，营造创新空间。新兴县以创新中心为阵地，设立技术创新、工业设计和产业孵化等创新平台，使符合条件的创新项目可以直接入住创新中心，为创新项目的发展提供足够的空间平台。其二，构筑技术转换平台，强化创新动力。新兴县积极承担企业协调对接工作，增强创新技术、项目的转化应用。为此，创新中心专门搭建了品牌建设、电子商务、人才培训等实践应用平台，有效地实现了产研一体发展。其三，完善创新服务平台，重塑创新环境。创新中心虽由新兴县政府直属管理，但是按照市场化的方式运作，并创设了信息发布、金融服务、质量检测等数个服务平台，为进驻企业、高校等创新主体提供全方位的服务。截至目前，创新中心已吸引了多所高校和企业进驻，发展的创新项目达上百项。

2. 发展校企合作，拓宽创新渠道

在整合创新资源的同时，新兴县也着力引导企业与国内多所高校直接开展合作，创新校企合作模式，增强企业的创新发展能力。一是校企合营，汇聚创新力量。为了提升企业的创新发展能力与发展水平，新兴县引导龙头企业与相关高校进行合作，高校以技术入股的形式直接参与企业的生产经营活动，有效提升了企业的创新发展能力。如温氏企业用 10% 的技术股份邀请华南农业大学与企业合作，学校研究人员直接担任技术中心经理、总经理助理等技术职务，为企业发展提供全方位的技术支持。二是产学研一体，激发创新活力。新兴县引导企业搭建产学研一体合作平台，激发创新活力，提升企业自主研发能力，进一步加快推进科技成果转化。如大华农动物保健品股份有限公司以华南农业大学兽医学院为载体，建立了"华南动物疫病检测中心"和"华农大－大华农宠物保健品研究工程中心"产学研合作基地，有效推动了企业生产技术的进步和竞争能力的提高。

四　以机制协调为保障，助推利益协同共进，走出制度融合之路

新兴县在推动产业融合发展的过程中，通过创新风险先担机制、发展利益共享机制、辅助协调发展机制，不仅为产业融合的持续发展注入了活力，也为实现农民与县域的整体发展奠定了基础。

（一）风险先担，树立融合保护网

传统农民在现代产业发展中处于弱势地位，如何有效降低农民在面对现代市场发展时所要承担的风险，成为农村产业融合发展面临的重要挑战。为此，新兴县引导企业创新风险先担机制，有效地减轻了市场风险对农民发展的冲击，为产业融合深化发展创造了条件。

1. 生产要素先给，分担融资风险

新兴企业在与农户开展合作生产的过程中，以资金为支撑点，通过合作出资、垫资等方式为合作农户的升级发展建立了规范、完整的资金保障体系，为农户发展分担融资风险。首先，企业出资，分摊建设风险。企业无偿出资为愿意升级为现代化家庭农场的农户提供30%～40%的启动资金，为农户分摊生产扩建风险。如农户范金树在对养猪场进行升级建设的过程中，共花费了120余万元，其中温氏集团就为其提供了36万元的资助。其次，企业垫资，化解资金难题。对于自有资金有限的农户，企业也通过无息贷款的方式弥补其资金缺口，农户则可通过与企业合作生产逐年偿还贷款。最后，生产配给，降低生产投入。企业在与农户开展合作生产的过程中实现了内部化结算，即农户在从公司获取养殖种苗、饲料、药物时不用预先支付费用，而是到产品上市时由公司统一进行核算、扣除，极大地降低了农户的生产投入。

2. 生产管理先行，降低经营风险

新兴企业在推进产业融合发展过程中，一是树立现代生产理念，践行

标准生产。企业在与农户合作生产的过程中，首先会对农户进行现代生产培训，帮助其了解现代生产方式，树立现代生产理念，并制定标准化的生产流，程指导农户开展生产经营活动。二是优化组合生产环节，实现科学生产。企业依据现代生产标准将生产环节进行分割，依据农企双方各自的优势、特点，使其承担不同的生产环节，如企业负责种苗、预防、饲料等技术含量较高的环节，而农户则负责具体的经营管理。三是透明合作生产流程，明晰责任边界。企业利用现代互联网建立物联网系统，对农户的生产经营活动进行实时监测和指导，预防农户在生产中可能存在的风险，同时也进一步明晰了农企双方的生产责任，降低农户生产经营风险。正如石头冲村养鸡户秦良所说："在整个养殖过程中，公司可以通过物联网跟踪我们的养殖情况，一旦出现事故，我们就可以按照合同办事，各自承担相应责任。"

3. 产品价格先定，化解市场风险

新兴县在引导企业创新农企合作模式的过程中，引导企业建立科学的产品回收机制，使农民在对接现代市场发展的同时，确保农民劳有所获。首先，产前定价，强化安全险。为了增强农户的合作意愿与生产信心，企业在产前便会与农户根据预期的市场价格与农户协商好产品收购价格，并通过合同的形式加以确定，确保农民的收益不会因市场价格的变动而降低。例如，温氏集团在合同上列出猪的回收价为每斤 7.39 元，如果猪出栏时市场价降到每斤 5 元，只要猪达到回收标准，公司仍会以合同价结算。其次，歉收兜底，给予保障险。在市场价格出现滑坡时，企业给予农民保底收益，市场和收购差价由企业承担，使农民免于市场波动带来的冲击。六祖镇农户刘新民表示，"2016 年下半年禽流感时期，市场价格大跌，温氏集团给农户每只鸡 2~3 元的利润补贴，公司亏损但不亏损农户"。最后，丰收返利，添加增值险。当市场环境较好时，企业除履行正常的收购价外，还会依据实际的盈利情况给予合作农户二次分红，使农户能够享受到额外的增值收益。农场主范金树介绍，公司（温氏集团）设立了"乘数奖"，即农户养的鸡成活率达到 91% 以上，每只鸡奖励 0.1~0.2 元；另设立了"浮动补贴"，即市场价格高时，公司会将每只鸡的回收价格上调 0.1~0.2 元。

（二）利益共享，激活融合内动力

新兴县率先打破传统单一"分利"机制，坚持提能与增收并重，推动各新型经营主体与普通农户之间建起激励相容机制，形成不同经营主体之间分工协作、优势互补、互惠共赢的新格局。

1. 权利共享

新兴县创新农企合作机制，引导企业尊重农民的主体发展地位，鼓励农民多渠道参与产业融合，提升农民的产业发展能力。一是整合所有权，引民入产。新兴县企业引导农民利用自有资源参与企业、产业生产，确保农民的发展独立性。农民将土地经营权、劳动力等优势资源入股企业，进行合作生产，农民拥有土地、建筑及其他基础设施的产权，而技术、种苗、饲料等则属于企业，双方既配合紧密又边界清晰。如农场主陈新民所说，自己投资50万元建设场地，鸡和防疫技术则属于公司，这些要素组合成了完整的农场。若中途退出合作，农场的处置权在自己手里，公司不会干涉。二是共掌经营权，育民生产。新兴引导企业创新农企合作模式，通过发展"企业派工，农民包工"、农企合作经营等模式，使农民参与现代企业的生产经营活动。以新兴县的象窝茶园为例，象窝茶园向附近村民租赁土地5000亩发展茶叶种植，再将部分茶田承包给村民经营管理，公司根据品种以阶梯价格向村民回收茶叶并统一加工出售。农民不再是单一经营的个体，而是现代产业链条中的一个环节。

2. 收益共享

为了打破以往农村及农村产业发展过程中"企业富，农民原地踏步"的现象，新兴县积极引导企业创新利益分配机制。首先，扩大生产分利，保农民有利可图。在农业合作生产过程中，企业通过提供标准化的生产环境，使农民投入劳动，实行在共同生产中分利。以石头冲养鸡场为例，农场主响应企业号召升级设备，并按要求进行操作，肉鸡产量增至3倍，不仅企业获利，农场主也得到了以往3倍的收益。其次，注重利润分红，使农民有利可收。农民与企业协作经营，产品出售后所获收益由双方共享。而当市场较好时，企业会将增值部分收益以"二次分红"的形式派发给农民，使农民享受增值收益。例如，2016年年底，温氏集团在原定收购价格的基础上给予合作养户每头猪10元的分红，规模为1000头猪的高村养殖场，收获分红超过1万元。最后，创新发展补贴，让农民有利可享。在农业合作发展过程中，企业还为农户升级发展提供相应的补贴，如环保补贴、修路补贴等，支持农户进行生产设备、方式的升级换代，确保农户能够与企业同步共赢发展。

3. 发展共享

新兴县通过政府规划、企业参与，引导企业以市场化的机制参与到社会建设中，使全民共享发展成果。一是参与社会公益事业。引导企业在慈善捐助、爱心助学等方面共享自己的力量，如新兴本土企业凌丰集团积极贡献自身力量，多项公益事业捐款捐物累计价值达到了 5000 万元。二是承担社会公共建设。引导企业在发展中参与新农村建设、承担社会公共设施建设，践行企业社会责任，实现企业与社会发展共享。如翔顺集团大力支持坝塘村建设，不仅打通了环村公路，修建了文化活动中心，还为村庄修建了休闲公园，自 2010 年以来累计捐资逾 2000 万元。三是支持区域发展建设。新兴将产业融合发展与实现城乡均衡发展、区域均衡发展相协调，通过规划发展等，引导企业将自身发展与城乡发展、区域发展相结合，支持区域发展建设。如新兴正在开展的特色小镇建设，就实现了区域建设与产业发展的有机结合。

（三）发展辅助，打造融合调节器

市场的发展有其自身不可避免的缺陷。新兴县以重塑政府职能为切入点，积极弥补市场机制的不足，确保产业融合的持续协调发展。

1. 规划引领，强化区域优势

发展规划在产业融合发展中起着战略引领和刚性控制的重要作用。一方面，明确产业优势，实现特色引领。特色产业是区域经济发展的重要引擎。新兴县率先确立了"以特色产业为中心带动区域经济发展"的总体战略，并立足"三农"大县的县域发展实际，创造性地提出以县域特色产业——农牧业——为产业融合战略主导性产业，从而明确了产业融合的着力点。另一方面，定位区域优势，实现互补发展。新兴县在梳理优势产业的基础上，编制出《新兴县主体功能区发展规划》，推动特色产业中心建设，进一步明确了各乡镇的产业功能定位，为县域的融合发展奠定了基础。如新兴立足于不同乡镇的产业发展特色，规划形成了 20 万亩优质稻种植区、新兴江流域沿岸优质水产养殖产业带、现代畜牧产业中心等"六区二带一心"的区域产业发展格局。

2. 标准导向，助力精致发展

为了确保产业融合带来的实际效益，新兴主动对接现代产业发展方向，提升产业准入、企业生产"门槛"。一是以现代产业发展为向，确立产业标准。新兴县以产业融合发展为契机，制定新兴县产业发展标准，主动淘汰落后产业或倒逼相关企业提升产业标准，从而使其能够适应现代产业发展需要。二是以产品质量安全为线，树立生产标准。新兴县借助现代网络技术，建立了可视化的生产监管平台和产品安全回溯机制。如通过远程监控、二维码溯源等现代化的检测方式，进一步确保了现代农业产品质量安全。三是以乡村持续发展为尺，建立环保标准。新兴县制定了严格的生态环境保护条例，引导相关企业主动升级环境保护设施，并支持合作生产农户改进生产方式。如新兴要求所有的养殖场必须全部安装环保设施，对环保不达标的企业坚决予以关停。同时，为支持农户改进生产方式，引导企业对其给予一定的技术与资金支持。

3. 政策支持，促进整体发展

着力构建城乡一体化的农村发展新格局是推动农业发展、实现农村产业融合发展的重要目标。新兴县创造性地将农村现代产业融合发展与统筹城乡发展、县域整体发展相结合。其一，产业集聚与新农村建设协调推进。新兴县以产业融合助推农村公共服务与基础设施建设。如新兴县以产业融合重点建设项目为依托，仅为改善优质粮食产业发展的基础设施条件就投入了 1.3 亿元，计划建设项目投资 68 亿元。其二，产业布局与新型城镇化相衔接。新兴县通过产业发展布局，重新定位农村发展功能，将农村打造为区域产业的生产基地、发展中心，从而以产业发展为纽带打造城乡发展利益共同体，形成了城乡一体化的农村发展新格局。其三，以强弱相依，助社会协同发展。新兴县引导企业建立"先富带动后富""老带新、大代小"的帮扶机制，通过建立协会、商会等交流平台，推动大小企业共同发展。同时，引导企业建立村庄发展帮扶机制，带动村集体发展致富。如温氏集团和良洞村为响应政府"先富带后富"的理念，将价值 600 万元的公司折价为 100 万元，并分为 100 股，将股权让给籍竹镇的其他 7 个村集体，最终良洞村村委会占股 39%，温氏集团占股 19%，其他村委占股 42%。

五 以互融共进为理念，催生一体共生模式，打造三产融合中国样本

新兴县通过一系列体制机制创新，促进了一二三产业的有效融合，也为我国农村转型发展提供了有益的经验借鉴。

（一）农业既是产业融合的出发点更是立足点

长期以来，我国农业处于相对弱势的地位，成为农民贫困和农村发展滞后的重要因素。推进农村一二三产业融合，其重要出发点就是通过延伸农业产业链，开发农业新功能，改造传统农业。然而，在实践过程中，很多地区陷入了简单的"工业反哺农业"误区，难以从根本上激活农业功能，构建起现代农业体系。新兴县在产业融合过程中，以农业为基础，在农业功能开发和产业链延伸过程中发展第二三产业，使二三产业既源于农业的需要，又服务于农业改造升级。由此可见，一二三产业融合发展，需要挖掘农业自身潜能，构建起农业发展的现代体系。

（二）家庭经营现代化是产业融合的重要基础

李克强总理指出，要依托家庭经营推进农业现代化。产业融合，是对产业要素的重新组合和产业功能的全新开发。传统资源、技术、资金有限的农民往往难以有效承接这一要求。新兴县产业融合的一大特色就是通过"公司+农户"和"公司+家庭农场"形式，构建起农业经营牢固的现代化基础。即通过以温氏集团为代表的农业龙头企业改造和升级传统农民，形成具有现代经营理念、要素的公司化农民和车间化农业模式。可见，加强和促进农村一二三产业融合，需要改造和升级传统小农经营模式，建立起现代化的家庭经营组织体系。

（三）农业龙头企业是产业融合的核心引领者

党的十八届三中全会指出要发挥市场在资源配置中的"决定性作用"。农业龙头企业作为市场的活跃主体，是经营主体融合共生的主导者，是产业环节融合互动的引领者，也是资源要素融合渗透的推动者。新兴县产业融合的核心主体就是以温氏集团等为代表的现代农业龙头企业。这些企业既是农民合作的依靠，也是引领农民改造升级的主要力量。既是资本、技术等现代要素的输入者，又是实现要素整合的重要平台。既是农业功能的

重要开发者，又是二三产业发展的核心主体。可见，有效培育和发挥龙头企业的引领作用，是推进产业融合的重要手段。

（四）功能衔接是产业有机融合的重要突破口

产业融合既区别于传统农业产业化，也区别于"工业反哺农业"，其核心生命力在于"融"。所谓"融"，就是产业之间的有机融合，形成新的产业。而要实现这种有机的融合，就需要打通一二三产业之间的内在关联。新兴县一二三产业融合的重要经验就在于通过农业龙头企业有效衔接和开发农业功能，延伸发展二三产业，并借助二三产业升级开发农业潜能，在一二三产业之间建立起有机联结，而非简单的"反哺"或"结合"，形成了产业之间你中有我、我中有你的全新产业形态。

（五）利益共享是产业可持续融合的关键所在

"人们为之奋斗的一切，都同他们的利益有关。"产业融合，是农民、企业、政府等不同主体共同参与、共同协作的结果。然而，要有效激活不同主体的参与积极性，真正发挥不同主体的作用，就需要协调不同主体的利益诉求，共享发展红利。新兴县在产业融合过程中之所以能长期有效发挥企业、农民等主体的作用，实现政府、企业、农民之间的协调互助，关键在于创造了一套"风险先担、利益共享、发展支持"的利益协调机制，使不同主体能够共同创造和分享产业融合带来的增量利益。

（六）产业融合需政府有效定位发挥适度作用

尊重和发挥市场在资源配置中的决定性作用是产业融合需要坚持的基本原则，但这并不意味着政府可以放任不管。新兴县的产业融合以农业龙头企业这一市场主体来引领，在此过程中，政府将自身定位为辅助发展者、引导监督者。一是积极培育新兴农业经营主体，支持新兴产业发展。二是引导企业等创新利益分配机制，保障农民共享发展利益。三是强化环保和质量标准，引导企业等市场主体走绿色环保可持续发展之路。新兴的实践告诉我们，政府既无能力，也无资源决定产业融合的方向与内容，但政府可以在促进全面融合、可持续融合等方面能有更好的作为。

融合共生：打造一二三产业融合的中国样本

——基于广东省新兴县的调查与研究

习近平总书记指出，"中国要强，农业必须强；中国要富，农民必须富。"产业融合，是拓宽农民增收渠道、构建现代农业产业体系的重要举措。长期以来，一二三产业融合发展通常以二三产业带动一产发展为主要形式。但是，我国农业规模大、农民数量多的实际要求以农业作为产业融合的基点。近年来，广东省新兴县通过以温氏为代表的龙头企业带动传统农业现代化转型，基于农业产业内在需要带动二三产业发展，以一二三产业融合破解产业难协调、农民难增收、县域难发展的难题，走出了一条一二三产业"融合共生"的中国道路。具体而言：一是一产优先，基于农业升级的内生需要，延伸发展二三产业，实现产业融合共生；二是企业主导，借力风险先担和利益共享，构建农企利益共同体，实现主体融合共生。三是机制协调，创新政府引导与监督职能，明晰企业社会责任，实现制度融合共生。

一 一产优先，引领"接二连三"，实现产业共生

在产业融合过程中，新兴县借力以温氏等为代表的农业龙头企业，基

作者：华中师范大学中国农村研究院/政治科学高等研究院胡平江、杨明、郭瑞敏。

于农业现代化需要，延伸发展二三产业，实现了一二三产业的有机融合。

（一）企业带动，打造现代农业

农业是三产融合的立足点。新兴县在以温氏等为代表的农业龙头企业的带动下，引入"企业+农户"形式，引领传统农业走向现代化发展道路。

1. 在农业产业中培育龙头企业

新兴县在推进农业发展过程中，积极培育农业龙头企业，以此带动农业发展。一是以企业为载体破解农业发展难题。分散的农民往往难以承担二三产业发展所需要的资金、技术投入，对此，新兴县以农业龙头企业为载体，发展现代农业产业。如在畜牧养殖过程中培育起温氏集团等龙头企业，在凉果种植加工中培育起马林食品等龙头企业。其中，创立于1983年的温氏集团现已成为农业产业化国家重点龙头企业，年销售收入达600亿元。二是借助利益引导企业改造农业。如禾泰农场创始人表示，"现代人对于健康安全的农产品的需求越来越大，采摘体验式农业、生态农业以后的发展空间会很大。我以前在东莞经商，现在做农场，主要是看中农业的发展前景"。三是以农企合作提升企业经营能力。农民看到了与企业合作的巨大收益，与企业形成经营共同体，有效壮大了企业的经营能力。如范金树表示："九几年时我们家帮温氏养鸡，后来因为养猪赚得更多就开始养猪，2016年温氏提出建设高效农场时我第一个报名，因为现代猪场可以赚得更多，大约50万元（每年）。"目前，新兴县与温氏集团合作的养户达4000多户，所提供原料占到公司总供应原料的近40%。

2. 在企业带动下塑造现代农民

在龙头企业的支持与带动下，农民依照企业标准，有效利用现代生产技术，实现专业化、标准化、高效化生产。其一，塑造专职农民。在生产过程中，企业将产品生产委托给农民，农民接受企业规范，成为企业一员。石头冲村农场主表示："以前我养鸡养了很多种，现在跟温氏合作，签了合同，只能养这一种，不会乱养。"温氏集团负责人表示："跟我们合作的农户必须是一业为主，养殖收入是农户的主要收入来源，农户是企业的专职养殖户。"其二，塑造标准农民。企业采用"订单式"的合作方式与农户进行合作，农民严格按照企业标准进行生产。温氏养户范金树表示："以前都是自己养猪自己卖，我从2011年开始帮温氏养猪，企业提供了一本手册，每天什么时候喂、喂多少饲料、喂多少天，企业都有要求。"
同时，为保障农户严格按照企业标准生产，温氏集团派技术员每周 2~3 次
到农场巡视，并通过物联网系统全程监控养殖环境和农民饲养行为等。其
三，塑造高效农民。在企业的推动下，农户依靠自动投料机、自动刮粪
机等自动化技术设备喂养，有效降低了人力投入。据石头冲村梁姓农场
主介绍，夫妻俩依靠传统养鸡条件每批仅能够养殖 5000 只左右，但改造
成家庭农场后，每批能达到 2 万只，利润达到 15 万~20 万元，增加三倍
左右。

3. 在企业引领中转型传统农业

"公司+农户"经营模式，转变了传统农业生产组织体系，实现了农业
的现代化转型。第一，生产流程再造。在"公司+农户"农企合作的过程
中，企业将"产+加+销"产业链进行标准分割，由农民独立承担产业链条
的"生产"一环，产品产出直接对口给企业。"温氏给农户鸡苗与饲料等，
农户负责饲养，温氏再负责销售。"第二，生产环境再造。如温氏集团利
用自身资金、技术等优势，将农户传统养殖厂棚改造为现代家庭农场，形
成了信息化、自动化的"车间"。如今，农户可以通过手机实时获得关于
养殖场的温度、湿度以及鸡禽牲畜活动等的信息，并通过手机及时送水放
料、调整养殖环境等。第三，生产导向再造。区别于传统农民自给自足的
生产方式，在企业的引领下，农户直接进行市场化的生产，所生产的产品
也直接面向市场，重塑了农民的生产导向。

（二）需求衔接，接入第二产业

在"公司+农户"经营模式的带动下，农业对产品加工、现代设备等
的需求不断被激活，有效地将农业接入了第二产业。

1. 衔接产品加工需求

为提升农产品附加值，新兴县借助农业企业延伸发展农产品加工业。
目前，新兴县发展形成有畜禽加工、水产品加工、凉果加工、粮油加工等
多个产业园区，全县年农产品加工总量 22 万吨，产值超过 20 亿元。其一，
畜禽加工。如温氏集团为满足活禽屠宰加工需求，于 2012 年成立佳润食品
有限公司，下辖 2 家肉鸡屠宰加工厂、1 家熟鸡加工厂，2016 年，公司鲜
冻禽类产品在港澳市场占有率达 30%。其二，凉果加工。1991 年，新兴县

水果种植面积达到 22 万亩，总产量 6.5 万吨。为改变传统家户小作坊加工方式，新兴县积极培育现代加工企业，形成了以马林食品等为代表的龙头企业，被称为"中国果品加工之乡"。其三，水产品加工。由于县内有西江、新兴江等流经，加之改革开放之初大量低塱田、低产田被大批改成鱼塘，新兴县水产养殖面积曾高达 9902 亩。该县利用水域面积广的优势，形成了明基水产等水产加工企业。2014 年，明基水产公司合作养户达 1300 多户，年产值 1.4 亿元。

2. 衔接设备制造需求

一是自动化设备制造。为降低畜牧养殖对人力的依赖，温氏集团于 2007 年成立了南牧机械设备有限公司。其中，公司 2016 年在新兴县建设现代家庭农场 337 个，共安装自动料线 10351 条，为 3400 多个鸡舍安装了自动卷帘。二是物联网系统研发。为满足农户远程控制需要，温氏集团于 20 世纪 90 年代开始进行物联网研发，以实现农民通过手机对猪场鸡场的实时远程监控与管理。三是环保设备开发。2017 年，为缓解新兴江污染压力，新兴县曾关停流域内 692 家养殖场中的 596 家。因此，推动养殖环保成为维系企业与农户养殖经营的重要因素。对此，2013 年温氏集团成立益康生环保科技有限公司，通过对粪便处理设备等的研发，实现了养殖厂零污染排放。

3. 衔接要素服务需求

在温氏"公司+农户"的合作过程中，为降低要素成本，公司统一提供疫苗、饲料等要素一条龙服务，而集中服务也催生了一系列延伸产业。一是饲料加工。据统计，2016 年，温氏集团饲料产量达数百万吨，产值上亿元，是国内第二大饲料加工企业。二是疫苗制造。为满足养户对动物防疫的需求，温氏集团成立了大华农生物科技有限公司，研制生产兽用生物制品、兽用药物制剂、饲料添加剂等，产品远销海内外，年产值达数千万元。三是周边产品制造。如 20 世纪 80 年代初温氏集团对用于饲料包装等的塑料编织袋需求极大，但是编织袋需要从浙江购买，大大提高了农民与企业的经营成本。对此，1992 年温氏集团与良洞村村民委员会合作，共同创办了塑料编织袋厂，专门供应塑料编织袋，产值达数百万元。

（三）功能拓展，连入第三产业

随着农业产业现代化的发展以及农民生活水平的提高，人们对农业的需求逐步从产品生产延伸到产品服务、文化体验等领域，为农业连入第三产业提供了基础。

首先，农业连入"市场"，打造销售终端区。为了更好地将产品推向市场，企业借助互联网等形式，激活了其农产品销售服务功能。为破解禽流感对活禽交易的影响，2016 年，温氏集团开始设立生鲜零售店，采用冷链运输等形式，将企业禽类、肉类等产品配送到零售消费端。在已开设的销售门店中，单店年营业额约 474 万元，毛利率接近 20%。温氏集团规划在全国建设 5000 家销售门店，预计年销售额达 250 亿元。目前，温氏生鲜鸡销售占据香港 1/3 的市场，原奶占香港 80% 的市场份额。又如禾泰农场通过打造互联网交易平台，实现了在线展示、销售农产品。禾泰农场的曾润堂表示："我们这个火龙果有一半是线上销售，一半是采摘，每亩可以收入 5000 元，这种销售方式比客商直接收购要赚得多些。"

其次，农业连入"景区"，打造观光旅游业。为满足市场对农业观光、休闲的需求，企业通过打造观光旅游农业，将农业连入旅游业。如禾泰农场通过开发休闲、采摘、观光农业，将火龙果产业与旅游业结合起来，吸引了众多游客前往体验。在此基础上，禾泰农场还整理出 500 亩土地打造花卉观赏项目，推动了农业向第三产业的延伸。又如新兴县翔顺集团通过"公司+农户"形式承包经营国有茶场象窝茶园，将茶园打造成为集旅游观光、酒店住宿等于一体的生态景区，甚至将六祖禅文化注入茶文化当中，使象窝茶从几十元一斤变为三四百元一斤。

最后，农业连入"展厅"，打造产品示范区。近年来，温氏利用自动化设备和物联网技术，将传统农户养殖升级为现代家庭农场。为展示前沿养殖技术，温氏集团将簕竹镇打造成为农牧小镇，实现养殖前沿技术的系统展示。如温氏集团合作养户之一的范金树讲道："自己的家庭是温氏第一家现代家庭农场。公司经常有一些投资考察队、养户过来参观学习，政府或私人根据当地的情况看适不适用，可不可以复制。"对此，簕竹镇镇长表示："簕竹镇将汇聚最先进、最前沿的农业设备、技术和模式，所有想要了解现代农牧业的人，都可以来我们这里参观。"

二　企业主位，助推"农企一体"，实现主体共生

"公司+农户"是新兴县三产融合的重要组织形式。为避免农企利益对立，新兴县通过资源互通、风险先担、利益共享等形式，构建起农企利益共同体，实现主体共生共荣。

（一）农民资源汇聚，为企业发展注动能

农民通过发挥劳动力、土地等资源优势，成为公司生产经营的重要一环和产品的主要供应者，使企业离不开农民。

1. 要素支撑

一是发挥土地资源优势。农业生产需要大量的土地资源，而企业土地拥有量极为有限。2016年始，新兴县政府开始推动温氏集团与农户合作养殖，有效激活了农民手中的土地资源，也为温氏集团的发展提供了重要支撑。二是发挥劳动力优势。农业的养殖经营需要大量的劳动力投入。当前，新兴县与温氏合作的养户达4000多户，在20世纪90年代曾达上万户。以每个合作户提供劳动力2人计算，每年为企业生产提供劳动力达8000余人。

2. 产品供给

企业将生产环节与农民相连，农民成为企业产品的直接生产者。一是产品保量，为企业提供稳定供给。如温氏集团每年销售的猪、鸡等，很大一部分是由合作农户进行养殖的，有效确保了企业产品的稳定供给。二是产品提质，为企业提供品质支柱。温氏服务部人员提到："农户完全按照公司的标准养殖，猪苗、疫苗、饲料，全部由公司配套，生产出来的产品都是安全放心的产品。"三是产品拓源，为企业提供生态体系。该县厨具制造企业万事泰集团通过产业链延伸发展生态食品种养，打造出"安全厨房"新产品体系。

3. 发展助推

在农民与企业紧密合作过程中，农户的发展升级极大地促进了企业的发展升级。一是生产改造协同。石头冲养鸡户梁户提到："为提高养殖规模和效率，公司派技术员给我们确定升级方案，我们会积极配合，否则就难以跟上产业发展形势。"二是产业升级协作。六祖镇农户刘新民表示：

"1997 年开始我就与温氏合作，现在温氏鼓励农场的升级，自己也希望能够升级农场，安装物联网设备，实现远程管理。"三是环境保护协助。为适应政府环境保护新标准，农户通过应用发酵床和生化降解技术，实现了污染物的零排放。

（二）企业风险先担，为农民发展筑护盾

农民在现代产业中处于弱势地位。企业通过风险先担机制，有效减轻了市场风险对农民的冲击，建立起了农民对企业的信任与依靠。

1. 企业垫资，分担投资风险

企业通过出资、垫资等方式为合作农户建立起了完整的资金保障体系，分担农户融资风险。首先，企业出资，分担建设风险。企业无偿为愿意升级为现代化家庭农场的农户提供 30% ~ 40% 的启动资金，为农户分担生产扩建风险。如农户范金树在对养猪场进行升级建设的过程中，共花费了 120 余万元，其中温氏集团就为其提供了 36 万元的资助。其次，企业垫资，化解资金难题。对于自有资金有限的农户，企业也通过无息贷款的方式弥补其资金缺口，农户则可通过与企业合作生产逐年偿还贷款。

2. 管理先行，降低经营风险

新兴企业在推进产业融合发展的过程中，一是树立现代生产理念，践行标准生产。企业在与农户的合作生产中，首先会对农户进行现代生产培训，并制定标准化的生产流程指导农户开展生产经营活动。二是优化生产环节，实现科学生产。企业依据现代生产标准将生产环节进行分割，农企双方依据各自的不同优势、特点，承担不同的生产环节，如企业负责种苗、预防、饲料等技术含量较高的环节，而农户则负责具体的经营管理。三是使生产流程透明，明晰责任边界。企业利用现代互联网建立物联网系统，对农户的生产经营活动进行实时监测和指导。如石头冲村养鸡户秦良所说："整个养殖过程有物联网跟踪，一旦出现事故，我们就可以按照合同办事，各自承担相应责任。"

3. 价格先定，化解市场风险

企业建立科学的产品回收机制，避免农民直接面对市场风险，保障了农民收益的稳定性。首先，产前定价，强化安全险。企业在产前与农户协商好产品收购价格，并通过合同的形式加以确定。如合同规定生猪回收价为每斤

7.39 元，如果猪出栏时市场价降到每斤 5 元，公司仍然以合同价与农户结算。其次，歉收兜底，给予保障险。在农户经营遇到特殊困难时，企业给予农民保底收益。六祖镇农户刘新民表示，"2016 年下半年禽流感时期，农户大量鸡禽无法上市，温氏集团给农户每只鸡 2~3 元的补贴，公司亏损但不亏农户"。最后，丰收返利，添加增值险。当市场环境较好时，企业除履行正常的收购价外，依据实际的盈利情况给予合作农户二次分红。农场主范金树表示，生鸡市场价格高时，自己还会获得每只鸡 0.1~0.2 元的分红。

（三）产业利益共享，为农企共荣建保障

区别于传统企业获大利、农民难获利的利益分配方式，新兴县在产业融合过程中建立起了企业与农户之间的利益共享模式，形成了农企之间分工协作、互惠共赢的新格局。

1. 权利共享

新兴县创新农企合作机制，通过清晰的权利保障实现利益共享，引导企业尊重农民的主体地位。一是整合所有权。在农民与企业合作的过程中，农民拥有土地、场棚及其他基础设施的产权，而技术、种苗、饲料等则属于企业，双方既配合紧密又边界清晰。如农场主陈新民所说，自己投资 50 万元建设场地，鸡苗、饲料和防疫技术则属于公司，这些要素组合成了完整的农场。二是共掌经营权。以象窝茶园为例，象窝茶园向附近村民租赁土地 5000 亩发展茶叶种植，再将部分茶田承包给村民经营管理，公司根据品种向村民回收茶叶并统一加工出售。农民不再是单一经营的个体，而是现代产业链条中的一个环节。

2. 收益共享

首先，扩大生产分利。企业通过提高农民生产效率来提高农民收益，以石头冲养鸡场为例，农场主响应温氏集团的收入倍增计划，通过升级设备，使养殖量增加了 3 倍，实现了收入的大幅增加。其次，注重利润分红。当市场较好时，企业将增值部分收益以"二次分红"的形式派发给农民。如 2016 年年底，温氏集团在原定收购价格的基础上给予合作养户每头猪 10 元的分红，规模为 2000 头猪的合作户收获分红超 2 万元。最后，创新发展补贴。在合作过程中，企业为农户升级发展提供设备补贴、环保补贴等，支持农户进行生产设备的升级换代。

3. 发展共享

企业通过参与社会建设，使全民共享发展成果，建立起企业与区域的共生共荣关系。一是参与社会公益事业。如新兴本土企业凌丰集团为回报县域居民的支持，积极参与公益事业，捐款捐物累计价值达到了 5000 万元。二是承担社会公共建设。如翔顺集团 2010 年以来仅支持公司发祥地坝塘村建设就投入逾 2000 万元。同时，翔顺集团为解决县内中学教育问题，无偿捐建现代化标准中学一所。三是支持区域发展建设。温氏集团将企业与企业所在的簕竹镇之间的关系视为鱼与水的关系。如镇内养户升级建设农场，温氏集团垫资贷款达 70%，远超其他区域的 40%。

三　机制协调，明晰"主体权责"，实现制度共生

为避免企业在产业融合过程中重速度轻质量、重眼前轻长远的问题，新兴县政府通过创新标准引导等机制，明确企业、农民等主体的行为边界，实现了可持续融合。

（一）以标准引导构建持续发展机制

1. 树立食品安全标准

一是建立安全生产规范。如温氏集团为农户制定了生产规范，规定了农民养殖过程中的饲料类型、饲料标准、疫苗标准等，拒绝收购使用违禁饲料与药品的农户产品。二是建立可视化监管平台。温氏集团通过建立联结养户厂棚的物联网系统，实时全程监控农户饲养行为，实现了对农户的透明化监督。三是建立产品安全回溯机制。新兴通过二维码溯源等现代化的检测方式，让消费者可以实时查询产品生产过程，并对产品追根溯源，进一步确保现代农业产品的质量安全。

2. 创建严格环保标准

新兴在推动产业融合过程中也致力于生态环境保护，实现绿色发展。一方面，设立环保底线。如新兴通过设立限养区、禁养区减少养殖污染。2016 年，新兴县规定新兴江及其各支流流域 500 米内禁止禽畜养殖，并对已有养殖场进行清拆。另一方面，支持环保升级。为支持农户升级环保设备，新兴还对达标的生产农户、家庭农场进行奖励。如范金树农场实现养殖零污染排放后，政府给予了其每头猪 20 元的补贴，共计补贴 24000 元。

3. 建立产业准入标准

新兴县在推动产业融合过程中，以现代产业发展为方向，引导提升产业标准，从源头保障发展质量。一方面，产业准入，淘汰落后产业。新兴通过建立产业发展标准，主动淘汰落后产业或倒逼相关产业提升产业标准，吸引符合现代产业发展要求的高新技术产业能够落户。另一方面，产业重组，推动产业升级。新兴借力温氏先进的农牧设备打造现代农牧设备产业园，吸引了全国甚至全球农牧设备高新技术企业落户，形成产业规模效益，助推了产业的升级发展。

（二）以特色引导树立差异发展机制

为避免同质化发展，新兴县在推动产业融合过程中，借助特色小镇、产业园区等平台，构建起区域特色发展机制。

1. 以特色小镇为依托，汇聚优势产业

其一，定位产业特色。新兴县基于现有产业现状，梳理出文化旅游、农业种植、农牧养殖等区域优势产业。如簕竹镇立足温氏集团，聚焦农牧产业，将镇域打造为现代农牧小镇。其二，淘汰落后产业。在明确特色产业基础上，各乡镇积极培育和引进相关产业，淘汰无关产业。如簕竹镇在将自己定位为农牧小镇后，积极引导辖区内无关的水泥加工等企业整体搬迁。其三，升级主导产业。如簕竹镇在提出农牧小镇发展战略后，引导温氏集团投资近 4 亿元将镇内养殖场升级改造为现代化家庭农场。

2. 以产业园区为载体，汇聚前沿技术

新兴县在明确特殊产业的基础上，通过产业园区、创新平台等建设，引导相关优势企业与先进技术汇聚，使优势更优。一是组建科技园区。如新兴县为进一步发挥温氏集团农牧设备制造的技术优势，建立了占地 500 多亩的现代农牧装备园，以此汇聚全球高端农牧设备制造企业。二是设立创新平台。2016 年，新兴县成立创新发展中心，为进驻企业、高校等创新主体提供全方位的服务。到目前为止，创新发展中心已吸引多所高校和企业进驻，为新兴县相关产业发展注入了强大智慧资源。

（三）以文化引导打造协调发展机制

在产业融合过程中，新兴县积极挖掘县内六祖禅宗文化，借助六祖"共生"理念推进社会协调发展。

1. 农企发展协调

受六祖文化影响，温氏等企业将共创共享作为企业基本理念。其中，温氏集团将企业宗旨定为"精诚合作，齐创美满生活"，翔顺集团将企业宗旨定为"回报社会、共创美好新生活"。如温氏集团合作养户因禽流感、意外事故等遭遇大额亏损时企业会给予"特殊补贴"。养户范金树介绍，温氏集团除了补上亏损额，还会多给一部分生活费用。"如亏了 3000 元，温氏集团开会讨论后，会补给你 8000 元，有 5000 元的差额，以此保证农户可以进行下一批养殖，给翻本挣钱的机会。"

2. 企企发展协调

为避免企业与企业之间恶性竞争，新兴县通过政府协调、建立产业协会等形式，实现企企共生。如 1997 年受禽流感冲击，新兴县内温木辉养鸡公司等面临破产倒闭困境。为挽回损失，在政府的协调下，元温氏集团对温木辉养鸡公司进行代管，次年就实现了 22 万元的盈利。同时在温氏集团的帮助下，温木辉本人于 2003 年作为温氏集团的养殖种苗经销商得以二次创业。另外，为破解县域内企业融资难问题，2012 年温氏等企业共同出资建立了新兴东盈村镇银行，为新兴企业发展提供资金支持。

3. 政企发展协调

在产业融合过程中，企业积极与县域整体发展相结合，实现政府目标与企业目标的有效契合。如温氏集团与新兴县政府合作开展新农村建设。其中，在簕竹镇建设过程中，新兴县政府投资 1 亿元进行基础设施建设，温氏集团配套 4 亿元进行养户厂棚改造、村道建设等。同时，政府尊重市场的决定性作用，避免对企业经营进行干涉。如企业与农户完全依据市场规律开展自愿合作。农民依据自身条件既可以选择不与企业合作，也可以选择进入企业务工，抑或与企业合作开办家庭农场。同时，企业依据自身服务范围、农场相对距离等标准选择是否与农户合作。

四 多元驱动，促生"产县共荣"，实现发展共生

产业融合不仅是破解农业产业发展难题的有效实践，也是破解农民增收、城乡一体化发展难题的重要途径。

（一）在产业反哺中整合要素，破解农业后劲不足难题

产业的融合发展，有效促进了资金、技术等现代要素向农业的渗透，促进了农业生产经营体系的现代化升级。

1. 优化资本供给

其一，资金输出。新兴县龙头企业利用资金优势，在合作农户建设农场时提供 30%～40%的垫付资金。而对于格外困难的农户，企业除直接资助外，还为农户提供无息贷款，农户投入有了产出以后，再分期还清。其二，资金代付。企业在与农户合作的过程中，为农户先期提供种苗、饲料、疫苗等，等到产品上市以后，再统一从农户收益中核算扣除，以此降低农户的生产投入。农场主范金树表示："从 2016 年起，我开始帮温氏养猪，签订合同后就能在服务部免费领取猪苗、疫苗和饲料，到了年终核算时一并扣除。这样就可以节省一大笔产前投资。"

2. 助推技术服务

技术落后是制约农业产业发展的重要因素。新兴县通过发挥龙头企业的技术优势，为农业发展注入原动力。一是技术集中研发。如温氏集团建立有国家生猪种业工程技术中心、农业部重点实验室等多个高端研究平台，获得专利 119 项，为农业升级换代提供了强有力的技术支撑。二是技术下推应用。新兴县利用农业龙头企业的优势，将技术应用作为农户合作的门槛。同时，对于采用新技术的农民由企业提供资金补贴。三是技术全程服务。如温氏集团下设服务部，服务部技术员每周 3～4 次前往养户家为农民提供有针对性的技术服务。温氏服务部的负责人表示："我们的技术员每周都去农场检查，一旦发现疫情等异常情况能第一时间处理。除此之外，我们还组织农户定期进行技术培训。"

3. 强化市场牵引

在新兴产业融合中，企业利用其市场占有优势，拓展农产品销售渠道，提升了农业生产的有效性。其一，拓宽销售渠道。如温氏企业涉及活禽养殖、加工、销售等多个环节，同时开拓海外市场，将冷鲜肉类销往香港等地，有效破除了农民的市场销售难题。其二，衔接市场需求。如农场主范金树表示："20 世纪 90 年代我家是帮温氏养鸡，后来温氏发展养猪我就开始跟着养猪，2016 年温氏提出要建设现代农场，我就第一个报名了。"

其三，定向勾连市场。企业将农户纳入产业链条，直接以订单方式规定产品数量及质量，无须农户自行判断市场需求。温氏佳润食品有限公司的冰鲜品在澳门市场占有率为 70%，原材料均为向周边农户收购而来。

（二）在农业提质中创新价值，破解农民增收乏力难题

传统农业的弱势制约着农民的增收致富。产业融合的发展，有效促进了农业生产组织的升级和农业经营价值的提升，为农民脱贫致富提供了条件。

1. 破除产业壁垒，强化生产价值

新兴县借力产业融合，通过二三产业的发展有效提升了农业的生产价值。一是强化产品加工价值。如天堂镇在传统紫米种植基础上研发紫米茶、紫米酒等精深加工产品，使产业价值翻番。种植大户郑经绍提到："现代都市人的生活节奏快，做紫米饭可能会觉得烦琐，我们就针对办公室人群推出紫米茶，让人们一整天都可以喝到紫米。"二是强化产品商业价值。如农场主曾润棠在红心火龙果种植基础上，利用邻近六祖故居的区位优势，将禅文化注入农产品中，形成"禅果"，价格明显高于市场价。

2. 提升质量供给，强化经营价值

一是以产品安全为方向，提升农业品质。针对市场消费对健康安全的重视，新兴各企业纷纷打造"养生谷""生态茶园""生态农场"等项目，提升农业生产品质。如万事泰集团为适应"安全厨房"发展方向，主动将厨具制造产业延伸至绿色生态农业，开发绿色食品。二是以标准生产为手段，优化产品质量。企业根据产品质量的要求对农民生产进行标准化规范和行标准化质检。例如，企业与合作农户签订养殖合同，规定农户喂养、防疫等时间节点和投喂量，以精确的数量和时间点来明确标准，以此保证农业的标准化生产，提升农产品质量。

3. 依托企业保护，强化品牌价值

农民依托农业龙头企业这一市场品牌，有效提升了自身产品的价值。其一，企业回收，利润稳固。企业不论市场行情如何均定量回购，实现产销一体化。在 2013 年，温氏因 H7N9 禽流感事件经营亏损 10 亿元，但仍保证合作农户每只鸡 2 元钱的利润，使农户免受市场冲击。其二，企业下单，生产定向。企业直接以订单方式规定产品数量及质量，无须农户自行判断市场需求，破解了农民市场信息滞后的大难题。其三，企业立牌，提升附加值。温氏佳润食品公司的负责人介绍："依靠温氏集团的良好口碑，温氏的毛鸡市场售价是7.35元每斤，要高于市场平均价格，因为温氏的质量有保证。"

（三）在政社融合中凝聚合力，破解城乡一体发展难题

1. 推动政企合作，优化人居环境

一是基础设施优化。新兴县积极探索新形势下村企结对共建机制，以村企互补、双向共赢形式优化村庄基础设施建设。如翔顺集团于2010年至2011年先后资助坝塘村共180万元资金用以打通并拓宽环村公路、增设村民文化设施等。二是生产环境优化。为破解畜牧养殖造成的环境污染问题，簕竹镇政府在争取省级专项补助资金1亿元以及县配套资金1亿元的基础上，撬动企业配套投入资金3.7亿元，用于养殖小区的升级改造和环保新技术的应用，最终实现污染物"零排放"。

2. 引导企业服务，承担社会责任

一是参与公益慈善。如2005~2012年温氏集团"温北英基金会"捐助用于新农村建设、扶贫助学、灾害救助、重大疾病救助的资金共达4834.7万元。二是扶助农民就业。如凌丰集团通过兼并濒临破产的企业，解决了1500多名下岗职工的再就业问题，取得了政府满意、企业增效、职工增收的效果。三是引领社会建设。如温氏集团响应县政府提出的未来小镇建设理念，免费为政府编制建设规划并出资1.5亿元建设县城文化地标——惠能广场。

3. 构建长效机制，实现产业脱贫

新兴县通过融合企业、社会组织等主体资源，帮助有劳动能力的农民摆脱贫困，奔向小康。一是深化"公司+农户"模式。据统计，新兴县第二轮扶贫的15个贫困村中超过3000户贫困户通过"公司+农户"模式顺利脱贫。二是推进村集体经济发展。为了改善贫困村的落后面貌，2015年簕竹镇良洞村与温氏集团共同将价值600万元的公司折价为100万元，将部分股权让给镇内其他7个村集体，最终良洞村村委会占股39%，温氏集团占股19%，其他村委占股42%，为7个贫困村提供稳定的集体经济收入。

五　融合共生，一体发展，打造三产融合中国样本

新兴县基于产业内生需求，以一产带动二三产发展的形式，走出了一条不同于传统产业融合模式但符合我国"三农"实际的新道路，打造了三产融合的中国样本。

（一）社会条件的差异决定了产业融合道路的不同

在产业融合的长期实践过程中，通常形成的是二产三产带动一产的道路。这对于工业化、商业化高度发达的国家或地区而言是一条有效路径。然而，我国国情相对特殊，农业规模大但底子薄，农村人口多但相对贫困，简单通过二三产外部带动一产的形式可能难以激活农业的内在潜力，难以从根本上破解"三农"难题。因此，一二三产业融合还需要结合我国国情走出新的道路，寻求新的实现形式。新兴县以一产带动二三产发展，并以此为基础破解农业发展、农民增收、城乡一体难题就是对中国特色产业融合道路的有效探索。

（二）农业生产体系现代化是产业融合的必经阶段

"内因是事物发展的根本动力。"一二三产业融合是推进农业现代化的重要形式。但是，农业现代化并非简单依靠二三产带动就可以实现的，关键还在于农业自身生产经营组织的现代化。新兴县产业融合的道路就是借力温氏等现代农业企业打造"公司化农民""车间化农业"等新型生产经营组织体系，以此促进农业的现代化，并基于农业内生需要带动二三产业发展，实现产业之间的有机联结。新兴的实践证明，产业融合不能越过农业生产组织体系现代化这一阶段，相反，农业生产组织体系现代化是产业融合的首要基础和必经阶段。

（三）风险先担是推动农企合作共赢的重要突破口

农民是农业发展的重要主体，企业是市场的活跃主体。但是，长期以来，由于缺乏有效的机制制度，农民往往不信任企业，农民与企业之间难以形成稳固的合作关系。新兴县在产业融合过程中之所以能长期有效发挥企业与农民的主体作用，关键在于创造了一套"风险先担"的利益协调机制。即企业利用自身资金、技术、市场等优势，为农民先担投资、经营等风险，从而使农民愿意与企业长期合作。由此可见，在当前农民处于相对

弱势地位的情况下，发挥企业的风险先担作用，是打造农企利益共同体、实现农企共赢的重要途径。

（四）打破产业隔阂是现代产业发展的必然规律

传统产业发展过程中，一二三产业相对分割，导致产业发展既缺乏有效的资源，也缺乏有效的载体，难以有效激活产业的功能与潜力。新兴县在产业融合过程中，以农业产业化发展为基础，同时基于农业需求延伸发展二三产业。农业的"接二连三"，不仅为农业的发展注入了资本、技术、服务等现代要素，更有效开拓了农业的产业功能，提升了农业的产业价值。由此可见，产业的现代化发展，亟须打破传统产业之间的"隔阂"，最大限度地利用不同产业的功能、资源，共同促进产业的发展，形成融合性、共生性的新型产业形态。

（五）政府社会关系的重塑为协同治理提供了基础

与传统社会企业、农民等主体利益相互竞争甚至排斥不同，产业融合促进了政府、企业、农民等主体的有机融合，实现了不同主体的利益共生。新时期，无论是破解农民脱贫致富，还是新农村建设，都难以依靠政府、企业、农民某一单一主体实现。随着政府、企业、农民等主体的利益紧密联结，农村社会建设与治理不仅需要而且可以借助政府与社会主体的协同合作。新兴县在社会治理过程中，充分发挥企业在新农村建设、农村扶贫等方面的积极作用，在破解"三农"难题等方面取得了良好的成效。由此可见，产业融合为促进政府社会协同提供了有效条件。

补位不越位：政府有形手弹好产业融合"三弦琴"

——基于广东省新兴县三产融合中政府职能发挥的思考

2017 年中央一号文件明确指出，要加大农村改革力度，理顺政府和市场的关系，培育和增强农业农村发展新的动力。然而长期以来，政府在一二三产业融合建设中往往呈现出"包办式、条令化、强引进、拉郎配"等特点，过度行使政府职权，导致产业融合难以长效发展。对此，广东云浮市新兴县以农村一二三产业融合建设为契机，探索出一条政府"补位不缺位、到位不越位"的产业融合新路径。所谓"补位不越位"，即政府通过推动农企合作、协调农企利益、引导农企共建等方式，弹奏以促进融合为准线、社会需求为界线、公共利益为底线的产业融合"三弦琴"，实现了政府在三产融合建设中的"有所为"与"有所不为"，进一步推动了农村一二三产业融合。

一 促融有方，用好"有形手"，政府"补位不缺位"

新兴县巧妙发挥政府"指挥棒"的作用，以激发农企参与，实现了政府在三产融合发展过程中"补位不缺位"。

作者：华中师范大学中国农村研究院/政治科学高等研究院何扬飞。

（一）给农企"牵红线"，搞"合唱"不搞"独唱"

激活社企参与是实现"政府主导、企业主位、农民主体"格局的前提。其一，定位政府"搭舞台"。为了让农企有"施展身手"的机会，新兴政府以"政府搭台、政府牵引"为理念，出台未来小镇、农牧小区等多个项目共建平台。如新兴县以农牧小镇为平台，引导温氏集团、南牧公司以及大量现代家庭农场等共同打造中国最先进的现代农牧集聚区、展示区。其二，激活企业"做领唱"。为解决农民资金缺乏等问题，新兴政府主动帮助温氏集团申请银行牌照，让其为农民提供无息贷款、先行垫资等金融服务。其三，引导农民"来和声"。新兴政府通过政策引导、资金帮扶、用地倾斜等方式大力发展现代家庭农场，借此引导农民参与现代化农业建设。例如，新兴县政府投入专项帮扶资金支持农户进行现代化家庭农场建设。

（二）为农企"调利益"，做"协管"不当"主管"

针对农企"前期难合作、中期难协调、后期难继续"的困境，新兴政府主动帮助农企协调利益，做农企合作的"协管员"。第一，创新合作，找利益"平衡点"。政府引导企业创新农企合作机制，为农民建立起风险先担机制、利益共享机制，确保农民因合作获益，企业以合作促发展。温氏集团通过为农户注入资金、现代化生产方式与管理标准，与农户协议定价、丰收返利，有效保障了农民发展。第二，文化熏陶，增利益"共通处"。新兴县利用传统禅文化的优秀因子，营造"融合共生"的文化氛围，以潜移默化的方式让农企形成"共生、共享、共赢"的合作理念。例如，温氏集团、万事泰集团等公司的经营理念都包含"普惠""合作""互助"等禅文化，并通过公益活动、帮扶农民等方式回馈社会。第三，科技助力，加利益"连接线"。新兴通过引进物联网人才、增设资金补贴等方式，大力推动物联网技术的普及。目前，新兴22个现代家庭农场均已实现信息化管理，并通过物联网将农户与企业联结起来，企业可监督养殖，农户则可寻求帮助。

（三）引农企"自运转"，管"大事"不拘"小事"

政府并非万能，因而更需要引导发挥企业和农民的"自发力量"，从而提升融合质量。首先，政府出规划，企业自愿参与。为引导企业参与公共设施建设，新兴政府建立了"政府规划，企业建设"的合作模式。如惠能广场即由政府进行土地规划，温氏集团出资建设，以此为居民提供文化活动中心。其次，政府做孵化，农户自主发展。新兴县通过公益性农民培训制度、创业扶持等政策，积极培育专业大户、家庭农场等新型农业经营主体。截至 2016 年底，新兴政府已培育家庭农场 5100 多个、种养大户1.1 万个、农民专业合作社 515 个。最后，政府设标准，农企自觉实践。为解决检疫难题，政府制定了有关检疫标准，并下发到温氏等龙头企业，由企业承担部分养殖户的畜禽检疫事宜，并通过市场溯源机制倒逼企业提高检疫标准，从而将部分检疫服务转移到企业。

二 促融有则，管好"有形手"，政府"到位不越位"

政府治理现代化的核心是简政放权，这要求政府在正确履职、做好本职工作的同时，管好"有形手"，退出越位领域。

（一）以促进融合为准线，牵好"牛鼻子"

为打破传统一二三产业机械化融合的困境，新兴政府以有机融合为准线，构建了新的融合方式。第一，推崇农企"自由组合"。新兴通过"企业优先招聘农民、农民就近入职工作"的方式，让农民与企业"自由组合"。在象窝茶园，农民自愿将家中茶园承包给翔顺公司，同时翔顺公司将茶园承包给农民管理，以此发挥企业市场优势和农民劳动力优势。第二，鼓励企业"多向发展"。新兴政府着力扶植企业向其他产业发展，通过企业加快推进三产融合。以温氏集团为例，公司以畜禽养殖为主，拓展建立了农牧加工设备公司与农牧服务公司，成功将产业链延伸至二三产业。第三，促动产业"有机结合"。为更好地促进产业融合，新兴县以特色小镇建设为载体，打造"农业生产+产品加工+观光旅游"一条线发展的模式，"变产业独立发展"为"三产深度融合发展"。该县簕竹镇立足畜禽养殖基础，衍生了农牧设备制造、肥料制造、乡村旅游、会议展示等相关产业。

（二）以社会需求为界线，做好"服务员"

"提供什么服务、怎样提供服务"应以社会需求为准。一是设施"配起来"。为企业与农户提供发展所必需的基础设施，是政府的主要职能之一。截至 2016 年年底，12 个乡镇全部建立了产权交易中心等公共服务站点，为农民流转土地、发展集约化农业提供了交易场所。二是资金"聚起来"。围绕现代农业发展，新兴政府将创业补贴、农机补贴等资金向四类新型经营主体倾斜。以建立现代家庭农场为例，农户不仅可以向政府申请创业补贴、贴息贷款，还可以申请相关农机补贴，大大减轻了农户的经济压力。三是人才"引进来"。为更好地引进人才与技术，新兴政府成立并引进了多个实验室及研究中心，为企业与农民提供技术创新、成果转化等服务。2016年至今，新兴已引进各类研究团队数十个、优秀科技人才数百名，发展数百个创新项目。

（三）以公共利益为底线，当好"监管器"

市场发展离不开政府的宏观调控，产业融合也需要以公共利益作为底线。一方面，实施溯源检测。实施市场溯源检测，能够有效利用市场倒逼企业提高生产质量，保障消费者的食品安全。当前，新兴已建立远程监控、二维码溯源等先进的溯源检测方式，一旦出现质量问题可追溯源头，追责企业，进一步确保了现代特色农业产品的质量安全。另一方面，设置建设红线。尽管有三产融合建设需求，但发展不可以环境为代价。因而，新兴对基本污染物排放等都设置了建设红线。在范金树现代家庭农场，畜禽的排泄物都必须经过生物发酵并由相关部门检测，合格之后才可作为农田肥料进入市场销售，实现了畜禽排泄物零污染排放的目标。

三　促融有效，"有形手"奏出三产融合新乐章

（一）政府在产业融合中应该适当"有所不为"

2017年全国"两会"再次提出要简政放权，充分发挥市场的资源配置作用，这就要求政府在三产融合建设中"有所不为"。新兴政府在推动产业融合的过程中，改变了传统的包办式、强制性、拉郎配的做法，从越位点退出，将企业能做的，交给企业，农民能做的，交给农民，让企业和农民"大展身手"，提高了三产融合建设的"性价比"。由此可见，三产融合建设离不开政府一定程度的"有所不为"，更好地为企业与农民参与"腾位置"。

（二）三产融合建设也需要政府"有所作为"

推进三产融合发展，除了市场的作用，更离不开政府的正确引导与优质服务。市场不是万能的，需要政府"补位"，主动承接社会与市场不能

做、不愿做的事情，在政策制定、市场监管、基础设施建设、社会保障等方面切实履职，更好地为企业与农民提供高效优质的公共服务，真正做到政府治理的"到位不缺位"，以此来进一步推动三产融合发展"大步向前"。

（三）社会需求是界定政府行为边界的重要标准

传统的包办式政府倾向于提供全能型服务，导致了"市场运作被干预、企业活力被削弱、社会参与被阻碍"的局面。新兴政府通过精准定位社会需求、尊重市场的自我调节能力与社会的自我建设功能，侧重为企业和农民提供其切实需求的服务内容，从而实现了全能型政府向服务型政府的转变。这种看似政府服务范围缩小的做法，实则是政府界定职能范围的重大转变。

（四）产业持续融合的关键是激活社企活力

在推进农村一二三产业融合的过程中，政府面临着资金有限、市场信息不足等无法避免的问题，而市场与社会具有充足的资金和自我调节能力，因而有效推动农村一二三产业融合更需要企业与农民的参与。新兴县政府通过"打好三张牌""企业+家庭农场"等方式充分调动了企业与农民的积极性，为科学长效建设三产融合提供了持续动力。

企业补缺政府：铺设产业融合"蓄电桩"

——基于广东省新兴县一二三产业融合的调查与思考

国务院针对农村一二三产业融合发展提出要"坚持市场导向，充分发挥市场配置资源的决定性作用"。长期以来，在政府单向引导产业融合的过程中，由于政府资源有限，引导乏力，农民难以有效融入现代化产业中，因而无力推进产业转型和农业升级。为破解这一难题，新兴县充分激活企业"蓄电桩"的作用，汇聚产业融合发展的资源和动力，以企业补缺政府，实现产业融合高度的提升。具体而言，就是以企业汇聚政府与市场的"电力"资源，为农户渗入资本保障稳固生产，植入技术提升附加价值，注入信息助推有效对话，从而推动新型农民"落地生根"，促动现代农业"茁壮成长"，实现与政府协同互补，共同促进产业融合跨越发展。

一 汇能"蓄电"，资源集聚，补齐发展要素

企业充分发挥资源配置作用，有效整合资金、技术和信息要素并及时传递给农民，助力政府做好产业融合工作。

作者：华中师范大学中国农村研究院/政治科学高等研究院杨昕。

（一）资本上汇下通，铸盾御风险

新兴以企业资金为"营养"，将其注入农民生产的各个环节，形成完善的资金保障体系以解决农户发展难题。其一，垫资兜底，助推生产。企业先行垫资为合作农户提供一定比例的启动资金，之后随产品回收分批扣回，缓解其资金压力。在新兴县典型的"公司+农户"模式中，温氏基金垫资占总启动资金的 30%～40%，有力推动了农户的生产起步。其二，要素供给，为经营减负。企业为合作农户提供诸如设备、技术等生产"配料"，既能保证产品质量，也能降低农户生产成本。温氏自行研发养殖设备、饲料、疫苗等生产要素并提供给合作农户，且研发费用农户零分担。其三，产品回收，稳固利润。企业不论市场行情均定量定价回购，以此增强农户抗击风险的能力，实现产销一体化。在 2013 年，温氏因 H7N9 禽流感事件经营亏损 10 亿元，但仍保证合作农户每只鸡 2 元钱的利润，使农户免受市场冲击。

（二）技术上引下推，建仓促提档

新兴响应政策要求，集聚企业并推广现代生产要素，由上到下打通技术通道，提升产品的技术附加值。一是内聚外引，技术衔接有道。企业以"技术入股，股份共享"的形式吸纳国内外优秀人才，针对生产实际进行专项研发，确保技术水平的先进性。截至 2016 年年底，温氏集团共吸引了 10 余位行业专家入驻，实现创新驱动。二是定期对接，技术推行有则。企业根据有效服务半径设置服务部与合作农户定时对接、定向交流，及时解决农户的技术难题。如与温氏合作的农场主每周至少能接受服务部 2～3 次服务，解决生产难题或学习新技术。三是实时考核，技术监督有度。企业针对每批产品进行质量验收，并设置奖惩标准，确保农户对技术"执行到底"。温氏对每批养殖出厂的鸡设置 94% 的合格标准，低于标准的部分每只鸡扣除 0.1～0.2 元，敦促农户真正做到技术"落地"。

（三）信息上传下达，搭桥增沟通

农户作为小微个体对市场需求的判断和对政府政策的了解均存在一定"真空"，新兴企业积极充当信息桥梁，实现精准到户。一方面，"下订单"，定向勾连市场。企业将农户纳入产业链条，直接以订单方式规定产品数量及质量，无须农户自行判断市场需求。温氏佳润食品有限公司的冰鲜品在澳门市场的占有率为 70%，原材料均为向周边农户收购而得，成功地将市场需求转化为农民收益。另一方面，"制名单"，专向联结政府。企业根据经营状况向政府提供相应名单，用以确定补贴、奖励等享受优惠政策的人选，更好地对接政府政策信息与农户诉求。温氏集团服务部冯总提到："政府有些奖励政策不清楚该落实到哪些农户，就通过我们企业渠道确定名单。"

二　定向"输电"，主体驱动，补引发展转向

企业依托产业融合发挥功能，致力于农民改造、农业升级、县域治理，真正实现"农民增收、农业增效、社会增能"。

（一）以企明向，补做产业融合"带路人"

以企业为主体辐射带动各个主体发展，与农户、政府建立起同生存共发展的共同体，既能够满足企业发展的内在需求，又能带动农民、农业及社会发展。第一，齐位经营，需求同向。企业与农户通过相互嵌入融合为完整的产业链，目标一致，联系紧密。石头冲自然村养户就因与温氏共秉"共创美好生活"理念稳固合作 24 年。第二，双向投入，责任同担。农企合作权责明确，企业提供资源为农户"护航"，农户投入成本和精力维持生产。如温氏为合作的养殖户提供种苗、饲料、疫苗等近 10 项服务以确保农户稳定生产。第三，合营增值，利益同享。农企双方的收益均随着产出价值的增加而提升，企业则以分红形式确保农户同时获益。2016 年养殖市场"丰收"时，温氏以每只鸡 0.1 元的价格为合作农户进行二次分红，保障农户获得增值。

（二）以企育民，补做农民转型"经纪人"

企业立足市场新需求，利用产业带动，引导传统农民向新型农民转变。第一，培育职业型农民。企业通过"公司+农户"的模式促进传统农民升级为"规模经营、高质产出"的全职农民。与温氏合作的农户秉承"车间化"标准生产，在同等劳动力操作下，养殖量较传统养殖增长 10 倍且收入翻两番。第二，培养公司型农民。农户通过嵌入企业"生产环"，成为公司一员。如太平镇共有 350 位农民与翔顺禅茶公司合作，按照公司的标准和要求进行茶叶种植，最终再由公司对产品进行质量监控和加工销售。第三，培植技术型农民。企业手把手教学，为传统产业嫁接新技术，注入新鲜"血液"。截至 2017 年 4 月，籍竹镇共有 7 个"公司+家庭农场"

的农户进行现代化家庭农场的改造，实现了自动化、智能化养殖。

（三）以企领业，补做农业升级"领头人"

企业在传统农业生产之上发展新技术、新业态，在增加产量的同时保证了产品的高质量，打造农业的"新范本"。首先，做好产业规范，质量有保证。企业以技术作为考量产品高端与否的标准，树立产品质量"行规"。如，温氏企业在与农民合作的过程中，制定了一套农业标准化流程和产品质量规范，以此对入市产品严格把关。温氏服务部负责人表示："如果农民不按照我们的规定投料、防疫，最后质检不过关，我们会延长农户的养殖期，按标准继续养殖，直到（猪体内的）毒素排出才能进入市场。"其次，做实产业支撑，延伸有方向。企业利用同集团利润支撑新产业发展，摆脱盲目冒进，保生态促"双赢"。对比天露山景区两侧的开发，开平一侧因政府开发过急破坏了生态，而新兴一侧由企业利用其他产业利润连续 10 年投入，发展更"可持续"。最后，做活产业链条，融合有效益。企业通过项目连接产业，向上游拓展，向下游延伸，打造全区产业链，落实融合三产。如万事泰集团借助生态养殖、冷鲜输送、社区门店和智能厨房 4 大板块，打造出"安全厨房"新概念与产品体系。

（四）以企促治，补做社会治理的"合伙人"

企业作为社会主体积极参与社会治理的方方面面，为政府"减负"，为社会"增能"。其一，参与公益事业，共享发展。企业积极扶危济困，在抗洪赈灾、慈善捐资、爱心助学、建桥修路等公益事业方面添砖加瓦。新兴本土企业凌丰集团积极履行社会责任，其中仅对惠能小学的资金投建就达 2500 万元。其二，参加社会服务，共筑家园。企业与村庄互促互进，既迎合村庄新农村建设的需求，也促进企业社会责任的践行。翔顺集团便以回馈社会为己任，先后帮助坝塘村打通环村公路，修建文化活动中心，造休闲公园等，2010 年以来累计捐资逾 2000 万元。其三，参建环保工程，共护生态。企业响应新兴县"生产、生活、生态"三生融合的发展要求，尤其在养殖业等易污染产业方面更注重环保。温氏旗下益康生环保科技有限公司先后承建全县近 300 家养猪场废水处理系统示范项目，实现了污水"零排放"。

三　企业补缺政府，实现产业融合持续"供电"

企业补缺政府以瞄准要素空缺为基点，精确改造农民，精准提升农业，精细促进社会治理，为市场作用的有效发挥及政企良性互动提供了经验借鉴。

（一）政府职能转变是有效发挥企业功能的前提

简政放权是实现政府治理现代化的有效途径，是"社会管理"向"社会治理"转型的关键。政府主动"放水"并积极提供服务养活企业"大鱼"，也是政企良性互动的内生需求。新兴县以产业融合为契机，破除企业功能发挥限制，在金融、信息等层面降低准入门槛并放宽政策要求，以此激活企业参与社会服务，实现企业效用发挥最大化。

（二）企业带动农民转型需落脚在同向利益

习近平总书记提到："要探索一些好办法，帮助农民更多分享产业利润效益，真正同龙头企业等经营主体形成利益共同体。"共同的利益联结是企业与农民合作的重要基础，只有握准这一基础，才能激活农企共赢的内生动力。而在以往各地的三产融合实践中，往往存在利益联结不紧密导致农企合作松散的现象。新兴县通过将农民与企业纳于一条产业链，实现了经营权共有、所有权配合、收益权共享，形成了既平等协作又权责分明的利益"共同体"，真正实现了责任共担、发展共谋。

（三）企业补位应注意政府不可缺位

习近平总书记指出："更好发挥政府作用，不是要更多发挥政府作用，而是要在保证市场发挥决定性作用的前提下，管好那些市场管不了或管不好的事情。"政府必须坚持有所为、有所不为，着力提高宏观调控和科学管理的水平。新兴县政府在一二三产业融合发展的过程中坚持政府"不缺位"，做好谋篇布局的规划者、市场配置的引导者、利益联结的保护者、制度技术的创新者和城乡一体的建设者五大角色，使政府和市场不再是简单的功能叠加，而是达到统筹把握，优势互补，有机结合，协同发力。

（四）企业补位是推进产业融合的有效途径

党的十八届三中全会把市场在资源配置中的"基础性作用"修改为"决定性作用"，标志着市场作用的新定位。而企业作为市场的活跃主体，在促进产业融合发展的过程中也发挥着主体作用。新兴县以企业为"蓄电桩"，汇集资金、技术、信息等生产要素为产业融合"充电"，进而牵引农民、农业和治理升级，弥补政府资源有限以及农民个体能力不足的缺陷，破除融合乏力壁垒。企业补位既能带动市场"看不见的手"，又能配合政府"看得见的手"，双管齐下，产业融合效能更明显。

"中介"的集体：架起农企
共生"连心桥"

——基于广东省云浮市新兴县三产融合的调研与思考

国务院《关于推进农村一二三产业融合的指导意见》指出，要支持企业与农户通过订单生产、合作协议、产供销对接等方式，强化一二三产业的有机融合。但在产业融合实践过程中，由于农企直接对接导致"企业有负担、农民有顾虑"，双方陷入相拒难合的困境。为此，新兴县积极探索并实践出一条以集体为"中介"推动农企相融的新道路。具体而言，即以村集体为"中介"，通过村集体进行示范带动、审核把关、链接双方需求，助推农企"有效对话"，强化双方"共赢认同"，最终实现村民一心、农企一体，推动了农企有效融合。

一 牵线搭桥，消除农企相融"隔心墙"

面对产业融合的契机，新兴县充分发挥各村集体的中介作用，双向消除农民与企业之间的心理隔阂，为产业融合奠定基础。

（一）解"心结"：示范带动，消除农民"疑虑感"

为保证产业融合有序推进，村集体通过先试先行，为村民参与产业融

作者：华中师范大学中国农村研究院/政治科学高等研究院张慧慧。

合提供示范和指引。一方面，建"试验田"，消除村民心理边界。为消除村民因对企业不了解、不信任而产生的心理顾虑，村集体率先以村庄集体土地与企业合作，由企业出资支持村集体建设现代家庭农场，对村民起到了良好的示范引导作用。石头冲村主任温志开谈道："刚开始农民对企业是怀疑、观望的态度，通过我们村集体的示范他们就能更放心、安心地和企业合作。"另一方面，赚"增值利"，提高村民参与热忱。村集体通过与企业合作建设农业产业化示范点，使原本沉睡的集体资产转变为带动集体增收的"聚宝盆"，成为农业转型促增收的范本，吸引了农民主动涉足农业产业化道路。良洞村支书谈道："村民看到我们村集体和温氏合作赚了钱之后就也主动找温氏合作了，现在我们村 400 位村民中有 200 位是'吃温氏饭'的。"

（二）开"心门"：审核把关，提高企业"安全感"

村集体作为企业了解村、民的信息枢纽，提高了企业建设的信心和热情。第一，资源整合，企业建设有场域。村集体说服、吸纳村民将分散的、产值低的承包地流转至龙头企业进行规模化、集约化、标准化生产。象窝茶厂总经理崔健平表示："通过村干部帮我们做工作，我们观光茶厂的规模已经从原来的 1200 亩扩展到 2000 多亩了，都是租用周边村庄农民的土地。"第二，项目审核，企业投资有信心。村集体通过对村民申请与企业合作建设的家庭农场项目进行审核把关，降低了企业在村庄中投资的风险。温氏集团与良洞村村民合办的家庭农场均是在征求良洞村委会意见之后才最终投建的。第三，劳力把关，企业用人有保障。村集体充分发挥自身对于村民资源、能力、品质等方面熟知的优势，因岗制宜地为企业推荐最合适的劳力人选，使企业在用人方面得到保障。禾泰农场伍尚展表示："在采摘期，我们都是根据周边村庄村干部的推荐，把采摘任务承包给家庭贫困的、勤劳的人来做。"

（三）通"心意"：协调互惠，增强农企"信任感"

村集体以"中间人"的姿态平衡农企双方诉求，提高农企相互之间的信任感。首先，信息互动，农企合作有渠道。为破解农民难寻企业、企业难觅农民的难题，村集体登上融合舞台，成为农企沟通的"绿色通道"，使农企双方互通土地、项目、就业等合作信息，克服农民与企业因"互不相识"而难以融合的难题。良洞村一村民谈道："以前我们想发展产业也不知道怎么发展,现在通过村集体,我们认识了像温氏这样可靠的企业。"其次,边界明确,农企合作有空间。村集体在为农企牵线搭桥之后主动退出利益分享环节,由农企独立进行合同签订与建设合作,为农企合作留出自由空间。良洞村书记谈道:"我们村委会只管帮助农民和企业进行前期沟通,签合同就不需要通过我们了,是他们直接签,我们不干涉。"

二 融治同步,搭建村庄治理"同心桥"

产业融合不仅有效提升了农村发展水平、农民生活质量、企业经营效益,更为提升村庄治理能力聚合了多方力量。

(一)利益联结实现村民一心,打稳桥桩

产业融合使村集体与村民围绕股份合作、服务协作、流转聘用等利益联结模式,实现了人心"从散到聚",让治理基础更扎实。首先,产业相连,村、民成"合伙人"。村集体带领村民以土地、资金等形式入股龙头企业或是创办合作组织,村、民由相互独立变成相互合作的关系。翔丰农机专业合作社即是在村支书温琼格的带领下创办的,现已有200多名村民以土地或资金入股的方式加入合作社。其次,风险共担,村、民变"连体婴"。通过开展村集体与村民的合作,村、民双方转变为一体的经营者,集体经济与农民自身的发展"一荣俱荣,一损俱损",吸引了村民更多地关注村庄发展事务。最后,成果共享,村、民饮"一眼水"。良洞村通过整合土地资源建设现代农场,不仅使村集体每年增收30余万元,而且带动村民获得了土地租金、打工收入、分红收入等多重收入。

(二)集体中介保证农企相连,建实桥墩

首先,农企相融有"担保人"。为破解农企直接对接导致的农企之间的相互不信任,村集体作为中间人为企业与农民担保,保证了双方能够放心地进行合作。其次,农企相融有"联系人"。村集体充分发挥农民与企业之间"联络员"的作用,引导农民与企业在土地、劳力、市场等资源方面优势互补,成功对接双方利益诉求。良洞村村集体通过向农民传达温氏租用土地的需求,向温氏传递村民有土地可出租的信息,促成村民以高于市场1300元每亩的价格将土地租给温氏建养殖厂,实现了企业与农民的双赢。最后,农企相融有"帮扶人"。在推动农企相融过程中,村集体为农

民提供信息与资金帮扶，为企业提供用地与沟通帮扶，从而保证农企相融有路可循。如温氏在良洞村遇到纠纷时，村委会热心帮忙调解，让温氏能够安心经营。

（三）农企相融推动治理落地，铺平桥面

农企相融带动了村集体发展方式与治理理念的转变，实现了村庄发展与治理的同步推进。第一，民心聚，村庄治理有基础。如良洞村在道路建设、村庄绿化、垃圾处理等方面均有建树，村党支部书记更是为方便村民出行带头拆除自己的婚房给村建让道，村民看到后也纷纷拆除旧房、猪舍用于支持村庄建设。第二，方式转，村庄治理有内力。村集体从依赖财政、企业扶持的"等要靠"思想逐步转变为主动开展现代家庭农场建设、村庄旅游开发等，逐步将村集体的潜在效应发挥出来，为村庄发展注入强劲动力。如良洞村村集体率先与温氏合作建设现代家庭农场，并利用村庄闲置的礼堂成立良洞塑料包装厂，使村庄集体收入由每年 1 万元急剧上升为 30 万元以上。第三，内容实，村庄治理有方向。村集体在助推农企融合发展的同时，由"听从做"转变为"主动做"。在谈及产业融合前后变化时，石头冲村村主任表示："我们村集体现在和过去最大的区别就是知道要去做什么。"

三　合治共融，助推产业融合上"台阶"

村集体力量的发挥促进了新兴县产业融合的飞跃式发展，同时，也为全国产业融合的普及提供了借鉴与启迪。

（一）产业融合的有效实现需要一定的中间载体

"农民直面企业，企业直面农民"，易导致农企双方陷入相互不信任的尴尬境地，一二三产业有机融合难以得到强化。为此，新兴县充分发挥村集体的"中间人"作用，致力于农企双方利益协调，通过整合产业融合发展中的土地、资金等资源，联结起了村、民、企三者之间的利益，使农企由"背对背"变为"心连心"，进而促进了一二三产业的有效融合。可见，一定的中间载体能够有效促进产业融合。

（二）村集体是促进产业融合的有效载体之一

村集体之所以能够促进产业融合向纵深推进，关键在于其作为联系农

企的桥梁和纽带，代表并维护着农企双方的切身利益。如新兴县各村集体一改以往政府"执行机器"的作风，开始主动谋求村庄经济发展，首先与企业合作建设家庭农场，带动传统农民向"公司化农民"转型，逐步形成了"企助力，村协调，民参与"的有效融合模式。可见，村集体助力了产业融合发展，是推进产业融合的有效载体之一。

（三）产业融合是提升村集体治理水平的重要途径

产业融合有赖于村庄治理的同步推进，同时也能为村庄治理落地提供强大动力和坚实基础。新兴县各村集体聚焦产业融合这一新形势，以有效的村民自治激励农民参与，以有效的农村建设吸引企业投资，通过产业融合发展，理顺乡村治理机制，激发了村庄、农民、企业多方的活力，为村庄发展注入持续动力，促进了村庄治理升级。

（四）产业融合的长效发展要避免村集体功能异化

作为促进农企融合的有效载体，村集体在维护农民权益和助推企业发展方面充分体现了其价值。但村集体在参与经济发展方面同样具有"两面性"，如果不对其进行监管，也可能使其衍变成为谋取私利的"以权谋私者"，成为孕育"负能量"的温床。可见，我们在积极稳妥推进产业融合的同时，应加强对村集体的监管，引导村集体健康有序地参与融合。

风险先担：迈好农企合营的"关键一步"

——基于广东省新兴县一二三产业融合的调查与思考

习近平总书记强调，在推进产业融合的过程中，要实现农民与龙头企业利益共享、风险共担的目标。然而，长期以来农业常被称为"三低"产业，即生产效率低、抗风险力低、价值产出低，致使农民闻"农"色变，政府谈"农"无奈，企业涉"农"无心，农业成为发展"禁地"。为此，新兴县以三产融合为契机，为农业、农民发展多方把脉，开出了企业"风险先担"的良方，有效创新了现代"三农"发展新模式。具体而言，企业通过资金下放到生产源为民切断风险、管理引导至经营环为民承担风险、技术帮扶到发展层为民消除风险、市场开通至销售端为民祛除风险使农企关系由"心离心"变为"心连心"，为农企合营迈好"关键一步"开辟了道路。

一 风险先担，为农民发展打造"安全屋"

新兴县引导企业发挥市场主体优势，通过资金、管理、技术与信息要素的有效整合，建立起企业风险先担机制，有效地帮农民将风险"拦于门

作者：华中师范大学中国农村研究院/政治科学高等研究院冯雪艳。

外"，缓解了农民发展的后顾之忧。

（一）企业"释放"资金，为农民融资分险"打地基"

企业以资金为支点，形成完善的资金保障体系，增加农民建厂融资渠道，为农民融资困难分担风险。其一，无偿出资，分摊建设风险。农民在建厂之始，企业通过无偿出资方式为愿意升级现代化家庭农场的农户提供30%~40%启动资金，为农户分摊生产扩建风险。簕竹镇养猪专业户范金树表示："家庭农场建下来需要 120 万元，其中温氏集团提供 36 万元。"其二，无息垫资，分解担保风险。农民在建厂过程中，企业会为资金受限的农户提供30%的无息借款，弥补农户资金缺口，农户利用日后赚取的利润偿还。石头冲养鸡场场主表示："农场建设过程缺乏资金，温氏企业无息借给 5 万元，算是解决了投资难题。"其三，要素配备，分化配置风险。"如果自己养的话肯定要为饲料拿钱，和温氏合作一开始不用拿钱，等上市完了，就给他结算扣除，如果这一次亏钱了，就下一次再扣"，家庭农场主范金树高兴地说。

（二）企业"精准"管理，为农民经营担险"建围墙"

龙头企业指导农民准确经营，明晰责任归属，降低在经营过程中出现的风险。一是经营标准化，筑"第一保险室"。企业以指导农民标准经营为出发点，制作生产经营手册，细化每一个生产环节标准。"现在养猪都有'新规矩'了，猪舍温度是多少、湿度是多少、喂多少，那都是有标准的，跟原来完全不一样了。"二是责任透明化，建"第一监控站"。在生产过程中，农户与企业先明确责任，企业通过物联网对整个生产过程进行跟踪监测，确保能够准确追溯经营过程中的责任方。石头冲养鸡户秦良表示："在整个养殖过程中，公司可以通过物联网跟踪我们的养殖情况，一旦出现事故，我们就可以按照合同办事，各自承担相应责任。"

（三）企业"输出"技术，为农民发展消险"搭屋顶"

龙头企业依托强大的技术力量，帮助农民承担部分未来发展风险。一方面，预防科学化，修"防火墙"。企业利用自己的科研成果，给农户免费提供生产资料和下派专业服务人员，科学预防潜在的危害。新兴县温氏企业每周 2~3 次派技术人员到农户的家庭农场里去注射疫苗，有效防止疫情的发生。另一方面，发展规范化，搭"专业棚"。企业为农民的发展方向制定指南，定期召开发展交流会议，帮助农民适应发展新常态。温氏集团首席执行官温志芬提到："我们要积极引导公司+农户的模式升级，建设现代家庭农场，让农民更好地适应社会的发展趋势，以迎接未来的挑战。"

（四）企业"敞开"市场，为农民销售祛险"凿通道"

企业将农民纳入自身的生产环节，通过商定价格、兜底保障，解决了以往农民难以抵御市场风险的困境。首先，产前锁价，提供安全险。企业在经营前与农户商定价格，签订协议，让农民不受市场价格变动的影响。禾泰农场主伍尚展表示："在采摘期，将采摘任务承包给当地村民，工资提前议定，并且每斤还有 5 毛钱的提成，农户基本上不用考虑市场价格的变动。"其次，歉收兜底，给予保障险。在市场价格出现滑坡时，企业给予农民保底收益，市场和收购差价由企业承担。"2016 年下半年禽流感时期，市场价格大跌，温氏集团给农户每只鸡 2~3 元的利润补贴，公司亏损但不亏损农户"，六祖镇农户刘新民高兴地说道。最后，丰收返利，添加增值险。当年景好时，企业给予二次分红，与农户共享发展收益。温氏集团冯经理表示："公司效益好的时候，会给农户进行再次分红，2016 年时每只鸡可以分红 1 毛钱。"

二 风险愿担，为企业发展搭建"储备仓"

龙头企业担风险，利益联结做纽带，有效整合了农民与企业，既培育了良好的生产者与管理者，又夯实了企业生产基地。

（一）农民"入驻"厂房，培育了稳定生产者

农民在农业生产中具有独特的优势，企业将农民纳入生产环节，最大限度地节约了企业成本。一方面，融民于企业岗。龙头企业与农户、农民专业合作社签订合同，引导农民成为企业一员，将农民打造为公司化农民。良洞村有 320 个农户，其中 50 个与温氏签订了合同，成为温氏稳定的养殖户。另一方面，联民于产业链。农民通过与企业合作，在产供销的链条中将农民纳入生产端，与企业形成了稳定的供销关系。象窝茶园总经理崔健平表示："农户通过签订合同向我们承包茶园，由农户来管理茶园，其余销售等环节都由公司来经营。"

（二）农民"优化"平台，打造了强大供应地

企业将生产环节相连，发展多种形式的适度规模经营，依靠农民的土地、资金、劳力等要素，将农民的农场建设为企业稳定的原料供应基地。一方面，产品保量，为需求做"仓库"。企业通过发挥农户的劳力、资金等优势，与农户合作建设农场，保证了企业农产品的供应数量，解决了公司没有稳定安全的原料储备的难题。新兴县与温氏合作的养户达 4000 多户，占到公司总供应原料的近 40%。另一方面，产品提质，为供给做"支柱"。企业利用工业化的理念、信息化的提升、产业链的发展、网络化的监控等手段，严格把控产品质量。温氏服务部管理人员提到："农户要完全按照公司的标准养殖，猪苗、激素、疫苗、饲料，全部由公司配套，养殖过程要接受公司监督，保障产品质量。"

（三）农民"倾入"身心，构建了牢固合作体

农民与企业在生产领域将力量拧到一起，形成了一个稳定的合作体。一是生产改造协同。企业在进行生产改造时，下派专业人员给予指导，农户主动依据企业改造的要求进行修建，一起打好了生产改造的组合拳。石头冲养鸡户梁户提到："公司要求改造家庭农场时，派技术员给我们确定选址方案，我们积极配合改造完成后，现在一个人就可以管 1000 只鸡了。"二是产业升级协作。企业带领农民进行升级活动，发挥其"排头兵"作用，在这个过程中农民作为"队员"按照企业标准对产业进行升级更新。六祖镇农户刘新民表示："1997 年开始我就与温氏合作，现在温氏鼓励农场的升级，自己也希望能够升级农场，安装物联网设备，通过网络来养殖。"三是环境保护协助。政府倡导保护环境，企业提供技术引导，农户配合企业一起行动，安装废弃物处理装置，给优化环境做"除法"。簕竹镇农户范金树说："我的农场升级后，实现了污染物的零排放。"

三 风险先担为"杠杆"，"撬动"农企合营

新兴县依靠企业风险先担，有效地缓解了以往经济发展过程中的农企矛盾，为三产融合中农企有效合营提供了新的范本。

（一）产业融合的核心是构建农企利益相融机制

促进一二三产业有效融合，推动"三农"发展，必然离不开农民与现代企业的融合。而实现农企相融的关键，则在于构建合理的农企利益连接机制。新兴县在推进三产融合的过程中，充分尊重和发挥现代市场主体的

主位作用，引导企业创新农企合作机制，充分发挥企业的资金、技术及管理优势，支持农户采用现代化生产标准，改善生产环境，改进生产方式，使传统农民变身为现代农场主；企业则顺势而为，下移生产单元，优化生产环节，拓展产业链条，将农民融入企业生产环节、产业链条中。农民成为企业生产者，农村成为企业生产基地，为企业发展注入了活力。农企依生产而融合，进一步强化了彼此间的利益联结，形成了"企中有农，农中有企"的发展格局。

（二）农企利益相融的关键是分担农民风险

实现农企利益相融，关键在于分担农民风险。在农村一二三产业融合发展过程中，分散的小农户作为弱势群体无力承担全部风险，而企业作为市场经济中的"航空母舰"，拥有抵御市场风险的强大优势。新兴县在推进一二三产业融合的过程中，积极鼓励企业建立风险先担机制，为农户提供经营保障，分担了农民在生产投入、经营管理、技术指导、市场销售等方面的风险，对密切农企利益关系至关重要。

（三）农企融合是企业长效发展的有效途径

农企融合是企业在市场的角逐中立于不败之地的"制胜法宝"，是实现企业长效发展的有效途径。新兴县在推进产业融合发展的过程中，引导企业创新农企合作模式，通过支持和培育农民发展，激活农村存量资源，进一步优化资源配置，为企业发展注入了活力；同时，农村生产环境与农民生产方式的转变，也推动企业拓展产业链条，下移生产环节，并针对不同的生产环节，充分发挥企业与农民的各自优势，企业致力于技术研发、产品销售与生产服务，农户则进行专业的经营与生产，使企业生产得以进一步优化重组。可见，农企融合对激发企业活力、推动企业长效发展具有重要意义。

权利相嵌：扣准农企
共生"命门"

——基于广东省新兴县一二三产业融合的调查与研究

习近平总书记提出："要探索一些好办法，帮助农民更多分享产业利润效益，真正同龙头企业等经营主体形成利益共同体。"当前，由于缺乏有效的机制、抓手，农民和企业呈现机械拼接、简单叠加的融合状态，貌合而神离。鉴于此，广东省新兴县创新实践，以"利益共享、融合共生"为目的，探索出以"权利相嵌"为核心的农企利益联结新机制。具体来说，即通过"经营权共有、所有权相嵌、追责权互利、收益权同享"的权利镶嵌，既保护了农企各自利益，又实现了二者相互制衡，使农民和企业实现平等协作、深层互动，权责分明、收益共享，真正形成形影相依、有福同享、命运相连的利益共同体。

一 以权利汇动力，为农企合作"鼓帆"

新兴县以经营权、所有权、追责权和收益权为切入点，整合生产要素，优化资源配置，切实落实责任，助力农企合而为一。

作者：华中师范大学中国农村研究院/政治科学高等研究院周志姚。

（一）同掌经营权，构建"融合式生产"

企业将农民纳入生产和管理体系，农民在企业的规划下经营，二者相互融合，发展生产。一方面，企纳民入"产业链"。新兴县以"企业派工，农民包工"的模式，鼓励农民发挥自身优势与企业合作，并将产品直接出售给企业，由企业负责销往市场，由此将农民纳入现代产业发展体系之中。以新兴县的象窝茶园为例，象窝茶园向附近村民租赁土地 5000 亩发展茶叶种植，再将部分茶田承包给村民经营管理，公司根据品种以阶梯价格向村民回收茶叶并统一加工出售。另一方面，民嵌企于"生产环"。企业将生产环节进行标准分割，由企业与农民依靠自身优势协作生产：企业提供技术、资金等支持，农民则负责具体经营，使分散的农民变成"企业一员"。对此，许村养殖场农场主陈新民表示，农场采用企业统一的生产标准，自己只需按要求操作即可，相当于企业的生产部门。

（二）整合所有权，促成"平等式参与"

新兴县企业引导农民利用自有资源参与企业、产业生产，确保农民的发展独立性。其一，股权纽带连农企。新兴县企业引导农民将土地经营权或资金入股到合作项目中，可按股份获得收益，实现了资源变股权、资金变股金、农民变股东。据农场主范金树介绍，他将 10 亩土地、36 万元资金、1 个劳动力投入高村养殖场，成为农场的"小老板"，每年从公司获得收益 30 万~50 万元。其二，产权搭桥接农企。农民拥有土地、建筑及其他基础设施的产权，而技术、种苗、饲料等则属于企业，双方既配合紧密又边界清晰。如农场主陈新民所说，自己投资 50 万元建设场地，鸡和防疫技术则属于公司，这些要素组合成了完整的农场。若中途退出合作，农场的处置权在自己手里，公司不会干涉。

（三）明晰追责权，建立"透明式合作"

责任的清晰认定是解开农企"心结"的关键。现代观测设备的使用实现了"事件溯源，责任到人"，双方责任得以明晰。一是，经营节点可视，农民安心。现代化观测系统可对经营节点进行如实记录，覆盖生产、加工、销售全过程，企业能及时发现农户遇到的问题并帮助农民解决。农场主范金树表示，物联网系统能收集即时数据并 100% 传到服务部后台，一旦发现问题，服务部将立即安排技术人员上门处理，自己不需要担心。二是，生产过程可视，企业放心。企业利用技术对整个生产过程进行跟踪监测，实时追踪农户与农场的动态，便于企业核查问题，落实责任。对此，温氏服务部工作人员说，养户巡查系统能记录农场每天的情况，看农户是否按要求操作，确保生产过程安全。三是，生产结果可溯，社会舒心。企业完整记录产品的生产信息，并运用追踪溯源技术，在产品出售后仍能根据信息准确分析其各生产环节，实现责任的精确定位，有效提高产品的市场认可度。温氏集团董事长温志芬表示，温氏的物联网使产品溯源得以实现，使更多消费者倾向于选择温氏的产品，在香港地区，温氏生鲜的市场占有率达30%以上；有了销路，农民也更愿意同温氏合作。

（四）共享收益权，达成"契约式分配"

首先，依合同定价，利益不受损。农民与企业在合作生产前签订合同，合同中规定了收购价格，双方利益得以保障。据农场主范金树表示，自2012年起，农户每订购1批种苗都需要同温氏签1次合同，规定无论市场好坏，肉猪的回收价均为每斤7.35元。其次，依生产分利，双方各有所得。在生产过程中，企业提供标准化生产环境，农民投入劳动，协作度越高则收益越高。以石头冲养鸡场为例，农场主响应企业号召升级设备，并按要求进行操作，肉鸡产量增至3倍，不仅企业获利，农场主也得到了3倍于以往的收益。最后，靠利润分红，双方有福同享。农民与企业协作经营，产品出售后所获收益由双方共享，而当市场较好时，企业会将增值部分收益以"二次分红"的形式派发给农民。例如，2016年年底，温氏集团在原定收购价格的基础上给予合作养户每头猪10元的分红，规模为1000头猪的高村养殖场，收获分红超1万元。

二 以合力生效力，助农企齐心"掌舵"

新兴县以权利相嵌为联结机制，使农民和企业由松散的合作关系上升为生产相依、责任分担、收益共享的利益共同体。

（一）筑生存共同体，农企从"分散"到"聚合"

在产业发展过程中，新兴县企业与农户结合成"公司+现代家庭农场"的协作模式，双方优势互补，联动发展。一方面，农民满足企业内生需求。企业无法同时顾及生产、加工与销售等多个环节，而农户凭借自身的经验和场地优势解决了企业发展受限的难题，满足了企业的需求。仅新兴县内，温氏集团的合作养户就有 4000 多户，其中规模以上的家庭农场有 2000 多户，为温氏禽畜销售业务提供了充足动力。另一方面，企业带动农民转型升级。企业利用科研、技术等资源优势改进生产方式，提升管理水平，以此培育农民的现代性，使其从经验型传统农民变为智慧型现代农民。例如，农场主范金树说，以前养猪，喂什么饲料、打什么疫苗全凭经验，现在是科学养猪，按照公司的统一指导来。

（二）筑发展共同体，农企从"低能"到"高效"

农民和企业的一体化协作，在生产流程、组织管理和市场对接等方面发挥了极大的作用，实现了农企合作效益的提高。一是由"放养"到"车间化"，效益提高。企业为农民升级厂房和设备，以标准化流程和信息化管理带动生产方式转型，从低效的粗放化经营变为高效的集约化经营。以石头冲村养鸡场为例，该养鸡场 2016 年采用了现代化送料、送水设备，鸡的产量从每年 5000~7000 只增长到了 1.5 万~2 万只，利润也从每年 5 万~6 万元增加到了 15 万~20 万元。二是由"手动"到"自动"，效率提高。企业为农民配备自动化生产系统，实现远程"一键"操控，大大减轻了农民负担，提高了生产效率。农场主陈新民表示，传统猪场喂养 500 头猪，需要 2 个工人从早到晚忙 1 天；现在在手机上控制，自己 1 个人就能轻松养好 1000 头猪。三是由"观望"到"搭伙"，收益提高。企业以市场需求为导向把控产品质量，帮助农民提高产品上市率，双方合作共同获利。农场主范金树表示，温氏集团的技术员每隔 12 天会对他们进行 1 次技术指导，上市率得到有效提高。

（三）筑命运共同体，农企从"旁观"到"共赢"

农民和企业通过合同，分别以保证金和保底价的形式做出承诺，在获利时不忘彼此，实现协同共赢、互惠互利。其一，从"口约"到"立契"，合作有保障。新兴县农民和企业在合作前签订合同，农户按约缴纳押金，保障了双方的合作。温氏集团办公室主任表示，农户在正式与温氏合作前，需要向温氏缴纳每只鸡 4~5 元的保证金，这意味着农户也承担了养鸡风险，因而会更负责。其二，从"旁观"到"兜底"，合作少风险。企业设立特殊止损补贴，在农户因不可控因素遭受损失时给予补助，使农户在维持生活的基础上有机会"翻本"，减少了农民生产的风险。对此，农场主范金树说，自己养的鸡因患瘟疫亏损 1200 元，温氏集团服务部几位办公室主任开会讨论后给了自己 2000 元的特殊补贴。其三，从"独享"到"共享"，合作更积极。市场价格高时，企业在按保底价结算的基础上，给予农户额外的奖励，确保赢利时能惠及合作养户。据农场主范金树所说，公司设立"浮动补贴"，在市场价格高时，会将回收价格上调 0.1~0.2 元。

三　以权利促融合，护农企协作"远航"

新兴县创新企业与农户的利益联结机制，既分工协作，又相互制衡，相得益彰，解决了农民和企业貌合神离的问题，是产业发展过程中密切农企关系的有益尝试，具有推广意义。

（一）寻找共同利益是实现农企长效合作的基础前提

农民和企业合作是产业融合的内在要求，而握准利益联结点，找准共同利益是农民和企业维持长期合作的基础。在许多地区，农民和企业利益诉求不一致，双方各自为营，导致合作关系难以维持，没有从根本上实现融合。在新兴县，农户作为主力经营家庭农场，企业辅助农户进行管理，既使农民收益得以保障，又使企业的生产链得以完善，形成供需对接、利益共享的格局，促进农企长效合作，形成了利益共同体。

（二）权利相嵌是筑成农企利益共同体的重要抓手

权利的内向互动是农企实现联合的关键。在一二三产业融合发展的过程中，面对资源实力雄厚的企业，分散的小农户动力不足，难以赶上企业的脚步。为了激发农民的主体作用和发挥企业的资源优势，使农民和企业相得益彰，需要向以"权利相配"为核心的利益联结机制借力。新兴县的农业龙头企业与农民立足经营权、所有权、追责权及收益权进行合作，实现权利深层配合、相辅相成。农企的权利相融并不是权利"1+1=2"的简单拼合，而是优势互补，形成"1×1=1"的融合效果，使农企利益共同体更加牢固。

（三）发展共同体是农企实现良性互动的积极探索

农民和企业发展相携，命运相连，既是双方达成融合的途径也是双方互动联结的目的。农民和企业以契约为落脚点，通过有福同享、有难同当的联结机制将双方前途紧紧联系在一起，可实现共生性发展。新兴县以合同为基础，以"公司+家庭农场"为平台，以增产增效为动力，建立农企发展共同体，带动农企由各行其是的"陌路人"变为资源共享的"好拍档"，共创和谐友好、互促共进的协调关系，探索出农民与企业协同共进的新路径。新兴县的成功实践证明了构建发展共同体有利于农企保持良性互动，同时也是实现农企融合共生的有益探索。

板块式融合：特色小镇支起
发展"新三板"

——基于广东省新兴县三产融合的调查与思考

长期以来，传统产业融合功能挖掘浅、融合链条短、利益联结松，致使产业融合程度低，带动效应弱，辐射范围小，产业"融而不全"。为此，新兴县以特色小镇建设为抓手，探索出产业"板块式融合"撬动区域发展的新模式。所谓"板块式融合"，就是产业由点至面，融合由小范围扩至全域。具体而言，即通过特色小镇牵引，以挖掘优势产业加深产业基础，以拓展功能延伸产业链条，以多元措施紧密产业网格，以内外机制保障产业融合，促使产业融合由"点"转向"面"，对接农民，助推农业、发展农村，最终实现全民、全方位、全域的融合。

一　以镇带融：特色产业扩"点"为"面"

为了促进产业深度融合，新兴县探索出"挖掘优产、延伸全产、紧密产业网、加固产业链"的新路径，助力小镇牵引产业融合。

（一）立优掘特，为产业融合"立脚"

新兴县立足于本土产业优势，升级改造传统产业，淘汰无关产业，为

作者：华中师范大学中国农村研究院/政治科学高等研究院王愉婷。

产业融合打稳桩脚。首先，因地制宜，激活产业特性。新兴县基于现有产业发展，梳理出文化旅游、农业种植、农牧养殖等区域优势产业，引导相关乡镇聚焦优势产业发展，为优势产业发展注入活力。例如农牧小镇立足温氏集团发展，挖掘农牧优势产业，投资830多万元，建成了6个自动化生态养殖小区。其次，优化升级，深化产业基础。在保留传统产业的基础上，特色小镇整合发展企业，引入龙头企业，鼓励和支持企业以市场化的方式、标准升级改造传统产业。在现代企业带动下，簕竹镇80%的传统养殖场已升级改造成现代化家庭农场或现代化养殖小区。最后，淘汰无关产业，调整产业结构。新兴县政府为特色小镇设定"特色"目标，淘汰与特色小镇发展定位不相关的产业，以现代化发展要求重组产业结构。簕竹镇邓均效书记说："我们做农牧小镇，就是以农牧产业为定位，与农牧不相关的重工业等产业，我们都会淘汰或者让他们搬离农牧小镇。"

（二）开源拓能，为产业融合"扩面"

为实现产业"全方位"融合，新兴县纵向延展产业功能，横向引进外来产业，开发产业需求，产业融合扩大了覆盖面。第一，拓展"功能渠"，延伸产业链。在保留产业生产功能的基础上，新兴县引导其生产功能与加工、服务等功能相连接，延伸现代化产业链条。簕竹镇聚集与农牧相关的二产，引进南牧机械设备等3家大型公司，配备完整的物联网智能养殖培训服务业，指导了2300个合作养户发展畜牧业。第二，引进"外来流"，补充产业群。借助农牧、教育、文化等特色项目，政府向外引进与当地特色产业平行的产业，扩大产业规模。新兴县六祖小镇以旅游产业为主，借助禅宗文化旅游项目，引进旅游工艺品加工产业。第三，开发"需求池"，打造产业环。特色小镇在培植特色产业的基础上，引导企业开发其他产业需求，实现产业环环相扣。象窝茶庄总经理崔建平说："我们的茶园不单单种茶卖茶，在政府引导下，我们开发茶园观光旅游业，还进行茶产品深加工。"

（三）构框引线，为产业融合"织网"

特色小镇采取多方措施，牵引产业融合内部要素层层相连。一是企业协会"搭架"。特色小镇引导企业建立产业发展协会，为企业沟通信息、分享资源以及相互监督搭建平台。例如，万事泰集团加入了新兴不锈钢制品产业协会，如果其他公司接到了订单但因工艺无法达到要求，万事泰集团会主动提供技术指导。二是企社共建"定轴"。特色小镇规划公共基础设施、生活区等布局，企业利用自身经济优势与掌握的资源，投资并参与到建设中。例如，温氏企业对家庭农场不仅提供 30% 左右的建设补贴，还提供 30% 的无息垫资帮助家庭农场主。三是农企共享"拉线"。企业通过二次返利、配股分红、乘数奖等多元的灵活分配方式，打破企业独享收益成果的局面，企业与农民共享产业增值收益。农场主范金树说："公司设立乘数奖，我们养的鸡成活率要是达到 91% 以上，每只鸡奖励 0.1 ~ 0.2 元。"

（四）内推外导，为产业融合"定基"

特色小镇牵引产业融合发展，离不开内外部机制来巩固和保障。一方面，服务来"推"。特色小镇集聚当地财政专项资金、企业资金和社会资金，建设公共服务基础设施，为产业提供设施保障，助推产业融合。如在农牧小镇建设过程中，政府做好基础规划，并确保运输道路硬底化率达到 100%，推进当地的运输业、物流业发展。另一方面，市场来"导"。新兴县象窝茶庄和农户合作，企业租用农户土地，农民承包管理，企业负责市场经营，茶场面积由原来的 2000 亩扩大为 5000 亩，解决了 350 余个农户的就业问题。

二　以融惠农：托起三农发展"新三板"

新兴县三产融合借助农民融于企业，农业融于产业链，农村融于小镇，全方位实现板块式融合，推动三农发展再上新台阶。

（一）农民融企，支起农民发展"新踏板"

新兴县在产业融合过程中，将农民融于企业中，实现了农民的发展升级。其一，农民成为"合作一轴"，打开发家致富之"门"。农民与企业合作，企业委托农民进行养殖种植，农民成为公司化农民，企业让农民成为企业利益共享者。例如针对养殖中亏损的农户，温氏集团根据技术员对农户责任的评估，为亏损农户提供相应补贴。其二，农民成为"企业一员"，开启职业素养之"窗"。农民接受企业内部的技术培训和专业培养，成长为职业农民。籺竹镇党委书记邓均效讲道："农民通过在企业接受培训，规范起来，素养也好起来了，以往不会养殖的，现在掌握养殖技术了。"

其三，农民成为"生产一环"，迈向长效发展之"路"。以往农民都进行分散式农业生产，如今农民与企业合作，企业提供规划服务、技术服务和资金支持，农民只需提供场地，负责具体的经营。如现代家庭农场主范金树自己出资建设养殖场，企业每年提供 2~3 批次的种苗原料，将种苗放在农户的现代化养殖场养殖，出栏之后农户再销售给企业。

（二）农业融链，支起农业发展"新快板"

产业融合助推了农业融于产业链，农业向标准化、自动化、高效化方向发展。首先，充当生产端，农业标准化。农业衔接企业的生产环节，在农业生产流程中，从源头、过程、末尾都按照企业标准执行。例如温氏企业会对家庭农场提供的物料进行质量检查，收购时会对畜禽总量的 5% 进行质量和重量系列指标抽检。其次，注入技术链，农业自动化。为补齐农业现代技术装备的短板，企业将现代生产技术和现代化装备注入农业当中。例如温氏集团开发手机 App，农民不在农场时，可以用手机远程操控家庭农场，监控农场的温度和湿度，及时调整农场养殖环境。最后，畅通产销路，农业高效化。农民与企业签订订单合同，企业收购农民按企业标准生产出的农产品。新兴县象窝茶园与 350 户茶农签订订单合作，统一收购茶农茶叶，解决了茶叶销路问题。

（三）农村融域，支起农村发展"新跳板"

以往农村独立于特色小镇，新兴县借助产业融合契机，推进农村融入全域。第一，农村作"生产者"，筑造"生产区"。企业开发利用农村丰富的自然资源，农村整合资源承接企业生产，成为企业的生产基地，融入产业循环中。例如新兴象窝茶庄将茶深加工产业搬到了农村，带动了农村1000 人就业，涉及受益农户 1000~2000 户。第二，农村作"服务员"，构建"生活区"。借助三产融合契机，农村开发休闲旅游业，盘活村集体资金，建设农村基础设施、村庄沿线景观带，提高了农民生活质量。例如石头冲村提供道路建设服务，为农民修建了休闲公园。第三，农村作"反推手"，建设"生态区"。农村在发展三产融合之时，划定污染物排放红线，倒逼环境改善，打造了农民宜居环境。良洞村划定养殖污染与臭气污染排放标准，关停了 2 家涉污水涉臭气企业。

三　板块式融合：打造产业融合"新标本"

新兴县开创的以特色小镇牵引产业板块式融合、产业板块式融合撬动区域发展的模式，对于实现农民富、农业强、农村美具有重要的启示。

（一）产业融合需要由"点"转向"面"

以往传统的产业融合只注重核心产业发展，却忽视了农村的整体发展。产业融合需要从发展"点"，转向发展"面"，这就要求在注重产业发展的同时，进一步全面发展农村。为此，新兴县在推进产业融合过程中，因地制宜挖优产，引导优势产业功能对接，延伸产业链条，以政策优惠和资金扶持引进外来产业，补充产业规模；同时，借力产业融合，引导企业创新农企协作方式，转变农民生产方式，升级农业发展模式，使农民成为企业"一员"，农业化为产业"一环"，农村成为企业"生产基地"，从而以"点"扩"面"，实现农企融合、产业融合、镇村融合，助推区域的全面协调可持续发展。

（二）板块式融合是农村整体发展的重要形式

国务院办公厅发布的《意见》指出，要"形成农村发展新格局"，但农村要实现整体发展还需寻求有效的实现形式。当前的农村产业融合往往是以企业为核心的产业链条式融合，具有较大的局限性，一方面是融合覆盖面小；另一方面融合后受益群体少。新兴县有效实现农村整体发展的关键就在于以"板块式融合"为突破口，实现农村全民、全域、全方面发展。

（三）板块式融合需要有效发挥政府引导作用

企业往往更多关注自身的产业发展与利益，而政府基于职能属性，更加注重农村整体发展。推进板块式融合发展，除了发挥企业作用之外，更应该发挥政府的引导作用。新兴县政府，一方面提供政策引导，激发农民参与企业合作，助推板块式融合，另一方面，以公共利益为底线，对市场进行监管，支撑起了板块式融合良好的外部环境。因此，唯有有效发挥政府引导的作用，才能真正实现板块式融合。

（四）破解三农难题是产业融合的核心目标

农村产业融合的基础和关键在于产业链条的延伸、产业功能的拓展和产业主体间紧密的利益联结。如果不能有效改变传统农业的发展模式，改善农村生产环境，变革农民生产方式，传统农业、农村、农民就无法真正对接和融入现代产业发展体系，农村产业也就不可能实现持续的深度融合发展。为此，新兴县在推动产业融合发展的过程中，以特色小镇建设为抓手，挖掘和推动优势产业发展，形成产业集群；同时，由"点"及"面"，引导企业创新农企协作方式，拓展产业发展链条，激活农村存量资源，转变农业发展模式，变革农民生产方式，为产业间的有效融合和密切产业主体间联结奠定了基础。

借禅融产：文化缔结三产
融合“共生缘”

——基于广东省新兴县一二三产业融合的调研与思考

国家“十三五”文化改革纲要提出，要实现传统文化的创造性转化，充分发挥文化推动产业融合发展的作用。但是，传统文化在产业融合中缺乏行之有效的“促融机制”，使三产融合面临文化不“化”人，利益不相连，“形融神不融”等发展难题。在作为禅宗六祖故乡的新兴县，“共生”是民众的口边语，也是产业的发展道。新兴县创造性地将禅文化中的“共生理念”转化为“共创、互让、共享”的文化机制，引导主体让利而不争利，分利而不占利，探索出一条“借禅融产”的产业融合新路径。具体言之，以“共创”理念促进多方共同赢利，以“共赢”理念引导市场让利共赢，以“共享”理念推动地域分利共享，健全了三产融合的利益联结机制，推动了三产从“浅层融合”走向“深度融合”。

一　盈利共创，齐迈产业融合的“修行道”

禅文化主张“齐心协力，共同修禅”，新兴县这种团结意识引农民、

作者：华中师范大学中国农村研究院/政治科学高等研究院龚城。

企业和政府在产业融合中共同赢利。

（一）"吸收"式共创，促农企共轨融合

新兴的大企业，本着扶助弱小、"共度修行"的理念，吸纳农民进入公司产业链，实现农企经营一体化。首先，小农联入大公司，农企"共乘产业车"。新兴的企业与农民签订生产合同，让农民承接企业的生产端，将农民"吸收"为企业的外部员工，使农民和企业的发展步入同一条轨道。目前，温氏集团通过"公司+农户"的方式，发展了超5万的合作养户。其次，农场"链上"产业链，农企"共上赢利道"。新兴的企业将"供、产、销"的生产环节进行标准分割，将生产环节外包给家庭农场，企业则负责饲料、疫苗等要素供应环节以及销售环节。农户范金树谈到与温氏集团的合作原因时说："自己养鸡，购买鸡苗的渠道、销路、技术这些都没有，跟温氏合作他们就有，跟他们温氏合作，就能挣大钱，自己干就挣不了多少钱。"最后，管理并入现代化，农企"共坐驾驶舱"。企业会助农民制定科学化的养殖方案，为农场安装高科技的管理设备，使农企共同开展养殖管理。例如，温氏合作养户范金树通过手机App就能随时完成对自动化猪场的管理，但哪个时间该喂哪些饲料却必须按照公司标准，技术人员至少每周进行一次实地检查。

（二）"牵带"式共创，促企企共谋融合

禅文化中的"包容共生"理念，让企业走出了市场博弈的"你死我活"，开展多形式合作的"你牵我带"，共谋产业融合。一是"链条"式合作。在共生文化的影响下，新兴各企业立足当地发达的农业基础，打破行业壁垒，将农业产业链条进行分割，每个企业各占一环，形成链条式合作关系。例如，新兴围绕温氏集团的畜牧业，发展南牧公司，以机械制造业来改造现代家庭农场，以冷鲜链建设来补充拓展农产品销售环节，形成了利益联结紧密的产业链。二是"提携"式合作。新兴同产业的企业之间有"老带新、大带小"的良好风气，大企业通过培训交流等方式，与小企业分享最新技术和发展模式，推动大小企业共同发展。如，温氏集团多次参加融产论坛，共享"公司+农户"模式，并开办"温氏学院"，让其他农产企业前来学习先进经验。三是"抱团"式合作。新兴县企业自发建立不锈钢制造业、饮食业等多个行业的商会，通过商会加强企企之间生产与销售的

交流合作。新兴县不锈钢产业商会会长刘炳耀指出，商会既能使本地企业合力宣传、维护新兴的区域品牌，也能够通过交流，防止一些企业闭门造车。

（三）"互补"式共创，促政企共为融合

三产融合需要政企间的良性互动，新兴禅文化中"你中有我，我中有你"的相生观念，推动着政企关系走向"依靠而不依赖"的互补状态。首先，政府引导企业。政府通过搭建产业融合的良好平台，做好基础设施建设，筑巢引凤，引导企业参与产业融合。如，政府为解决籺竹镇小型农业"管理难，难发展"问题，规划特色农牧小镇，并以此为平台，引导与农牧相关的企业在小镇集聚发展。其次，企业补缺政府。新兴各企业以其技术和资源优势，充分弥补了政府在防疫和质检技术方面的不足；以其资金优势，填补了政府公共服务的缺口。以农产品质检为例，温氏集团为每位农民提供标准的饲料、防疫和质检等多项服务，减轻有关部门的治理压力。畜牧局梁局长提到："我们主要关注非温氏农户，而与温氏合作的农户温氏集团自己先检查过，我们再检效率就高了。"最后，政企协同共治。针对农业的环保治理，政企共同完善相关奖惩机制。在新兴，政府制定"环保红线"，企业向农民提供环保技术，政府对使用环保设备的农民予以奖励，如若农民"越红线"，企业发现会立即停止生产合作，如农民在合作停止后偷偷生产，企业会上报环保局进行解决。

二 让利共赢，翻越产业融合的"争利山"

禅文化有"外和内敬"一说，表达"外和他善，内敬谦让"的观念，新兴县将其化为企业的"让利"意识，使企业让而不争，以此完善三产融合的利益联结。

（一）"内敬以谦让"，企业让利于民

新兴县将禅文化中"放低自我，谦让渡人"的"内敬"理念融入企业文化，使企业调低自身利益，让利于民，推动了农企共生。第一，无息垫资，让利助农。在"利他观"的影响下，企业为农民提供高额无息垫资，帮助与公司合作的养户完成农场设备建设，让农民"低投资，高回利"。例如，温氏集团为合作养户提供30%~70%不等的无息垫资，帮助养户建设现代家庭农场，这批资金可以通过从后期养殖毛利中每年扣10%慢慢返

还。第二，押金减免，让利留农。对有困难的养户，企业会适当减免押金，减轻生产压力。例如，温氏与养户之间是签单式合作，如农户经济情况紧张，企业会将原每笔订单中领养一只鸡苗所需的 5 元押金减至 2 元。第三，收益保底，让利保农。企业与农户在产前约定预期利润，如遇年景不佳，企业会承担亏损风险，仍保障农民的稳定收益。例如，2013 年爆发 H7N9 禽流感，温氏集团总亏损达 10 亿元，农民却没亏一分钱，当年全国毛鸡价格最低潮时，合作农户毛利仍达 2 元/只。

（二）"外和而善让"，企业互让于市

禅文化中的"外和"理念意在"对外照顾他人得益"，此对新兴企业间关系产生了深刻影响，推动了企业之间互让互助。其一，同链企业让利。为了让整个产业链条更稳定地发展，龙头企业建立了"客户奖励基金"，让利于同一产业链的相关企业。例如，温氏集团成立了经销商协会，建立了客户销售奖励基金制度，对销售业绩和信誉良好的客户公司进行奖励。其二，同行企业让利。龙头企业通过共享而非独占市场份额和订单，让利于同行企业。例如，万事泰集团梁总谈到，在新兴不锈钢制品产业协会中，如果一家公司接到了订单但做不来，其就让给新兴其他企业去做，最终受益的都是新兴人。

三 分利共享，播散产业融合的"福利果"

"禅"文化主张"乐善布施，奉献修禅"，新兴县将此种精神化为利益分配中的"共享"文化。

（一）"普惠大众"，利润分农民

新兴县将禅文化的"普惠"理念送入企业，促企业分利于民。破解了传统产业融合带来的"企业获利，农民损利"的难题。首先，二次分红，多利惠民。企业若某年度所得市场利润远高于合作养户的保底收益，就会面向合作农户进行非制度化的二次分红，使农民获得额外利益。石头冲村的温氏养户说："年景好时，按每户养鸡总数，一只鸡多分到 2 角钱，能多得几百元。"其次，优产奖励，"激励"惠民。企业严谨记录合作农户的生产情况，把其中农产品成活率高、质量过关的农户筛选出来，另予以每只（鸡、猪）额外奖励。例如，温氏集团为养鸡存活率达 91%

以上的农户颁"乘数奖",每只鸡再多补贴 2 角钱,以激励农户认真生产。最后,低产扶助,补利惠民。企业发现合作农户已诚实按照要求进行养殖,但非可控因素导致成活率低,企业会给农民发特殊补贴,保民赢利。"你如果养亏了 3000 元,温氏会补你 8000 元,还有 5000 元给你赚。"农户范金树介绍道,"但技术员发现你搞小动作,比如领了饲料却喂其他的,那就不补给你了。"

(二)"回报乡恩",发展助家乡

"回报乡恩"是新兴禅文化的精髓之一,这一理念指引新兴企业纷纷回报家乡,推动家乡发展水平。其一,以企育民,带乡民"富"。企业将专业技术带回家乡,以技术培训乡民,提升了乡民的专业化水准,同时为乡民提供现代化的生产设备,带动了农民致富。例如,温氏集团为发源地簕竹镇养鸡户进行厂房扩建,输入电子喂料机等技术,升级后的新养鸡场每批鸡收益可达 15 万~20 万元,是以前收益的 3 倍。其二,以企带业,扶农业"强"。为真正实现扶乡报恩,企业还重在影响家乡的产业布局,完成系统化的升级。例如,温氏集团为簕竹农牧小镇投资 4 亿多元,集中打造了 10 多个农业上下游企业,并配套以标准养殖规范、物联网技术、环保技术等推动农业转型。其三,以企建村,添农村"美"。为回馈家乡,企业多次出资建设家乡环境,改善农村面貌。以翔顺集团为例,到 2017 年为止,其为发源地稔村镇坝塘村捐资逾 2000 万元,为村中完成文化广场、路灯、垃圾处理等多个工程。借一位老村民所言:"坝塘村现在的好,六百年一遇!"

(三)"奉献于世",服务送社会

禅文化的"布施"不局限于一民一乡的分利,还影响企业将收益用于更广范围的社会服务建设。第一,规划出力。新兴企业依靠自身对市场的洞悉和资源的掌握,参与到县域规划服务中。例如,政府提出要打造未来小镇的发展方向,温氏等企业则为小镇产业园区、道路网络、生活区等进行了规划,并捐资 1.5 亿元率先落实规划中的六祖纪念堂。第二,建设出力。在共享文化的影响下,新兴企业多次在全县范围内投资建设公共基础设施。截至 2017 年,温氏、翔顺等 5 家名企投入资金累计超 1000 万元帮扶多个村庄,用于修路、建桥等基础设施建设。五联村村支书说:"感谢温氏集团，我们村很多地方都变'靓'了！"第三，公益出力。新兴众多龙头企业设置专项的公益基金和公益性的工作安排，出力支持本地教育、扶贫等多项公益事业。例如，翔顺集团到 2015 年底公益捐资累计突破 1 亿元，其中较具代表性的是 2011～2013 年耗资 4688 万元为县城捐建"新兴翔顺实验学校"的"交钥匙工程"。

四 共生文化是三产融合的"新坛经"

新兴县"借禅融产"的产业融合实践，给我们提供了一定的现实经验与启示。

（一）产业融合需要良好的文化来润滑

推动政府、企业与农民的利益联结是三产融合的重点，但此三大主体性质不一，相互间难免存在一定的利益冲突和势位隔阂。新兴的经验表明，传统文化可以在政、企、农三者之间起到润滑作用。立足当地深厚的禅文化基础，新兴县消解了紧张的市场竞争关系，改善了政府与企业在市场中的势差矛盾、农民与企业的强弱矛盾，形成了"共赢利、互让利、分享利"的"禅"式利益联结。可以说，良好的文化之于产业融合，是一种"上善若水"式的软调节机制。

（二）良性的共生文化是产业长效融合的重要基础

产业融合以谋求多方合作、多方赢利，最终实现多方共生的长效融合为目的。但是眼下，随着同质竞争与恶性竞争愈演愈烈，"大企吃小企、小企吃农民"的"你死我活"现象成为市场常态。在禅文化影响下的新兴县则有另一番风景。温氏集团的荣誉董事长温鹏程就表示："我们没有竞争对手，只有合作伙伴。"禅文化作为一种共生文化，其"不计眼前得失，看重未来合作得失""顾及他人利益"等文化特性，促进了政府与企业、企业与农民的共生，形成了良性而稳定的文化惯行。可见，良性的共生文化是产业实现长效融合的重要基础。

（三）借"禅"融产的关键是对传统文化的创造性转化

大部分地区在产业融合实践中，往往存在对传统文化的创造性转化不充分的难题，使文化难以在产业融合中发挥其润滑作用。使传统文化精神与市场的产业融合趋势相适应，关键在于对传统文化的深入挖掘，实现其创造性转化与创新性发展。"禅都"新兴充分进行禅文化的运用开发，通过政府、企业、农民的多方再度诠释，将其内化为相应的市场行动，形成以"共、让、分"为代表的文化机制，在市场各层面、各主体间都发挥着灵活作用，进而实现从两产业链节点相关要素的产业"浅融合"转向跨要素、跨行业、跨平台的多层次"深融合"。

生产第一车间：农企"联姻"
合筑现代农场

——基于广东省新兴县现代家庭农场的调查与思考

2017 年中央一号文件提出推进农业供给侧结构性改革，要以农民增收为目标，推动体制改革和机制创新，优化农业产业体系。但农业发展要素配置不合理、资源环境压力大、农民收入增长乏力等问题仍很突出。鉴于此，新兴县以企业发展创新带动农业经营组织方式转型，将工业"车间"移植到农业，通过生产体制改革摸索出了一条农业生产车间化的新路子。具体而言，就是以企业为先导，通过嫁接工业生产模式，打造农业"车间"，实行自动化生产，推动农业专业化、定向化经营，改变农业弱势地位，形成产业融合、农企共赢的现代生产模式。

一 企业助力：促农业进"车间"

新兴县充分发挥企业这一市场主体的作用，依靠企业引领推动传统农业向车间化农业的转型升级。

（一）企业"搭棚"：助农户齐力搭"厂房"

新兴县主要依靠企业引导支持、农户自愿参与的方式，合力推动车间

作者：华中师范大学中国农村研究院/政治科学高等研究院尹家和。

化现代家庭农场建设。一是企业设计，帮农户合理规划。企业依靠自身具备的信息、经验优势结合农户种养的农产品类型，在选址规划方面指导合作农户选择合适的地址建设"厂房"。据新兴温氏一服务部经理介绍，现代农场建设前服务部会安排技术人员陪同农户去考察建设环境，并提供规划建议。二是技术支撑，助农户建设"厂房"。企业为合作农户提供"厂房"建设的标准和规格，安排专人与养户对接并提供建设指导。温氏集团在各地都专门设置了为农户提供指导的企业服务部，在建设农场阶段，服务部会帮忙联系设备提供商和建设公司并提供建设建议，新兴范金树现代家庭农场就是在温氏的帮助下建设起来的。三是资金支持，为农户注资筹建。企业通过垫资、补贴等资金支持帮助养户跨越高额投资门槛。据农场主范金树介绍，一个现代化家庭养殖场大概需要120万元的建设资金，企业不仅会为养户免费提供30%左右的建设补贴，还会提供30%的无息垫资帮助建设现代家庭农场，农户仅需投入40%左右的资金，垫资部分待农户营收后再分期返还给公司。

（二）生产"架线"：推农业步入"生产线"

在龙头企业的带动下，新兴县推行车间化农业的生产方式，将农业纳入企业生产线，将家庭农场变为农业生产的车间。第一，农场变身自动生产"操作间"。企业为农户提供种苗作为"原料"，农户将种苗放入现代家庭农场的自动化"操作间"养殖，依靠自动投料机、自动刮粪机等自动化技术设备进行"加工"，之后便把"成品"交付给企业。第二，农业被纳入信息管理"实践端"。随着自动化和物联网技术被应用于家庭农场，养户也变成了企业信息管理的接收端。据温氏总部办公室主任介绍，农户可以在手机上安装温氏研发的软件，通过物联网监测系统获得关于养殖场的温度、湿度等信息，据此及时调整农场的养殖环境。而且农户的操作数据会被及时反馈到公司管理信息系统，公司根据分析数据对农户进行实时信息管理和养殖指导。

（三）管理"搭网"：为生产编织"服务网"

在新兴县，企业将农业生产纳入公司管理范围，通过管理升级，打造农业管理服务网，推进农业生产车间化。其一，供货商对接设备管理"一条龙"。专门的设备公司长期持续地为车间化农业生产提供配套的设备、装配和维护服务。温氏集团以其旗下的南牧机械设备有限公司为依托，不仅为现代家庭农场提供养殖设备，而且提供全方位的，从装配到检修再到升级改造的一条龙服务。其二，企业理顺人员管理"两条线"。在"车间"生产过程中，企业主要从公司内部员工和外部养户两个主体入手，一方面通过绩效考核、服务定位等多种方式实现对技术员的综合管理和监督，督促技术员为养户提供更好的指导和服务，实现公司与养户的良性互动。另一方面企业通过技术员指导、开展养户技术培训和经验交流会等服务帮助农户提高养殖技能。其三，服务部抓牢养殖管理"三节点"。企业对养殖过程中的投料、保健、粪便清理三个主要养殖环节进行重点管理，降低养殖风险。据温氏服务经理介绍，温氏会通过技术员指导、发放养殖指导手册、拟定养殖规范合同等方式对养殖的投料喂养、防疫保健、粪便发酵三个主要方面进行详细规定和监管，同时提供原料、设备、技术等服务。

（四）产品"包装"：促精品有序出"车间"

新兴县的车间化农业生产，在"生产线"环节通过制定操作标准保证产品质量和有序规范生产，在生产"车间"的输出端通过产品"包装"提升产品附加值。首先，严格质监保质量。公司建立了一套完善的管理和质量监督体系。公司与农户合作之前会签订一份质量安全承诺书，通过合同的形式确定养殖标准，并会定期安排技术人员走访检查。温氏服务部一方面在养户养殖过程中不仅会通过物联网监测系统对养殖情况进行实时测控，而且会安排技术人员定期前往家庭农场进行检测和监督。另一方面在产品交付时会利用高新检测技术对产品进行抽样检测，从多方面确保产品质量。其次，统一出售降风险。公司向养户回收产品后进行统一销售，依靠龙头企业敏锐的市场嗅觉和广泛的销售渠道使产品销售的风险大幅度降低，保证了产品的有序"出厂"。农场主范金树谈到，自己和温氏合作能够解决养猪时缺乏销路、技术不够，购买鸡苗的渠道太少等问题。最后，品牌附着提价值。龙头企业统一销售产品，使产品具有品牌标签，将品牌价值附着在产品上，提升产品的附加值。据温氏佳润食品公司的负责人介绍："今年温氏的毛鸡市场售价是 7.35 元每斤，要高于市场平均价格，因为温氏的质量有保证。"

二 农业转型：改"低端"为"高端"

新兴县车间化农业经营模式通过标准化、定向化的生产经营推动了农业从"低端"到"高端"的升级，实现了农企由孤立到合作的转变。

（一）设标准，专业生产促农业提质增效

新兴县的现代家庭农场将车间生产的先进理念运用到农业生产养殖过程中，推动了现代农业的高标准高效率生产。其一，一户一业，农户有"专攻"。在企业指导下，农户结合自身意愿以家庭为单元进行专门化经营，一户从事一种农产品的专门生产，以此打造专业化的农业生产。温氏集团一服务部负责人提到："公司对农户养殖地址进行考察的时候，要求养殖场周围不能饲养其他种类的动物，不能是鸡鸭猪羊一块养。"其二，控时控量，养殖按"计划"。公司会为养户制定严格的种养计划，并通过专业技术人员对农户进行指导，养户需要按照养殖计划进行严格操作。农场主范金树的妻子提到：养户养殖过程中需要在规定的时间段按时按量喂养，并认真做好肉猪饲养记录本，接受公司技术管理员的定期检查。其三，扩容扩建，经营要"集约"。新兴县通过农业车间自动化生产扩大生产规模，实现土地、技术和原料的集约化经营，不断提高土地生产率和劳动生产率。据石头冲村梁姓农场主介绍，以前农场养鸡场每批养 5000~7000 只鸡，收获利润 5 万~6 万元，扩大经营规模后，在劳动力数量不变、劳动强度下降的前提下，每批养殖数量增加到三倍左右，利润增至 15 万~20 万元。

（二）定方向："订单"生产促车间稳定运转

新兴县车间化农业实行定向定期的"订单"式生产，实现农企合作的无缝衔接，推动车间式农业生产的稳定运转。一是定向定期供货。企业会在规定的时间段向养户提供质量合格的种苗和物料，农户交给企业一定数量保证金并承担养殖义务。据温氏服务部的负责人介绍，养户只有对固定资产的支配权和对肉猪物料的管理权，公司对猪、饲料、疫苗等拥有所有权。二是定向定期接单。农户在规定时间完成企业交付的种养任务后会再向公司申请"接单"生产。据良洞村一养鸡场的农场主介绍，农户在向温氏集团申请种鸡前先与集团签订合约，养完一批之后又

会再向公司申请，合同一批一签，先签后养。三是定向定期出单。新兴现代家庭农场养殖借鉴车间化生产模式，产品的生产都有明确的操作流程和时长。据介绍，猪苗养殖的规定时间是 150 天左右。养户按时完成"订单"后必须将产品交付给公司，公司按时回收。据合同规定，公司若违反合同，提前、推迟回收肉猪或推迟付款，需给予一定标准的补偿和滞纳金。

（三）常互动：契约经营促农企稳固合作

新兴现代家庭农场形成了以合同契约为基础，企业牵头，农企合作分工、责任明晰、收益共享的车间化的农场合作经营。首先，企业做足保障，按规定将服务"送上门"。企业为养户提供全时段全方位的保障服务，专门成立服务部门，从"建厂"到"出单"的整个养殖过程基本上都会有技术人员为农户提供上门的指导和服务。温氏集团总部办公室主任介绍：公司会在有合作养殖户的地方建立一个辐射半径为 30 公里的服务部，定期安排技术员为范围内的农户提供建厂、养殖指导、疾病防疫等服务。其次，户企明晰责任，靠合同经营"上保险"。公司和养户双方通过签订合同确保养户收益，规范养殖义务。温氏和养户提供的合同中明确了供苗、押金、检疫标准、收购价格等涉及整个养殖环节的合同条款，确保了农企合作的顺利开展。最后，农企利益联结，守契约生产"一条心"。车间化农业的养户不同于工厂的工人，既是企业的准员工，又是"车间"（农场）的主人，还是企业的投资合作伙伴。农企双方具有广泛的利益联系，利益共享、风险分担的机制让农企双方在整个生产过程中都紧密地联结在一起。

三 升级之路：市场引领农业发展新快道

车间化农业是新兴县发挥龙头企业带动作用、汇集现代化生产要素、推动农业规模经营的有效实践，激发了农业生产经营主体的活力，推动了新农村发展，带动了农民增收致富。对探索新型的现代化农业生产经营模式、推动传统农业向现代化农业转型具有重要的价值和意义。

（一）企业引领是改造传统农业的有效切入点

在传统农耕文化的影响下，农业耕种的保障性作用已经深刻地嵌入农民的观念中，而且传统农业的改造成本大，具有一定的不确定性风险。在这些因素的综合作用下，农民既无动机又无能力去改造传统农业，因此仅依靠农民自身的力量去改造传统农业的可能性不大。龙头企业在经济活动中具有敏锐的市场嗅觉和强大的经济实力，通过市场机制引导龙头企业参与到传统农业改造中，不仅能够帮助解决农业改造资金不足的问题，而且能够有效抵御农业改造可能面临的市场风险，减轻农民的顾虑。新兴县正是依靠以温氏为代表的一批龙头企业，发挥企业的带头引领作用实现了传统农业向现代车间化农业的转型。

（二）组织方式创新是传统农业改造的重要途径

传统的农业生产经营模式在现代农业发展过程中具有较大的局限性，一是其抵抗外部风险的能力不足以应对不确定的自然风险和日趋复杂化的社会风险。二是传统的农业生产经营处于产业价值链的低端，产品附加值低，收益低，维持农民生计尚可，但难以带动农民增收致富。改造传统农业的核心举措就在于通过农业组织方式的重塑解决传统农业生产中的这些弊端。新兴县车间化农业改变家户单独经营的模式，将农户生产纳入农企合作的公司化生产模式中去，改变了农民在产业价值链中的弱势地位，大幅提高了农民的收入，使农民增收致富成为现实。

（三）专业化生产是农业生产提质增效的有效着力点

传统农业具有精耕细作的特点，农民在有限的土地上进行了充分的开发，然而农民在这一过程中投入了大量的人力成本和时间成本，生产效率很低，而且产品的质量也难以保证。提高农业生产效率，改善农业产品质量，是实现农业现代化需要实现的两个重要指标。新兴县车间化农业通过标准化的生产、流程化的操作、高新的养殖技术和管理技术实现了传统农业从小作坊式的生产向流水线式的专业化生产转变，极大地提高了农业生产力，保证了农产品的高质量。

（四）农业改造升级需注重农企利益共享

在传统的农业生产经营中农民和农业都处于产业价值链的低端。在传统的农企合作中，常常存在企业吞噬农民利益的现象，这明显违背了产业融合带动农业发展的初衷。农民是产业融合的主体，发挥农民的主体作用、保障农民主体的利益至关重要。新兴县通过"公司+现代家庭农场"的模式，让农民进入了企业的产业链，以企业先进的技术和标准化的规范，带动农业生产组织改造和技术升级；同时，以利益多元、共享分配的方式，让农民和企业成为连接紧密的利益共同体，而农企共同的利益又为农业升级改造提供了内生动力。

公司化农民：产业融合
孕育"新农匠"

——基于广东新兴县产业融合发展的调查和思考

"十三五"规划纲要指出，要大力培养新型职业农民，打造高素质现代农业生产经营者队伍。然而实践中，农民多是分散式的、经验型的、自由化的，致使农民成为"守田坎不爱农业，种庄稼不懂技术，搞生产不善经营"的"外行人"。鉴于此，新兴县着眼于培育新型农业经营主体，走出了一条"公司化农民"的新路子。具体而言，就是以产业融合为风向标，以农业龙头企业为牵引，以公司化、产业化为目标，锻造出"标准化、链条式、高效型"的新式农民，形成了"农中有企，企中有农，农企共生"的产业新格局。

一 农随企动，汲能变身展"新貌"

新兴县先以产业融合为抓手，充分发挥现代企业的引领带动作用，有效实现了"传统小农"向"现代农民"的转变，培育出一批新式"标准农民、链条农民、高效农民"。

（一）定业确位，农民化身"专业性"农场主

着眼于农业产业化经营标准，农民改变了传统全面的、分散的、自由

作者：华中师范大学中国农村研究院/政治科学高等研究院彭红。

的、经验的生产"风格"。首先，一业为主。农民一改过去"面面俱到"的生产模式，专注于"一业"生产，成为专业养殖（种植）户，从"多面手"变身为"专业户"。石头冲村温志开说："以前家里要种庄稼，还养鸡养鸭，事情很烦琐，现在专门给温氏养鸡，专心干一件事。"其次，规模适度。在"一业"的基础上，农民通过整合自身的土地、劳动力、资金等资源，通过企业的引导，灵活选择适度的生产规模，打破了以往"碎片化、小规模"的经营方式。例如与温氏合作时，集团对养猪场的占地面积与养殖数量都有明确的规定。最后，精细生产。为适应规模化生产的需要，农民按照现代标准，变革传统生产方式，"定时、定点、定量"开展生产活动，变粗放式管理为精细化生产。"喂猪时间应在早上 8 点，如今天 9 点喂，明天 10 点喂，这些都是不允许的"，农业局副局长梁冠超说道。

（二）扣环融产，农民化身"链条式"产业工

在企业的带动下，分散、孤立的农户被引至现代企业生产环节中，融入产业发展链条，个体农民升级为链条式农民。其一，农民充当企业"一员"。作为平等的市场主体，农民与企业建立委托关系、平等关系、互补关系，在企业的孵化培育下，农民成为企业合适的生产者，有了"身份"。六祖镇陈新明赞叹说："和温氏合作了 10 多年，温氏就像我们另一个家，很亲切！"其二，农民承接生产"一环"。农民发挥自身土地、劳力的优势，承担企业的具体生产环节，物料、药料以及技术服务由公司提供，农民直接进行"车间化"生产。"温氏给我鸡苗，我负责养大，温氏再负责销售，一环接着一环"，温志开说道。其三，农民承担产业"一端"。在企业的带动引领下，农民逐渐发展壮大，独立进行规模化生产，在"产+加+销"的产业链中，独立承担产业链条的生产端，将产品直接对口出售给企业。例如，新兴翔丰农机合作社独立进行生产管理，并独立地发展了流动餐饮业、舞狮表演等第三产业。

（三）巧经善营，农民化身"高效型"职业人

通过运用现代化手段和要素，农民充分掌握了工业领域的标准化大生产模式，从"低能"走向"高效"。第一，农民当"规划人"，投入"节流"。根据环保规定以及生产要求，农民从布点、排污、生产、销售等环节出发，借助企业的引导，对产前、产中、产后进行科学规划，节减了不必要的投入。温志开说："环保设施提前规划，不仅处理了粪便污水，还能变废为宝，鸡粪平均下来赚 1.5 角每只。"第二，农民当"技术咖"，效率"提速"。物料、药料、技术均由公司统一研发、建立和管理，农民通过借技于企、握技在手，进行智能化、自动化、信息化生产，生产效率极大提高。"以前一家人出动，一年才能养 5000 只鸡，现在有了现代科技，我一个人就能养 20000 只鸡"，温志开开心地说道。第三，农民当"质检师"，品质"优化"。生产过程中，农民按照企业的质量标准进行生产，对出了问题的环节进行妥善解决；产品回收时，再接受公司抽检，以此优化产品品质。"场内湿度直接影响猪群的抵抗力，当湿度偏高时，猪的病原体易于繁殖，我就会对湿度进行调控，以保证猪的健康生长"，范金树说道。

二 农企联动，互融共生出"新绩"

（一）农依企体，架起了农民转型"高架"

农民融于企业，依据企业要求生产，真正接轨现代产业化农业。一是照约而为，生产有了"方向"。农民与企业签订委托合同，以合同明确生产"订单"，农户按照合约生产，为农民确定了"生产什么"的方向性问题。"和温氏签了合同，温氏需要什么，我们生产什么"，陈新明说。二是依规而行，操作有了"方法"。企业内部建有一套生产管理标准，合作的农民按公司制订的技术规范完成生产管理，同时将生产过程记录在册，规定了农民"怎样生产"的问题。范金树说："过去搞养殖全凭经验，现在给温氏养猪，都按照公司科学的方法来。"三是按章而动，产出有了"标尺"。公司需要什么样的产品，农民都按照需求进行"达质达量达标"生产，明确了农民"生产标准"的问题。温志开表示："收鸡的时候，公司要看鸡的羽毛，称鸡的重量，不合格的鸡需要继续饲养。"

（二）企牵农手，畅通了企业落地"跑道"

企业将生产环节"移植"给农民，业务拓展围绕着农民"转"，培育了企业发展"小助手"。第一，有生产供给者，保物源。作为企业的生产阵地，农民充当着主力军角色，为企业相关产业的运营提供产品货源，是企业发展的"源"（原）动力。第二，有品质保障者，固品牌。企业不参与生产，虽建有一套严格的质量监控体系，但农民是生产具体环节的实施者，产品的大小、重量、色泽等直接影响企业下一个生产环节的操作。"我们严格遵守公司要求养鸡，保证鸡肉上市的质量，顾客吃得放心，公司口碑也立了起来！"良洞村秦书记说。第三，有产业串联者，稳链环。环环相扣，缺一不可。农民作为企业生产的一环，一批一批完成生产，保证企业其他产品、农牧设备和产品加工等相关业务发展，通过"无缝对接"带动整个产业链"动"起来。例如，基于农民的生产，温氏已建立起"畜禽养殖—屠宰加工—中央仓储—物流配送—连锁门店"的新型食品连锁经营模式。

（三）农企相依，系稳了农企发展"纽带"

在产业融合过程中，企业与农民"拧成一股绳"，融合为高度互信、唇齿相依的共同体。其一，责任共担，溯源有"清单"。农企作为合作的平等主体，对产品生产均负有相应责任，双方建立责任"清单"，明确各自责任；通过专业技术检测，实行责任追溯。"搞养殖，中途难免会出现死亡，对于死亡的牲畜，公司会进行抽检，谁失职就由谁承担责任"，温志开说。其二，利益共享，分配有"保单"。农企作为生产经营管理的共同体，同时是利益共同体，企业通过乘数奖、浮动补贴、配股分红、二次返利，让农民享受生产环节带来的增值利益，与民共享农业产业化发展之果。陈新明高兴地说："给温氏养猪，我一年毛收入 30 万元，比打工翻了好几番！"其三，发展共谋，瞻望有"账单"。产业发展需与时俱进，如产品类型要随市场变动进行更新换代，房屋场舍要根据环保新要求进行升级改造，实现双方长效合作与发展。例如，对于使用旧场舍的农户，温氏企业无息垫支 40% 的资金，帮助农户进行升级改造，实现生产倍增、农企共赢。

三 农匠传动，产业融合推"新例"

新兴县以现代企业为牵引，有效释放了企业活力，激活了农民潜力，是对产业融合的成功探索，对新时期探索新型农业经营主体的有效实现形式，推进国家农业现代化建设具有重要的价值与意义。

（一）产业融合的关键是改造农民经营方式

农民是产业融合发展的主力军。只有变革农民的生产方式，适应现代农业发展的需求，才能有效发挥其主力军作用。新兴县在产业融合过程中，着力创新农民生产经营方式，通过发挥企业的带动作用，将农民的土地、劳动力、资金等资源集聚起来，形成"一家一业"的规模经营，在此基础上运用现代化要素和手段，实现农民生产与企业需求的"无缝对接"，保证了产业链条的"律动"。农民实现标准化、智能化、信息化生产经营方式的变革，为产业融合奠定了坚实的基础。

（二）公司化农民是农民组织方式的重要升级

创新农民经营组织模式，使之适应现代市场发展需要，是现代农业产业化发展的题中之义。然而，传统农民"劳动靠人力，生产靠土方，管理凭经验，产销凭运气"，难以提高自身组织化程度。新兴县以龙头企业为抓手，将农民引入"公司化标准"，对农民进行"改编"，塑造出现代"标准农民、链条农民、高效农民"，有效破解了"谁来生产""生产什么""怎么生产"的难题。公司化农民诠释了何为"新农"，是农民组织方式的"高级形态"和"升级版"。

（三）公司的有效引入需要以利益共赢为前提

发展现代农业产业化经营，重在建构农企以发展共赢为共同利益目标的农业利益共同体。新兴县尊重"共享发展"的历史传统，在助推产业融合发展过程中，促使公司与农民共生、共融、共赢。公司引领农民转型升级，促进农民就业致富；农民承接公司的生产环节，为公司提供产品，严把质量关，支撑公司上下游相关业务的发展，实现公司的长效发展。可见，只有形成以共赢为基础的农企"共气"关系，才能充分发挥企业的带动引领作用。

（四）公司化农民需要注意对农民利益的保护

"发展农村新产业新业态的主体是农民"，需要发展好、解决好、保护好农民利益。然而实践中，农民与龙头企业地位难以平等，农企之间的利益联结关系往往存在不对等、不合理、不稳定等困境。新兴县在产业融合过程中，通过价格预留回收，企业先担风险；通过"浮动补贴"减少农民利益损失；通过"二次返利、配股分红、乘数奖"等多元的灵活分配方式，使农民获得合理的产业链增值收益。由此可见，要有效打破"公司吃掉农民"的壁垒，必须注重公司对农民利益的保护。

改革个案

村企一体：产业融合下的村企共生共荣之路

——基于新兴县勒竹镇良洞村发展史的深度调查

改革开放以后，家庭联产承包责任制的实施释放了个体经济的活力，农民有了一定的经济自主权，通过辛勤耕耘迅速解决了温饱问题。然而，农村在发展过程中逐渐陷入瓶颈，农民收入缺乏持续增长的动力，农业仍然以传统的小农经济为主。究其原因，村庄开放程度不高，缺乏资金、技术、项目、信息等关键资源，且无力充分发挥自有的土地、劳动力资源的作用，市场参与度和参与能力欠缺是当前农村发展停滞不前的根本所在，这也意味着城乡二元结构始终存在，产业融合举步维艰，更凸显了探索一条促进产业融合发展路径的紧迫性。

从20世纪80年代开始，良洞村集体与个人便围绕农民增收、农业增效做了众多有益探索，在挫折中汲取教训，在探索中总结经验，最终走出了一条村企一体化发展的共生共荣之路。但是，村企融合并不能一蹴而就，一体化过程是漫长而曲折的，良洞村与温氏集团在村集体的协调引导下，从最初的松散联合到中期的股份共赢，最后信任无间，融合程度不断

作者：华中师范大学中国农村研究院/政治科学高等研究院徐勇。

加深。同时，村集体、村民小组以及村民个体也各自发挥既有的资源优势，与温氏集团展开均衡化合作，构建多层次的利益联结机制，优势互补，资源共享，风险共担。村企融合真正盘活和升华了农村沉寂的土地、劳动力资源，破解了传统的发展困境，良洞村与温氏集团在共同发展中熔铸为牢不可破的利益共同体，为社会主义新农村建设提供了"良洞模式"。

一　良洞村的发展背景

良洞的成功离不开其深厚的历史积淀和特殊的资源优势，更重要的是良洞精神，良洞人团结一致、敢于冒险、笃行务实，为村企融合发展奠定了坚实的基础。

（一）村庄历史悠久

良洞村历史悠久，底蕴深厚。据良洞村史记载，公元1368年，明太祖朱元璋攻入大都（北京），灭元建明，年号洪武。朱元璋下令移民垦荒，并从法律上承认农民开垦的田地为农民所有，免除三年的徭役赋税。于是，各地农民纷纷迁徙，开垦土地发展生产，在这一背景下，外省各地和南雄璇玑巷先后向良洞地区迁入秦、江、苏、麦、梁、简、彭、陈等姓，逐步开辟了云秋、六雪、旱塘、文头岭等村，后又陆续增加了凌、张、卢、罗、房、吴、成、邝等姓，统称为良洞五村。其中，秦姓和苏姓属于大姓，最早来良洞村定居，因而房屋大都建于村庄的中心地块，建筑群随着人口的繁衍向四周扩展，其他小姓多生活在村庄边缘地带。在村庄管理上，从700年多前建村到国民党统治时期，良洞村多由秦姓族人主事。良洞村自建村以来，秩序井然，邻里和睦，良洞村民团结一致，具有极强的凝聚力。

（二）土地资源丰富

良洞村拥有丰富的土地资源，700多年前，秦氏宗族最先迁徙至良洞地区，根据谁开垦土地为谁所有的法律原则，秦姓族人开发并占有了周边大量良田、山林，奠定了良洞村的土地基础。1949年以前，良洞村水田面积1200多亩，山林2000多亩，牧地500多亩，鱼塘70多亩，所辖范围东至良洞村，南到澄清村，西至张珠桥，北至鸡雉山顶。1949年以后，按照统一计划，良洞村的部分土地就近调整给榄根等村，在土地调整后，良洞村的土地存量相对于其他村庄仍然占有一定优势。目前，良洞村总面积 9 平方公里，其中耕地面积 1420 亩，山地面积 6463 亩。丰富的土地资源是良洞村的客观优势，如何激活土地资源，发挥土地的潜在价值，考验着良洞人的发展智慧。

（三）市场精神浓厚

良洞村具有悠久的经商传统和浓厚的冒险精神。早在清朝时期，良洞村村民便开始经商，比较有名的是秦江庆，雇佣少数工人，蒸酒养猪，并贩卖油糖杂货。到了民国时期，大量村民穷则思变，为了改变拮据的生活状态背井离乡，到广东沿海地区打工经商，并逐步拓展至香港、澳门等地。在香港打工经商小有所成后，良洞侨胞们不仅会寄一部分钱建设家乡，还会为亲朋邻里提供去香港打工的机会，充当本地村民赴港工作的中介人和庇护者。大量良洞村村民从 10 多岁开始，便只身前往香港务工，积累部分财富后转型经商。据不完全统计，1949 年前，近一半的良洞村民在香港务工或经商，是新兴县侨胞群体的重要组成部分。良洞村民的冒险和探索精神一脉相承。改革开放以后，计划经济被市场经济取代，这种良洞品质在历史大潮中重新焕发，激励着良洞集体和个人对多种经营方式的不懈探索和尝试。

二　村庄自我发展的尝试与困境

改革开放为农村经济结构的调整提供了动力，无论村集体还是个人都试图打破集体化时期以粮为纲的生产方针，探索新的经济发展形式，开展多种经营的改革，由自给性生产转向商品性生产，发展市场经济。在这一过程中，良洞村村民先后进行了水果种植、种桑养蚕、合作养鸡等多种尝试，村集体也积极兴办砖窑厂、五金厂、粮食加工厂等集体企业，通过发展第二产业，拓宽集体经济厚度。不过，随着市场化程度的加深，村集体与农民个体逐渐因为单打独斗而面临信息、资金、技术等多方面的挑战，必须重新做出抉择。

（一）村民自发种果养蚕

改革开放以前，良洞村祖祖辈辈都以种植水稻为主，从事单一粮食作物生产。待 1982 年完成分户承包责任制后，水稻种植产量不高、产值较低的问题愈发突出，虽然投入大量劳动力，但是亩产仅有 500~600 斤，年利润不足 100 元，仅够维持日常温饱。对比之下，人民公社后期，部分生产队在水田上种植少量水果，每亩竟能产生 2000 多元利润。村民对比发现经济作物的效益远高于粮食作物，在利益的驱动下开始了对种果的尝试。

1983 年底，良洞村大范围试种优质水果，品种涉及皇帝柑、砂糖橘等，据第六村民小组长陈明中回忆："1985 年底、1986 年初的时候，我们村民小组还有隔壁小组都开始种植柑橘、砂糖橘，我们村种植了 30 多亩。村里总共有 23 户人家，有 10 户左右在种植果树，到了 1989 或 1990 年的时候差不多有十六七户种植水果了。"

水果种植发展到顶峰，良洞村形成了家家种果、户户赚钱的热潮。全体村民都在自家责任田里种满"发财树"，精心呵护，甚至部分村民出于扩大规模的需要，主动承包集体机动性用地。在村民的辛勤耕种下，一亩地的最高产值可达 10000 元，良洞村水果年产量高达数万斤，年产值累计上百万元。通过种植经济作物，良洞村真正告别过去的一穷二白，涌现出大量万元户。

（二）大力兴办村社企业

改革开放以后，全国自上而下倡导发展集体经济，特别是珠三角地区，率先掀起了兴办村社企业的热潮。良洞村村集体不甘落后，根据对市场需求的判断，集中集体智慧和资金，自主创办了多种产业。

20 世纪 70 年代末期，中国对外开放，大量良洞侨胞从香港返乡投资，当地对建材的需求量猛增。但是，从外地运回建材成本过高。为此，良洞村村集体决定抓住建材市场潜力巨大的契机，兴办砖窑厂，自产自销。投产后，良洞村砖窑厂产品物美价廉，受到本地市场的广泛认可，获得了丰厚利润，集体经济迅速发展。后来，随着县内建材市场日益饱和，产能过剩问题突出，良洞村砖窑厂没有及时转型升级，效益锐减，最后走向了倒闭破产。

20 世纪 80 年代初期，簕竹镇政府号召镇区内各行政村自主发展乡村工业。于是，1985 年，良洞村委会划出部分土地作为厂房兴办良洞五金厂，专门生产窗户使用的开关，在村干部的努力下，良洞五金厂的产品打入市场，获得了一定的利润。但是，由于产品档次不高，技术含量较低，在市场上缺乏竞争力，3 年以后，产品大量滞销，五金厂入不敷出，最终破产关闭。

1996 年，良洞村依托县水电部门的资金和技术，对村小水电站进行技改后再发包。水电站的投入得到了有效转换，经济效益大幅提高，村集体年纯收入达到 3 万元以上，但由于设备老化水电站不久也被闲置。

在改革开放的大背景下，良洞村集体与个人都一改传统的粮食种植传统，面向市场种植经济作物和发展轻工业，寻求新的经济增长点。值得关注的是，尽管在发展初期，良洞村经济水平有了迅猛提升，但是由于良洞村各生产经营主体的单打独斗、闭门造车，良洞村产业经济在信息、技术、资本上存在明显劣势，与市场沟通的强度和频率有限，这一切都制约了良洞村经济的持续增长。

三　村企合作发展的探索与困境

改革开放后，企业出于自身发展的需要主动进入农村，希冀与农民建立合作关系，充分利用农村丰富的土地资源和劳动力资源。但是，合作养殖和土地出租在良洞村出现了"水土不服"，初次合作引发了一些疑虑和矛盾。

（一）合作养殖及其推广难题

1983 年，温北英通过"七户八股"承包国营鸡场建立簕竹鸡场。①1987 年左右，簕竹鸡场为了克服资源不足、生产规模较弱的缺陷，开始在簕竹镇农民中物色合作养户，扩大养殖规模，激活农民与鸡场的优势资源。簕竹鸡场率先与良洞村联络，宣传和动员村民与公司合作养鸡。但是，由于养鸡前期投入复杂，不仅需要寻找场地房屋作为鸡舍，还需要专人负责饲养，村民普遍缺乏科学养鸡的经验。更重要的是水果种植利润丰厚，养鸡的前景和风险不明，村民在多方权衡之下不愿意轻易涉险。

簕竹鸡场调整发展思路，动员村干部率先养鸡，发挥示范作用。相对于普通村民，村干部长期与外界接触，思想开明，对养殖业的前景有一定信心。于是，以良洞村村支书、副主任以及文书为主的干部们率先与簕竹鸡场开展合作养殖。由于缺乏资金，养户们只能利用自家的祖屋、旧房、

---

① 簕竹鸡场是温氏集团的前身。

老宅，或者借用外出务工邻居的空房作为鸡舍，还有人租赁生产队仓库开展养殖。虽然村干部在养殖上经验不足，但是并未面临严峻的经营风险。一方面，初次养殖规模不大，每批鸡苗数量在 200~300 只，交给温氏（簕竹鸡场）的押金不高，前期投入在可承受范围内。另一方面，簕竹鸡场还为养户提供一系列专业保障，不但负责供给种苗和饲料，而且定期派遣技术员到鸡场开展检查、防疫工作，弥补养户的技术短板。此外，销售环节也由簕竹鸡场包揽，肉鸡上市后养户能够获得 2~3 元/只的利润。三个月一批，每年饲养三批，养户年收入在 5000~6000 元之间。1995 年，良洞村户均养殖规模达到 2000~3000 只每批次，刨除成本投入，养户每年净赚20000 元。

数据表明，村干部与企业合作养鸡的利润不低于过去种植水果的收益，并且企业兜底保障，风险系数更低，而且养鸡不会占用村民太多的时间，农民能够在养殖的同时兼顾种粮、种果、种桑养蚕。此外，鸡粪还可以作为种植作物的有机肥料。当然，多数村民因水果种植和种桑养蚕的收益处于上升期，同时受资金、场地、劳力不足的限制，仍然以种果为主。

（二）土地出租及其利益矛盾

20 世纪 90 年代初，温氏集团在簕竹镇各行政村租赁土地，建立养鸡场、养猪场等经济实体，拓展经营范围。在包产到户的背景下，村民小组土地基本分配到各家各户，温氏集团在法律上只能与私人直接交涉，签订租赁合同。1992 年温氏向村民租地建立孵化厂，1995 年又租用农户土地80 亩建立种猪厂，年租金为 1000 元/亩。这种私人出租形式在村庄管理与建设中引发了一些难题。

一是村民与村民之间的利益问题。温氏集团根据自身需要直接与农户联络，租用土地，部分"幸运"的农户通过流转土地经营权收取丰厚的租金"一夜暴富"，但是也间接引起了其他村民的不满。土地是集体所有，但是少数农民不劳而获，仅仅依靠土地出租就获得了巨大的经济利益，导致村庄内部的贫富分化，在其余农民看来是不公平的，村民间巨大的心理落差亟须调整和弥补。"那时候种田的话一亩地的收益是几百块，但是农户租给温氏一亩地就能赚上千块，有的人心里就不平衡，特别大部分土地就是租给温氏，有的农户一亩地都没有。"

二是村民与集体之间的利益问题。改革开放以后，良洞村少数村民依靠土地优势富裕起来，但是与之相比，集体经济却相当窘迫，主要是由于村集体开办的产业效益较低，相继倒闭。同时，土地基本分配到户，集体土地发包收入微薄。集体经济的孱弱造成了良洞村村民小组和村委会无力开展村庄公益事业和公共建设，村民也因此怨声载道。秦木养书记感慨道："有时候搞农田水利或者公益的东西，你让村民凑钱他不干，农民有这种感受，你分一块钱给他很高兴，叫他拿一分钱出来他就不开心。"所以，村干部们意识到集体必须要有土地作为发展的基础条件，只有改变传统的发展思路，整合利用既有的土地资源等优势，才能建立起有生命力的集体经济，才能从集体经济中获取收入进而投入村庄建设中。

四　村企融合发展的实践与成效

村企融合是一个双向互动的过程，温氏集团在初次深入良洞村，向村民伸出合作共赢的橄榄枝时，没有得到村民热情的回应。但是，随着村庄各层级转型发展，寻找经济增长点的需求越发突出，村企双方正式从松散的联合走向深度的融合，村集体不断发挥引导调节和资源整合的作用，动员和领导村民与企业建立紧密的利益联结关系，实现了农村、农业、农民的飞跃发展。

（一）村企共建：发展村级实体经济

过去，良洞村办企业摸着石头过河，资金不足，规模较小，工艺落后，缺乏市场竞争力。对此，良洞村痛定思痛，准确定位和发挥村庄的资源优势，引入企业主体展开全面合作，将优势资本、先进技术、现代产业导入良洞村集体经济发展脉络中，增强良洞村集体经济的综合实力，为良洞村经济飞跃式发展奠定了坚实的基础。

簕竹镇养鸡业在发展之初经历了"三温一古"的群雄割据时代，主要是由于温木辉和温树汉①在石头冲村率先发展养殖业，租用了大部分土地，限制了温氏集团的发展空间。为此，温北英之子温鹏程先生利用国有企业改制的契机，将国营鸡场承包下来建立了簕竹鸡场，跳出了石头冲村紧张

---

① 三温一古中除温北英以外的两位农民企业家，与温北英同属石头冲村人。

的生存环境。后来，簕竹鸡场养殖规模不断扩大，鸡场容量迅速达到临界点。另外，簕竹鸡场还计划建立种鸡场、饲料厂等，延伸产业链条，向外拓展，寻找土地的要求不可避免。

于是，土地资源丰富、尚未开发利用的良洞村成为温氏集团理想的选择地点，与此同时，良洞村也亟须外部资本来撬动村庄内部的资源潜力，发展集体经济。通过党支部书记①从中斡旋，良洞村村委会迅速整合村庄利益，促成了温氏集团与村民的沟通合作。由此，温氏集团选择良洞村作为发展扩张的"前沿阵地"，推动了良洞村和温氏集团土地与资本的联合。

1. 土地入股种鸡场

1989 年，为了进一步发展养殖业，温北英先生与良洞村村委会协商议定在良洞村建立温氏第一个种鸡场，由良洞村提供厂房用地。良洞村将过去村集体名下 40 亩五金厂旧厂房、砖窑地，与村集体的 20 亩山地、草房统一打包，共计 60 亩用于温氏良洞种鸡场的建厂用地，使用期限为 15 年，2004 年到期后又续签 30 年。良洞村最终放弃了收取租金的土地出租方式，选择将 60 亩土地及地上设施折价 15 万元入股，成为种鸡场的股东。双方议定，良洞村持有种鸡场 15 股，即 10000 元一股，温氏按约定在前期投入 100 万元。最后，按照投入计算，良洞村持有种鸡场 10% 的股份。

种鸡场建立伊始，两年内没有任何盈利，因而良洞村也未获得任何分红。但从 1991 年开始，种鸡场开始赢利，良洞村从中获得了可观的分红，每年约为 45000 元。随着市场的波动，分红数量随之变化，最多一年达到 10 万元，最少一年为 3 万元，特别是 1997 年，禽流感导致种鸡大量死亡，温氏集团亏损严重，但是即使面临如此困境，温氏集团仍然给予良洞村每股 2000 多元的分红。1998 年禽流感结束后，温氏集团进一步扩大养殖厂规模，良洞村随后向种鸡场追加了 15 万元投资。当时村委会没有什么钱，15 万元都是以向私人借款的形式筹集的，借款对象多为村干部和村里面比较有钱的人，按照银行的利息还给他们。总体上，良洞村的股份占比始终保持在 10% 左右，投资回报率在 30% ~ 40%，年分红均不低于 3 万元。

在种鸡场人事安排上，温氏集团邀请良洞村选派得力人手担任场长，

---

① 时任良洞村党支部书记是温北英先生的妻弟。

种鸡场第一任场长由良洞村党支部梁书记担任，村委会主任担任副场长，主抓生产。梁书记曾经帮助温氏集团养鸡，具有丰富的养殖经验，管理和经营能力也比较突出。后来，1996 年，国家提出政企分家，梁书记不得不卸任党支部书记，专门担任种鸡场场长。2004 年以后，良洞村秦木养书记接任场长，一直延续至今。

良洞种鸡场刚建立时规模较小，员工数量不多，到 1997 年时大约有 60 人，其中良洞村本地村民占 30% 左右，约有 20 个良洞村人在种鸡场工作。良洞种鸡场优先为当地村民提供就业机会，有针对性地解决了部分失地农民的就业问题。秦木养书记的弟弟在他的推荐下于 1990 年进入种鸡场养鸡，当时工资为 300 元/月。

2. 共同创办编织袋厂

良洞村在与温氏集团的第一次合作中尝到甜头，集体经济不断壮大。村集体充分认识到村企合作的巨大潜力，进一步拓展了与温氏的合作范围，创新合作内容，把握市场商机，推动了集体经济进一步发展。

1992 年，温氏集团在新兴县创办了若干个饲料厂，由于散装饲料不易保存，塑料编织袋的需求量猛增，但是全国编织袋产业方兴未艾，生产厂家主要集中在浙江地区，温氏不得不从浙江购进编织袋，长途运输使企业成本剧增，温氏集团意识到必须建立塑料编织袋厂解决包装问题。幸运的是，良洞村秦木养书记在与温氏集团的联络沟通中敏锐地发现了这一问题，认识到这正是良洞村新一轮经济发展的机遇所在。于是经过村委会商议，良洞村主动向温氏提出合作意向，双方共同创办塑料编织袋厂。

1997 年 1 月，良洞村和温氏集团组建联合考察团赴浙江考察，参观浙江塑料编织袋厂的厂房和设备，并联络当地的专业技师，在良洞塑料编织袋厂创办后培训工人。同年 7 月，良洞村与温氏集团正式合资创办良洞塑料编织袋厂。良洞村将村内闲置的大礼堂折价 30 万元入股，建立良洞塑料编织袋厂，温氏集团出资 30 万元，双方共计投入 60 万元，各占股 50%。温氏集团投入的 30 万现金中约 20 万元用于购置生产机器，剩余 10 万元作为流动资金。良洞塑料编织袋厂在短时间内迅速实现了自主操作设备，生产出标准化的塑料包装袋，满足了温氏集团的需求。

塑料编织袋厂作为良洞村集体经济收入来源的一部分，效益较高。一方面，由于塑料包装行业刚刚起步，生产经营基本不存在任何风险，在整个新兴县，良洞塑料编织袋厂长时间处于垄断地位。另一方面，塑料编织袋成本低，需求高，尤其是温氏集团旗下的饲料厂饲料产量与日俱增，编织厂直接对接供应温氏饲料厂，节约了大量销售成本。1992 年发展初期，编织袋厂的利润空间相当可观，每个编织袋可以赚到 2 元纯利。及至现在，温氏集团在全国有 60 多个饲料厂，虽然每个编织袋的利润下降至几角钱，但是良洞塑料编织袋厂的产能始终不足温氏需求量的 10%，只能供应温氏集团旗下的 6 家饲料厂，总体上仍然是供不应求，良洞村塑料编织袋厂仍然有很大的发展空间。

（二）组企联合：创造村民小组经济

从 1983 年开始，中国农村土地实行集体土地所有制下的家庭联产承包责任制度，全国将土地第一轮承包期定为 15 年。这也就意味着在承包期内，农民拥有在土地上自主生产经营的权利。同时，15 年的承包期也表明中国的土地不可能永久属于某个家庭或个人。在集体土地所有制下，承包期过后，土地可以根据人口变化或者现实需要进行调整。

1."不换思想就换人"

在秦木养书记的带领下，良洞村的开明干部决定利用土地一轮承包到期、开展二轮承包的契机调整土地关系，消除矛盾滋生的基础，壮大组级集体经济的力量。但是，推动这一工作事实上面临着思维僵化、因循守旧的村庄"保守势力"的阻碍。当时，良洞村村委会和村民小组组长等干部管理层呈现老龄化特征，多数干部从人民公社时期就长期担任领导职务，固守集体经济时期的管理理念，不肯轻易调整土地关系，导致土地被统得过死，无法发挥其经济价值。

秦木养书记意识到发展组级经济迫在眉睫，必须尽快在管理层上换人换血换思想，以便推动村庄土地和经济上的变革。在具体行动中，良洞村采用怀柔的方法给老干部们做思想工作，动员他们主动退位让贤，给有活力的年轻人施展抱负的机会。另外，村干部在村委会选举前就与全村村民开了会，通了气，呼吁村民选举能够带领自己发财致富的人。"改革开放了，大家都想赚钱，生产队集体也一样，生产队也需要找一个有想头有奔头的人来做队长，这样对生产队好一点。"调整干部时，良洞村委会与上级政府始终保持沟通，达成共识。因此，簕竹镇政府直接放权到村委会，在不引发村庄矛盾、有利于村庄发展的前提下，簕竹镇对良洞村两委班子充分信任，鼓励村集体放手去干。

在上级政府和良洞群众的支持下，良洞村村委会顺利开展了干部换届，动员村内的养鸡大户或种果大户等发扬服务奉献精神，承担社会责任，竞选村组干部，利用自身敢闯敢拼、勇于创新的激情，带领良洞村民发展经济，提高收入水平。经过村民的公推直选后，良洞村各级领导班子重新焕发出活力和生机。"养鸡大户或种果大户长期与市场接触，具有冒险精神，担任村干部后能够更好地带领村民发展集体经济。"良洞村下的某个自然村，在组长调换之前，组长工资和水利设施维护等费用均依赖村委会拨款，集体经济入不敷出。究其原因在于村民小组长不想大干，怕担政治风险，放不开手脚。通过换届选举，当地一个养鸡大户担任了村民小组长，新组长马上提出将村民小组原来的山坡地、荒地分割成若干块，承包给本村或外村村民养鸡。由此，以前集体收入不到 1000 元，新村民小组长上任一年以后，集体收入差不多达到 20000 元，变化之快令人震惊。

2. 人性化的土地调整方式

1999 年，第一轮土地承包 15 年时间正式到期，良洞村村委会决定借助开展土地二轮承包的机会，将土地收归村集体，重新整合打散分配，并保留部分集体土地，用于发展集体经济。具体而言，第一，良洞村从各村民小组中优先遴选出好粮田，按户分配，供农民种植作物；第二，良洞村将山坡地、荒地等次一级的土地统一留归集体，由集体负责经营和流转；第三，良洞村将过去农户出租给温氏集团的土地收归村民小组，由集体与温氏集团重新签订租赁关系，温氏集团向村集体缴纳租金，拓展集体经济收入来源，并通过分红惠及各村民小组成员，实现平均分配和共同富裕。

良洞村在将土地收归集体的过程中，个别过去将土地出租给温氏的农户想不通、不配合，不愿意将"香饽饽"拱手让人。针对这种情况，良洞村村委会要求村干部、村小组长带头把自己的土地拿出来，为普通村民树立榜样，培养村民的集体意识。同时，村干部还通过入户宣传、张贴公告、开会动员等方式，向村民解释家庭联产承包责任制的法律内涵，明确土地关系调整的法律依据。"联产承包这种形式 30 年不变，不是地分给你

30 年不变。"在村委会和村民小组的不懈努力下，土地调整和二轮承包工作顺利开展，公平高效地划分了集体土地和个人承包土地的份额。

针对家庭人口因出生死亡、外嫁娶妻等出现的变动问题，良洞村村委会制定了周期性的土地调整计划，避免出现"有地没人耕，有人没地耕"的问题。具体而言，每个村民小组 5 年一小调，10 年一大调。对于村民小组内部少量家庭因为婚丧嫁娶出现的一家人口增长、另一家人口减少的问题，每 5 年调整一次，涉及的家庭范围较小，即由这少部分家庭之间直接调整土地。而 10 年一大调则是因为村庄人口 10 年发生的变化巨大，必须将土地全部集中重新分配。此外，村委会针对一些突发情况也做了精心的安排，倘若政府征地进行公共建设，村委会与村民小组也会紧急收回土地，调整土地关系。

土地调整在秉持完全打散、平均分配原则的同时，也对村民的特殊情况进行了灵活、人性化的处理，尊重村民正常的生产生活需要。承包土地到期时，部分村民所占耕地面积超过了家庭人口应分配的亩数，但是村民本身已经对土地进行了挖鱼塘、建鸡舍养鸡等开发利用，前期投入了较大成本，现在重新分配显然不合理，严重损害了当事村民的利益。针对这种情况，村委会决定土地到期后超出的部分，村民小组不会立即统一收归集体，村民可以向村民小组租赁土地，按照村庄内部承包价 200 元到 300 元/亩缴纳租金。"你多出的 2 亩地，到了年底你要交 600 元给村民小组，不用你拆鸡舍，那样不科学不人道，农民也要发展。"另外，对因人口增加需要村集体给增补土地的家庭，在集体没有机动土地的情况下，由村民小组按照同样 300 元一亩的价格对其进行补偿。两类农户之间在一定程度上形成了互补平衡的状态，也保障了村庄的和谐共荣。

3. 经济收入多点开花

土地关系调整后，土地出租成为村民小组的主要收入来源。原本温氏承租土地的发包方从零散的农户个体转变为集体，受益范围从少数人扩大到整个村民小组。租金按照每亩地 800 斤稻谷计算，始终对应稻谷的市场价格。迄今为止，良洞自然村共向温氏出租了 400 亩左右的土地，同时也将部分山坡地租给本村村民养鸡养猪。由此，良洞自然村租金年收入在四五十万元，其他村民小组通过土地出租获得的集体经济收入大约为一万元。

另一方面，良洞村在土地确权时采取确权到组的方法，以村民小组为单位划分土地权属，村民小组对集体土地拥有绝对优先的处置权力，这也方便了村集体快速完成国家公共建设时的征地任务，通过制度设计将征地矛盾掐灭在源头。"建高速要用地时，村委会才好处理，叫几个村民小组长过来，2个小时就把几百亩征地任务完成了。"

此外，近年来，在村委会的协助下，村民小组也沿袭了村集体与企业股份合作的形式，以土地入股发展村民小组的实体产业。良洞村第三村民小组调整了50亩土地入股，与温氏集团合作创办了一个种鸡试验场，该项目为村小组年增加收入4万元。第四村民小组也调整了土地75亩给温氏工业园，目前投入600万元的饲料添加剂厂已竣工投产。

（三）民企共生：振兴个体经济

1995年，水果种植在良洞村骤然陷入低谷，村民年年在水田里种植果苗导致土壤肥力直线下降。同年，良洞村恰逢"黄龙病"大范围传播，果树大面积感染性死亡，经济损失严重，水果种植前路茫茫。幸运的是，村干部带头养鸡已充分证明了与温氏合作养殖的优越性，利润不低于种植水果的收益，并且企业兜底保障，风险系数更低。于是，在良洞村，与温氏合作养鸡顿时成为朝阳产业，村民有了新的盼头。

良洞村不断推广和应用"公司+农户"模式，养殖过程中，温氏集团负责提供种苗、饲料、技术等"一条龙"服务，雏鸡经过2~3个月的饲养后符合销售标准，由温氏集团服务部保价收购。即使突发性的禽流感或经济危机导致市场剧烈波动，温氏集团也主动承担绝大部分亏损，同时保障农民获得少量的利润或者保本，能够实施下一次合作。在实际操作中，一对夫妻可以独立饲养15000只鸡，不需要再雇佣其他劳动力，那些已经实现设备全自动化的家庭，仅需一个劳动力。据不完全统计，1995年，良洞村共有约250户家庭，其中60%~70%的农户与温氏集团合作养鸡，总计超过150户。大量良洞村民从初步尝试、谨慎经营到增加投入、扩大规模，不断向村集体承包山地、荒地或者其他家庭的承包地，改造升级鸡舍，养殖规模从5000只跃升为15000只，养鸡年纯收入从一两万元激增到七八万元。良洞村民迈出了民企共生的第一步，享受了民企合作、订单生产下的稳定经营和丰厚利润。

20 世纪 90 年代，为了解决企业财务危机和增加企业凝聚力，温氏集团实施了全员股份制，员工具有购买原始股份（即 A 股）的资格。同时，为了加强企业与养户的联系，温氏集团专门设置 B 股，社会人士能够投资购买这类股份，按月领取股息，大约一到两分，不承担企业经营风险。在良洞村民看来，村集体与温氏集团共办企业在先，全民合作养殖在后，温氏集团的发展前景一片光明，购买温氏股票不失为一种精明的投资方式。为此，部分良洞养户将养鸡收益全部用于购买 B 股，然而，更多的良洞养户则甘冒股市跌宕的风险，通过在温氏工作的亲朋好友认购 A 股，争当温氏集团的小股东，这类养户约占良洞养户总数的 1/3，成为温氏集团特殊的股东群体，与温氏联系紧密。1992 年，良洞村秦木养书记通过在温氏集团工作的弟弟，购入了 13500 元的原始 A 股，目前累计分红高达 2000 万元。

五　反馈互利：企业彰显社会责任

温氏集团的发展离不开良洞村的支持和帮助，没有良洞村丰富的土地资源和勤劳忠诚的养户，温氏集团就没有充裕的发展空间和发展动力。因此，温氏集团在不断发展壮大的同时，也怀揣着感恩回馈的心情，积极履行社会责任，为良洞村的公益建设和经济发展贡献出了一分力量。

（一）企业参与村庄公益建设

随着经济的发展，良洞村的基础设施建设需求与日俱增，仅仅依赖村庄集体经济收入或政府财政转移支付难以为继。庆幸的是，温氏集团密切关注良洞村基础设施的建设需求，积极支援推动公共工程改造，公益反馈在发展中形成规模，走向规范。

1."需要什么就找我们"

温氏集团与良洞村从接洽到共营再到共生，融合程度不断加强。在这一过程中，温氏集团积极履行社会责任，以回馈感恩为口号，积极参与良洞村的民生公益建设。温氏集团的回馈行为基于两方面的考虑，一方面，完善基础设施，便利交通不但有利于村民的日常生活，也可增强合作养殖过程中成鸡运输的便利性。对于良洞村这种合作养户多、合作项目多的利益关联村庄，温氏集团更有投资回馈的动力。另一方面，良洞村在温氏集团发展过程中提供了大量的土地资源，从干部到村民，都积极支持温氏集团在良洞村的发展，与其形成了亲密的合作共营关系。因此，温氏集团胸怀感恩之心，踊跃支持良洞村的公益建设。1999 年以前，温氏在与良洞村合作的过程中曾经这样表态：我们的企业在你这里发展，跟你们合作，你们以后需要建什么东西，就到公司找我们。

1999 年，良洞村开始落实民生实事，上马村庄道路硬化工程，力争实现"组组通"的目标。水泥路工程预算总计约为 10 万元，经良洞村村委会与温氏集团负责人联络磋商后，温氏集团同意出资 30%，即 3 万元。在多方筹资支援下，道路硬化工程历经 5 年最终完工，其中温氏每年都会投入 3 万~5 万元。

此外，在良洞村开展新农村建设的过程中，凡涉及环境整治、村庄绿化、污水处理、垃圾处理以及路灯、健身器材、休闲公园建设等基础设施与公共工程时，温氏都会根据实际情况提供一定的资金支持。尤其是在修建村委会办公大楼时，60 万元的工程支出中除了上级财政转移支付以外，温氏集团专门出资 10 万元，最终在没有动用村委会一分钱的情况下，办公大楼成功落成。而在 2005 年，良洞村开展自来水改造工程，从良洞村外 5 公里的水库抽水入村，总计花费 60 万元，其中温氏集团又捐助 10 万元。可见，事无巨细，温氏集团回报良洞、建设良洞的热情始终高涨，这标志着良洞村与温氏集团的融合又上升到一个新的高度。

2."重大项目再找温氏"

过去村集体财力不足，开展任何一个项目都需要温氏集团给予一定的支持，但是随着良洞村集体经济和个体经济同步发展壮大，同时，良洞村被评为"省级新农村建设示范村"后政府财政的支持力度也不断增加，温氏集团对于村庄建设项目的投入逐渐减少，但是一旦面临重大项目，村集体难以独立承担时，企业还是会积极出资扶持。良洞村村集体的思想观念也在发生变化，改变以往过度依赖企业、背靠政府的心态，积极培育村庄独立自主、自力更生的精神和发展能力。此外，村民的价值理念也发生了蜕变，集体认同感和责任意识不断加强，他们以作为村集体的一分子为荣，乐于发挥个体作用和社会责任，积极参与公共活动和公益建设。

（二）企业助力绿色生产生活

在回馈良洞村过程中，温氏集团不仅以捐助的方法参与到良洞村的公益建设和公共工程中，健全完善了村庄基础设施，同时，还通过资本投入、转让股份等途径壮大村庄产业经济，塑造良洞村的宜居环境，推动了良洞村省级社会主义新农村建设的进一步发展。

簕竹镇在县委县政府的领导下，规划建成了具有新兴现代农牧产业特色的省级新农村建设示范片，温氏集团主动发挥企业养殖优势和资本技术优势，承担现代农牧的改造升级任务，投资打造现代化养殖小区。建立新型现代养殖小区，一方面能够形成全国现代养殖业的标杆样本，引领养殖业发展潮流，另一方面有利于增加村庄的集体收入，实现人畜分离，改善村庄人居环境。2005 年，温氏集团以簕竹镇为示范点，动员各行政村筹资建立养殖小区，良洞村成为第一批体验者和受益者。

在村企共建养殖小区过程中，第一，由村委会提供建设养殖小区的土地。良洞村村委会迅速从本村一位养鸡大户处租借 15 亩山坡地，租期共20 年，一次性支付 10 万元租金，与此同时养殖小区的建设工程同步开启。相较于其他村庄，良洞村进展迅速，关键在于，其他村委会一直没有为养殖小区找到合适的建设场地，因此温氏集团拨付的资金只能保留在政府的账户里。第二，温氏集团承担 15 亩土地的平整和鸡舍兴建工作，严格按照现代家庭农场的高标准高要求对养殖小区进行规划和设计，同时装配统一标准的现代化养殖设备和污染处理系统。第三，养殖小区的前期建设资金由温氏提供，温氏无偿拨付给村委会 40 万元，若建设过程中的开支超出40 万元，多出的部分也仍由温氏集团先行垫付，以后由养殖小区承包户按批次偿还。按照协议，承包养殖小区的养户每出一批鸡，每只鸡都会被扣两角钱，一直到扣完温氏垫资为止，时间长达 8~10 年。

养殖小区具有丰富的经济价值和发展潜质，规模化、高科技化、信息化、无污染化经营的优势渐渐凸显出来。良洞村通过镇政府公开招标，大力宣传养殖小区现代化的优势，动员养户承包经营。大量有意向承包的农户相互竞价，竞价的优胜者与良洞村村委会签订租赁合同，合同租期基本在 5 年左右，适中的租期既便于承包户组织生产、赚钱赢利，也有利于村委会灵活调整承包对象。目前，养殖小区每年租金为 38750 元，作为村集体经济收入存入集体账户。

良洞村养殖小区曾被先后发包给三位养户，第一次是良洞本村村民，因为一次亏本而弃养；第二次是外村村民，也因效益不佳而黯然放弃；第三次仍然是外村人，承包者勤勉经营，效益颇佳，每年能够获得 10 多万元的收入。古话说"力不到，不为财"，管理到位才能赚到钱，第三位承包户充分利用养殖小区的规模优势和技术优势，兢兢业业，最终在经济上赢得了丰厚回报。总之，养殖小区实现了村庄、企业、农民的三方共赢。

（三）村企共同让股扶贫

与温氏合作以后，良洞村集体经济收入蓬勃发展，每年能够从良洞编织厂分红近 10 万元，从良洞种鸡场分红 4 万元，村庄集体经济累计收入在 15 万元以上，而簕竹镇其他行政村每年集体收入仅在 1 万元左右。2005 年，广东省委提出"先富带后富"的口号，要求在全省内迅速实现贫困村条件的改善。

良洞村秦木养书记在学习省委"先富带后富"的精神后，主动联系簕竹镇党委书记和温氏集团董事长温鹏程先生，提出鉴于簕竹镇其他 7 个村委会缺乏收入来源，亟须发展集体经济实现脱贫，良洞村愿意让渡部分良洞塑料编织厂的股份，支援兄弟村庄。

秦木养书记主动做好村民和干部的思想工作，在党员代表会议和村民代表会议上，秦书记在与村民的交谈中多次强调："第一，我们编织厂也是靠温氏集团支持的，没有他们的支持我们也办不成，我们应该给予我们的兄弟村庄同样的帮助；第二，共产党提出了'先富带后富'的口号，我们良洞村先富起来了，所以我们应该积极响应支持党和国家的号召，支援兄弟村庄；第三，我们在与温氏合作时，只有吸纳更多的村庄参与其中，才能在与温氏的博弈中占据主动，拧成一股绳，才能受到温氏的持续尊重。"良洞村村民在大同思想的熏陶下，乐于分享，追求共同富裕，让股工作得到广大村民的一致支持。

温氏集团在得知这一消息后，主动承担社会责任，参与到让渡股份、支援友村的活动中来，并专门提出"温氏多让一点，良洞村少让一点"的建议，于是政府、良洞村、温氏集团上下一心，开启了史无前例的股份转让扶贫工程。

　　具体实施过程是，前期通过评估确认编织厂资产总值为 600 万元，为了减轻友村的购买成本，将良洞编织厂压缩折价为 100 万元，按一股 1 万元计算拆分为 100 股，动员其他行政村认购。籍竹镇共有 9 个行政村，其中良洞与榄根经济基础相对较好，其他行政村集体经济收入略显薄弱。2005 年 4 个行政村率先认购股份，2006 年第二批 2 个，2008 年第三批 1 个，其中五联村认购股份最多，约占 10%，每年收益 3 万~5 万元，其余行政村都是 4% 左右。至此 7 个相对贫困的行政村全部实现了股份认购，分红后集体经济收入都达到 3 万元。温氏集团和良洞村总共出让了 42% 的股份，余下 58% 的股份中良洞村占 39%，温氏集团占 19%。

　　在让渡股份过程中，温氏集团原计划将自己所剩余 19% 的股份全部转让给良洞村，但在巨大的利益面前，良洞村没有盲目接受，而是考虑了长远利益。良洞村委会认为塑料编织厂从建立之初一直是通过与温氏集团负责人的私人关系解决编织袋的销路问题，今后倘若感情弱化，没有股份合作产生的利益联结关系，就有可能面临销路不畅、最终破产倒闭的风险。为了避免这种"捡了芝麻、丢了西瓜"的不利情况出现，良洞村努力维持与温氏集团的股份合作关系，婉言谢绝了温氏的股份转让建议，最终确保了村集体利益的长效稳定。

六　经验总结：村企融合的有效途径

　　本文采用"过程—事件"的方法，立足改革开放后的市场环境，考察了村庄各层级包括行政村单位、村民小组单位以及村民个体单位与企业融合发展、共生共荣的过程。村企融合是村庄内外各主体、上下各层级基于自身发展需要，积极探索的深度联合。伴随着农村土地制度的改革，良洞村越来越不能满足传统以粮为纲的小农生产模式，具有发展集体经济与个体经济的强烈愿望。温氏集团在发展初期亟须大量的资本和劳动力，在扩大企业体量时更需要以土地作支撑。为此，村企双方谋求发展的愿望一触即合，开启了村庄与企业的融合历程。温氏集团与良洞村的互融共生是当前产业融合中乡村主体与市场主体互动共赢的缩影，是资本下乡撬动农村沉睡的土地、劳动力、资本资源的典型示范，实现了村庄与企业的优势互补。良洞村服务温氏发展，温氏拉动并回馈良洞的背后，反映的是村企优势要素互动与融合的内在逻辑，渐进式融合深化了各主体的相互认同与依赖。

（一）村企一体：产业融合发展的有效路径

国务院《关于推进农村一二三产业融合的指导意见》指出，要支持企业与农户通过订单生产、合作协议、产供销对接等方式，强化一二三产业的有机融合。由此可知，企业是农村推动一二三产业融合不可或缺的一部分，只有通过企业向农村注入资本和技术等优势要素，盘活农村沉寂的土地和劳动力资源，培育农村新型经营主体，促进村企融合，才能实现农村产业经济的蓬勃发展。

实际上，村企融合并不是村庄与企业的硬性拼凑，村企一体化的实现仰赖于集体与村民、村民与企业、村集体与企业的多维度利益联结，推动村庄内部整体、村企之间形成紧密的利益共同体。首先，村集体必须尊重和整合村民的利益诉求，获得集中的民意表达和合法的民主授权，才能在对外协商沟通时代表村民；在土地集体所有制度的约束下，还要最大限度地寻求个体利益与集体利益的共通点，同时要求个体利益为集体利益做适当让步，减轻资源对外交换的阻力。良洞村调整土地关系，振兴组级经济时便是以个体利益让位于集体利益为前提的，最终彰显了土地资源的潜在价值。其次，村民与企业通过项目联系在一起，企业发展订单农业，解决农民的生产和销售问题，同时也降低自身的投入成本，实现双方的互利共赢。良洞村推广应用了"公司+农户"的模式大搞合作养殖，温氏集团为农民创造了新的经济增长点，双方形成了亲密的合作关系。最后，村集体通过整合集体资源，以土地、资金入股的形式与企业共同创办实业，共同管理经营，共同承担风险，共同分配利润，村集体成为企业产业发展链条不可或缺的一部分。通过村庄内外的有效整合衔接，村企之间形成了稳定可靠的利益联系，促进了农民增收农业增效，发挥了一二三产业的融合效能。

纵观改革开放后"村企融合、共生共赢"的整个过程，良洞村村集体实质上扮演了关键的"中介"角色，从方向引导调节、资源整合利用、股份制合作等多种思路出发，树立村庄发展信心，降低村企交易成本，建立利益联结关系，推动村企有效融合。

1. 村集体的引导调节作用

村企间之所以能够实现有效融合，关键在于村集体发挥了引导调节作用。在村企融合过程中，一个富有创新精神和责任意识的村集体至关重要。村集体能够有效汇通村民与企业，协调双方的利益诉求，消除双方信息不对称造成的陌生感和不信任，规避交易风险，凝结共同利益，化解彼此矛盾，达成共识。对于良洞村与温氏集团，村委会的引导调节功能集中体现于优先示范带动上。

一方面，村集体带动传统农民向公司化农民转型。温氏集团最初进入良洞村推广"公司+农户"的养殖模式时存在困难，农民对养殖业的风险和收益都没有一个清晰的认识，因此理性地选择了观望和等待。在这种情况下，良洞村村集体亲身体验了"公司+农户"合作模式，在行动中审视农企合作的利弊，用丰厚的盈利向村民证实了合作养殖的价值意义，打消了民企联合的顾虑。

另一方面，村集体调整干部结构，引领创新发展。其一，良洞村在管理层上大换血，将不思进取、因循守旧的老干部替换为思想灵活、开放进取的新干部，通过饱含活力、热情的领导层带领广大村民调整发展思路，积极探索与企业的合作。其二，在处理土地关系时，村委会干部带头将土地交还给集体，彰显了他们调整土地关系、壮大组级集体经济的决心，同时，村委会还通过多种途径进行宣传与动员，解释土地调整的法理依据和必要性，培养了村民的集体意识。在村集体的引导调节下，村民小组有了土地存量，开启了组企合作，发展了集体经济。

2. 村集体的资源整合作用

村庄与企业的合作在于双方资源的互补互融，但是资源通常是分散的，必须依靠村集体的整合集聚，才能发挥规模效益和潜在价值，为村庄与企业的有效对接提供便利。企业如果与村民一对一、点对点地协商，必然会付出大量的精力成本，造成不经济的结果，构成村企融合的障碍。

为此，良洞村委会通过土地二轮承包，将山坡地、荒地等统一收归集体，不再分配到家庭，整合连片，直接租赁给温氏集团，不仅让闲置的土地产生了经济价值，还减轻了企业与村民逐个交涉的困难。另外，良洞村充分整合利用过去村社企业的废旧厂房、荒地山林以及村庄礼堂，盘活既有资源，以土地的规模化撬动其内在的经济价值，拉动了集体经济收入的持续增长。此外，在村民与温氏合作养殖时，村委会还不断整合双方土地、项目、就业等合作信息，为双方的沟通建立绿色通道，不过分干预，以服务的精神贯穿始终。

3. 有效的利益联结形式

股份制是以入股方式把分散的，属于不同人所有的生产要素集中起来，统一使用，合伙经营，自负盈亏，按股分红的一种经济组织形式。村企融合的关键机制就在于村庄集体、个人与企业的股份合作，其实质意义是唤醒村庄沉寂的土地、资金以及劳动力等要素，对其进行重新配置和价值提升，与企业自身的技术、资金以及项目等要素优势互补。在股份制的作用下，同质生产要素的合作能够产生规模效应，在市场环境下更有拓展版图、抵抗风险的能力。而异质性的生产要素更为关键，通过股份制将资金、土地、技术等不同要素整合在一起，可促进产业经济产生质的变化。股份制还能够让企业随时随地补充新的生产要素，拓展企业的体量和结构，保持较强的创新和发展势头，又能将生产要素的所有主体紧密联系在一起，形成利益联结网络，共担风险，共同赢利。股份制应用的前提体现在各主体对彼此的认同和信赖，对投入、产出的理想预期，对风险的控制和把握上。

关于良洞村与温氏主导的村企融合，在集体层面，行政村和村民小组以集体土地和建筑折价入股，与温氏集团共同创办种鸡场、塑料编织袋厂、种鸡试验场。这种股份合作形式即是将村庄充裕的土地资源激活，与企业原有的资本、技术要素进行融合，形成了双方共同的新的经济增长点。良洞村从选择性入股到主导性入股，是对与企业合作发展的一种渐进式信任和认同的表现，进一步深化了企业与村庄的融合。在个体层面，良洞村养户积极用养殖积累的资金购买温氏集团的股份，直接从源头上成为温氏的股东，体现出村民个体对温氏集团的高度认可和信赖。这种个人与企业之间的股份关系和产权利益联合激励着村民个体坚持以打工、合作养殖、土地租赁等多元形式服务温氏。从个体到集体，良洞村通过股份制确定了对温氏集团的忠诚与认同，促进了村庄与企业的深度融合，分享了产业发展的红利。

（二）村企一体模式的限度与不足

本文主要通过研究产业融合过程中村庄内部各层级与企业之间实现优势互补、资源共享、共生共荣的内在机理，对村企融合的阶段性、层次性进行梳理，为行政村、村民小组、村民个人根据主体特性与企业合作发展的路径提供参考借鉴。但是，村庄在村企融合过程中也不可避免地暴露出集体资产监管和村民自治制度有待完善的问题，需要警惕和解决，否则将会导致村企融合产生裂痕。

一方面，集体资产监督亟须加强。村企融合背景下集体经济的规模和体量都在不断增长，村庄内部资产如土地、资金、屋舍等的流动交换也更加频繁，这无疑增加了集体资产监督管理的难度。事实上，由于对集体资产缺乏有效监督，挪用公款、坐收坐支、公款私用等现象时有发生，除此以外，在土地等资产流转、发包、出租、入股等过程中，也有一些村干部做主，进行权钱交易，造成集体资产的流失，激化了干群矛盾。究其原因，主要在于内部集体资产监督管理制度约束缺失，没有建立资产管理台账制度和审计盘点制度，更没有专人负责管理。从集体资产的外部监督来看，基层民主监督流于形式，部分村庄根本没有建立村务监督小组，部分村务监督小组与村委会成员交叉任职，既当"运动员"又当"裁判员"，监督效果缺失。此外，村务公开形同虚设，集体资产相关信息在公开时模糊不清，限制了普通群众在监督集体资产时的可能性和有效性。因此，必须从内外同时加强对集体资产的监督。

另一方面，村民自治制度要力求完善。村庄与企业从联合走向融合的过程中牵涉到众多事项的决策，关系到每一位村民的切身利益。但是，一些重大事项的决策经常由村委会少数群体自作主张，村民在对自身利益的选择中失语失声，事后村民与企业、村民与村集体容易发生剧烈的冲突，村企合作的项目难以推进实施，甚至流产。因此，在推动村企一体化时，必须以完善村民自治制度为前提，确立村民自我管理、自我教育、自我服务、自我发展的主体地位，相信村民和使村民相信自己有能力做好决策，唤醒村民的主人翁意识。

公司化农民：产业融合下的
小农再造

——以新兴县范金树现代家庭农场为个案

在新兴县这样一个农业大县里，有一批以温氏集团为代表的大型畜牧企业，也有分布于全县各地的养殖农户。在温氏集团与养殖农户长期的合作过程中，形成了一种经典的经营模式——"公司+农户"。在这种模式下，企业为农户搭建生产和销售平台，养户为企业生产和提供养殖产品，双方共同生产、共担风险、共享利润。"公司+农户"模式是新兴县三产融合中最重要的途径，不仅推动了企业的发展壮大，也间接促进了新兴县域经济的发展，同时带动了大量养殖农户走上致富之路，而范金树就是众多养户中的典型代表。

一 探索：从兼业养殖到专业养殖（1986~1997年）

（一）兼业养鸡

范金树出生于新兴县簕竹镇五联村阿罗村一个普通农民家庭，1986年的时候，范金树还没有结婚、分家，除他之外，家里还有他父亲、母亲、

作者：华中师范大学中国农村研究院/政治科学高等研究院赵文杰。

哥哥、嫂子和侄女，总计6口人。范金树的父亲小时候上过私塾，有文化，原来在新兴第四水运公司工作，1989年水运公司解散，就回家在村里开商店。平时和范金树母亲一起务农，一直没参与养鸡，收入很少，仅够维持生活。

在开始养鸡以前，范金树家里的主业是种果树、种经济林，家里种了300多棵果树，但是成本投入大，利润低。考虑到养鸡可以产生鸡粪，然后用鸡粪来养果树，范金树的哥哥决定给温氏集团养鸡，把养鸡当作副业来发展，于是一家人在空余时间开始养鸡。范金树的哥哥虽然没有接受过教育，但是有胆量、有魄力，敢闯敢试，养鸡之前曾经尝试过很多生意，比如上山砍柴拉出去卖，批发烟花到村里卖。而且在此时，温氏集团已经慢慢发展起来，范金树的哥哥觉得养鸡比种田效益高，于是找到温氏集团合作养鸡。范金树的哥哥从父亲和其他亲戚那里共凑足1000多元钱，养了第一批鸡，共200只，规模很小，起步那两年小赚了一笔。从此以后，范金树家一直与温氏集团保持合作关系，从没有养过私鸡。范金树和他哥哥一样，很愿意接触和尝试新事物，从1986年他哥哥开始养鸡的时候起，范金树就给他哥哥当助手，经常跟着哥哥骑自行车去温氏集团运饲料。

（二）辞职养鸡

1989~1992年，范金树在肇庆市农机学校读中专，放假回家的时候就会帮哥哥养鸡，边上学边养鸡。1992年，范金树从肇庆市农机学校中专毕业，被分配到新兴县不锈钢制品厂（3A不锈钢公司的前身）工作，当电工。因为范金树在中专是学机电专业的，掌握了技术，所以在当时的条件下工资比较高，每个月将近有500元的收入。但是范金树觉得升迁和发展空间不大，工资待遇也不是很理想，所以在1993年，范金树在新兴县不锈钢制品厂工作一年后就辞职到镇里干DJ。在干DJ的时候也兼职给店里做电工，月薪达到700元。但两个工作都难以令范金树满意，都让他认为工资和发展机会有限。

因为范金树判断养鸡是比较有发展前景的行业，1994年，他果断辞职回家，在家里附近一个山坡上搭了个养鸡棚。范金树以无息贷款的方式从温氏集团那里拿了第一批鸡苗，总共300只，事先不用给押金，押金在后续的收益中扣除。范金树刚开始辞职养鸡的时候父亲母亲都很反对，哥哥也劝阻过几次，但是后来范金树跟他们耐心说明自己的想法和规划："先慢慢开始养鸡，积累一些本钱，现在养鸡的势头很好，赚了钱再扩大规模，赚更多的钱，再扩大规模，利润空间很大。"家里人也慢慢开始理解了。

范金树选择辞职养鸡是基于自己对养鸡的发展趋势、工作前景和自身条件三个方面综合考虑做出的判断。第一，范金树觉得工厂职员的工作发展空间小。范金树有中专的学历，在当时文化水平较高，按照常理是要"跳出龙门"端起国营公司"铁饭碗"的，但是他想出来拼一把，希望能"下海"闯一下。在他看来，在国营公司上班虽然条件好，但是发展空间小，而在新兴县这个养殖大县里面，养鸡却有很大的发展空间。第二，范金树看到了养鸡的市场前景和商机。"温氏集团"从当初的"七户八股"渐渐发展起来，"三温一古"的发展势头也很好，他根据市场判断养鸡已经成为一种趋势，坚信养鸡可以赚钱，跟着温氏集团合作养鸡能够取得比较高的利润。第三，范金树帮家里养鸡积累了一定的经验，他已经熟悉了养鸡的过程和行业情况。范金树从接触养鸡到熟悉养鸡，实现了养鸡经验的积累，尤其是经常和哥哥一起跟温氏集团打交道，了解到了养户与温氏集团合作的程序和规则，了解到了交纳押金金额、饲料运输等程序，初步建立起了与温氏集团的关系，为他以后专业养鸡奠定了基础。此外，1994 年，范金树的哥哥因为养鸡空闲比较多经常外出赌博，欠了 40 万元的债务，离开了家里，家里养鸡需要主心骨，需要范金树承担起家里养鸡的责任。

（三）与企业合作养鸡

范金树从养鸡开始就和其他企业合作养鸡，从来没有养过私鸡，主要有两方面原因：一是因为自己投资有风险，个体担不起风险，而与温氏集团合作可以稳赚不赔。市场不好甚至出现账面亏损时，温氏集团也会给足成本价，并给每只鸡补利润 2~3 元，农户并不承担风险，市场好时最高每斤 8~9 元。二是因为自己养缺乏销路、技术、管理手段和购买鸡苗的渠道，而这些都是温氏所具备的。企业一般都会给养户配备技术员，在养殖过程中提供技术指导，在管理过程中也会提供建议，可以有效降低养殖产品死亡率。

长远来看，与企业合作养鸡比私人养鸡利润更高、前景更好。以籟竹镇红光社区的养户苏丽红为例，20 世纪 80 年代他父亲带着他跟随温树汉养鸡，养了 5 年，每批大概养 2000 只，每年可以赚 1 万多元。随后自己跟着古章汉养了 7 年鸡，每批大概有 7000 只鸡，每年可以赚 3 万~4 万元。后来苏丽红帮别人开车运鸡的时候看见老板自己私人养鸡，每只鸡可以赚 6~7 元钱，于是向老板借了点钱，买鸡苗、饲料和疫苗，自己当老板，私人养鸡。苏丽红认为给温氏集团养鸡，养户的利润每只鸡最多只能赚 3 元，很平稳，赚得不多。可是后来他自己把鸡养大了之后，刚好遇到禽流感，最后所有的鸡以每只 1.2 元的价格处理了，67 天养了两批鸡，总共亏了 10 万元。后来借钱继续和温氏集团合作养鸡，才慢慢积累一些钱，重新把养鸡事业发展起来。反思这段经历，苏丽红说："如果现在让我选择，我不会私人养鸡了，还是跟温氏集团合作比较好，温木辉后来自己养过几批私鸡，自己都怕了。"范金树没有养过私鸡，但是善于从其他人私人养鸡的经历中获取教训，对私人养鸡的利弊有权衡，对于与企业合作养鸡和私人养鸡的利弊进行过对比，所以一直坚持与温氏集团合作养鸡。

（四）选择温氏集团

范金树不仅与温氏集团合作过，还与温木辉合作过，除了与温氏集团合作养鸡，还与温木辉合作养了 2 批鸡。在养了 2 批温木辉的鸡之后，范金树发现温氏集团在先进技术的引领下，鸡苗的品种、技术员、疫苗、饲料都比温木辉的要好，给温氏集团养鸡发病率和死亡率都更低，所以放弃与温木辉的合作，只跟温氏集团一家合作。范金树选择温氏集团，主要是由于他对温氏集团的认同感，这种企业认同来自 3 个方面。

首先，温氏集团给农户让利更多。养户选择合作对象，主要是看哪个公司给养户的利润更高。所以畜牧公司为了留住养户，也会依靠给养户的利润来竞争，在温木辉每只鸡给养户 1.95 元利润的时候，温氏集团一只鸡可以给 2 元的利润，温氏集团给养户让利更多。

其次，温氏集团的核算方式比温木辉的核算方式对养户更有利。温木辉按照上市鸡苗量核算，譬如：同样是 10000 只鸡苗，卖鸡的时候只卖 9500 只，总共赚了 9500 元，按照温木辉的算法是每只鸡赚了 1 元钱，而在温氏集团的核算方法里面每只鸡赚了 0.95 元钱，实际上大家都是赚了 9500 元。表面上看温木辉回收鸡的单价更高，关键在于，温氏集团为了平衡市场价格，会将每只鸡的利润提高到 1 元，大家单只利润一样，那么范金树他们每个与温氏集团合作的养户实际上就不止赚了 9500 元。在温木辉那里赚到每只 3 元钱，其实相对于温氏集团只有赚到 2 元多，只是表面上的数值一样甚至更大，但是实际上利润都是一样的，甚至还不如温氏集团。温氏集团按鸡苗数量来算，养户得到的利润实际是一样甚至更高的。

最后，在风险管理方面，养户给温氏集团养鸡承担的风险较小，遇到风险的时候温氏集团会提供特殊补贴。大约 1992 年的时候，因为鸡病范金树亏了一批鸡，亏损大概 200 元。当时温氏集团还没有和华南农业大学合作，还控制不了鸡病，那时候风险大，涉及农户多。温氏集团看到范金树这些养户亏损，从 1992 年开始向养户提供特殊补贴，承担了大部分风险。比如在 2004 年，苏丽红养了一批阉鸡，因为天气很冷，很多鸡死了，亏了80000 元钱，温氏集团给他补贴了 40000 元。而给温木辉养鸡，不存在特殊补贴。

二　专业化：规模养殖的风险与坚持（1997～2011 年）

1998 年，范金树结婚后与哥哥分家，开始独立养鸡，在艰难的起步阶段，范金树去找温氏集团服务部经理，协商将原本 5 元的押金降到了 2 元。为筹措资金，范金树在 1998 年以两分的利息从一个朋友那里借了 20000 元钱交了押金。但是因为资金紧张无力新建鸡舍，范金树夫妇就在阿罗村附近租了个鸡舍，养了 4000 只鸡，总共养了两批，赚了 4000 多元。1999 年范金树开始考虑扩大规模，其扩大规模主要体现在三个方面：首先，扩建养鸡场。在 1985 年的时候，范金树家就把一些地从生产队手里承包了过来，当时签了 30 年的合同，租了 40 多亩地。1986 年范金树家将其中 20亩用来养鸡、种竹子，养鸡的同时还卖竹笋。1999 年，范金树在家里承包的 40 亩地上选择了 20 亩地分三次建了 3 个鸡舍。其次，增加养鸡数量。1999 年范金树独立养殖以后养的第一批鸡有 3000 只，第二批增加到 6000只，第三批又加到 10000 只，此后一直保持在 10000 只以上的养殖数量。最后，追加养鸡资金。据范金树介绍，养 10000 只鸡的时候，一般一批鸡只能够赚 2 万元，每年三批，一年大概能赚六七万元，赚的钱又拿回来投资。虽然养鸡的规模越来越大，范金树从来没有想过把钱存起来，总是想着赚了再拿去投资。

大规模养殖给范金树带来了高利润，但同时也给他带来了高风险，范金树在养鸡的过程中遭遇过 4 次比较大的损失。第一次是 1997 年的禽流感，第二次是 2003 年的"非典"疫情，第三次是 2004 年的冷冻危机，第四次是 2008 年遭遇的金融危机。在这几次危机中，范金树都是借助温氏集团的力量顺利度过了危机，即使在面临亏损的情况下，他也可以得到基本的保障，从事后续的养殖事业。

（一）1997 年禽流感

1997 年，范金树面临第一次亏损，因为禽流感盛行，空气污染严重，大量的鸡感冒咳嗽，死亡率比正常时候高很多。范金树当时亏损大约 2000 元，但是范金树可以向温氏集团申请特殊补贴。温氏集团和农户之间有这种救济机制：譬如范金树亏了 1200 元，温氏集团就补给他 2000 元。温氏集团给农户补贴的额度没有标准，但有标准的流程和程序：农户出现非管理因素导致的亏损，向服务部反映情况，温氏集团会派人去农户养殖区调查，然后温氏集团会开班子会，综合考虑养户应该承担的责任。除了本钱以外温氏集团还要额外补一点补贴给农户，因为他们考虑到养户自己也需要生活，没有工资来源。如果确认养户是因为非管理因素亏损了 1200 元，农户在不赚钱的时候也可以申请到 1200 元的本钱和额外的 800 元补贴。但是这种特殊补贴没有写进合同，实现制度化。

1997 年范金树养鸡亏损了 2000 元钱，但是他在 1997 年禽流感的时候顺利度过了危机。鸡死得比较多，范金树就向服务部申请补贴，得到了补贴，从而能够继续经营。在范金树养下一批鸡的时候，温氏集团免押金给范金树鸡苗，但是拿鸡苗的时间有了变动，要根据温氏集团的排期来，禽流感时期不能保证在相同的时间拿苗，有时很快，有时很慢。范金树相信温氏集团，认为温氏集团即使在禽流感的时候也会让他保持盈利，结果养下一批鸡的时候范金树的利润就赚回来了。

此外，温氏集团专门建立了一个风险基金，在遭遇禽流感或者因重大不可控因素亏损时，养户可以从这份风险基金中得到保障。1997 年，禽流感很严重，养鸡的养户都亏损得很惨，温氏集团建设了一个风险基金，如果温氏集团的养户在不可抗力的作用下出现了亏损，温氏集团可以利用这个风险基金让养户不亏本。补贴额度根据公司的指导意见而定，根据上市率的多少、养殖质量和技术员考察结果综合评估。技术员和主管会将养户在亏损过程中的责任比例上报到经理那里，最后由经理经过生产老总审批决定。比如范金树这一批养鸡若亏损了 200 元，而经过评估，农户的责任有 60%，公司的责任是 40%，那么最后的补贴可能是 80 元。这个补贴不仅要能够维持养户自身的基本生活，还要能够满足养户后续投产的最基本要求，保证他们在下一批可以进行运作，把亏损的赚回来。温氏集团的思路是，要想让养户更好地生产，先要稳定好他们的生活，在生产的过程中他们也要吃饭，也会产生成本，要让他们自己和整个家庭能够生存。既要保障生活的需求，也要保障生产的需求。

（二）2003 年"非典"疫情

2003 年"非典"危机对新兴县的养殖产业冲击很大，当时温氏集团总共亏了 30 多亿元。但是温氏集团在承受巨大损失的情况下也保证了范金树每只鸡 1 元钱的利润，范金树总体上没有遭受巨大损失，遇到"小挫"。"非典"时很多人不敢吃鸡肉，鸡的市场单价只有 2 元钱，温氏集团卖到市场上也只有 2 元钱，但是给养户的回收价格还是 5 元钱，确保范金树每只鸡有 1.5 元左右的利润。公司的出售价和利润降低了很多，但是饲料成本没有减少，养户的补贴也在增加，温氏集团遭受了巨大的损失。而对于范金树来说，只是养鸡的周期延长了一些，利润减少了一些。在这次"非典"疫情中，市场的风险温氏集团和养户分担了，温氏集团给养户的让利有所减少，"非典"之前让利 2 到 3 元，"非典"期间让利 1 元，保障他们有利可赢，可以维持基本生活。

2003 年遭遇"非典"疫情的时候温氏集团采取了一些措施来应对危机。一是调整批次，排苗延迟一个月，同样是养 3 批鸡，2003 年鸡舍可能会空一个月。二是减量，减少养鸡量，范金树配合温氏集团的措施来养殖，顺利度过了"非典"危机。对此，范金树说："因为我有温氏集团提供的信息，我知道不管怎么样，温氏集团都不会让我亏。因为温氏集团想要发展好，一定要依靠我们养户帮它养殖。温氏集团自己不养肉鸡和肉猪，只是提供种苗、饲料、疫苗和销售，没有养户温氏集团就没有鸡、没有猪卖了，他们也要靠我们赚钱。"

（三） 2004 年冷冻危机

范金树遇到的第三次亏损是因为遭遇到了冷冻危机。2004 年的冬天气候不好，温度很低，天气很恶劣，那时候鸡舍外面用的是很薄很薄的胶膜，很多鸡冻得发病了。面对这种自然灾害，温氏集团的技术也挽救不了这些鸡，造成亏损的原因主要是鸡苗都长成大鸡了，前期的投入无法收回。在这次冷冻危机中，范金树亏了两批，第一批亏了 3000 元，第二批亏了 1000 多元，这次亏损对范金树后续的经营来说是一次小的波动。范金树当时心里想："自己怎么这么倒霉，如果是小鸡的话损失会小很多，或者有个保温的架子，鸡就不会冻死了，但是鸡长大了又冻死了，亏损很大，养鸡也要靠天吃饭。"鸡死了之后，冻死的鸡不会被回收，而是被拿去集中处理，因为这也是一种意外的死亡，范金树会把鸡送到温氏集团去登记、解剖，温氏集团提供处理解剖技术。

遇到这种不可抗力带来的损失时，养户可以通过特殊补贴机制向温氏集团申请特殊补贴，温氏会提供特殊补贴，范金树在这次冷冻危机中深刻体验到了。范金树在这次冷冻危机中申请到了特殊补贴，原本每只鸡就只赚了 0.8 元钱，但是范金树从温氏集团那里得到了每只鸡 1.5 元的补贴。如果其他养户都赚钱，只有范金树一个人出现亏损情况，会被确定为范金树的责任，是他管理不到位，他就无法申请补贴。但在这次冷冻危机中，很多农户都亏损了，他们都可以申请到补贴。

（四） 2008 年金融风暴

2008 年的金融危机，导致新兴县的养殖局面产生了很大的变化，"三温一古"只有温氏集团在这次金融危机冲击中生存了下来。金融危机的破产危机不只是公司的，也是农户的，因为公司破产意味着农户押金收不回、养鸡销售不稳定、饲料自费和疫苗自己负责。但是范金树当时很相信温氏集团，配合温氏集团的合作调整，平稳度过了这次危机。

范金树在这次金融危机中虽然也受到了冲击，但是平稳度过了。金融危机的时候温氏集团能够存活下来，主要是因为温氏集团的资金链没有断。一是与温氏集团合作的养户比较多，押金比较多。二是因为员工持股，温氏集团给员工的工资都转换成了公司的流动资金，比如员工一个月的工资是 400 元，温氏集团给员工发放 300 元的工资，剩下的 100 元算买公司的股票。这些钱都是温氏集团的留存资金，所以温氏集团向银行的贷款不多，资金链没有断。即使是在金融危机的时候，温氏集团也会保障范金树这些合作养户每只鸡有 1 元到 2 元的利润可以赚。但是温氏集团会控制养户的养殖数量，用时间差来调数量，提供鸡苗量和回收产量可以用时间和养鸡的批次来调节。譬如，养户正在养殖的这批鸡卖掉了，2 个月以后才会收到通知过去拿鸡，中间会错开一段时间，养鸡情况好的养户会缩短到 10 多天后就可以去领鸡苗。

　　在这几次危机的共同面对中，养户与温氏集团之间在面对风险时形成了一套风险先担与风险分配的机制。养户与温氏集团合作的风险主要包括市场风险、自然风险和道德风险。温氏集团主要承担市场风险，养户主要负责养殖过程中的道德风险，也即管理过程中的风险，自然风险由养户和温氏集团以提供特殊补贴的方式共同承担。最开始的时候温氏集团的规模很小，对养户照顾不多，养户需要交 1~2 元的押金，温氏集团提供鸡苗和饲料等原料，但是养户的鸡死了算农户自己的，没有特殊补贴。温氏集团发现这样养户面临的风险很大，很多养户破产，温氏集团的合作养户流失严重，之后集团建立了补贴制度。首先，在市场风险方面，范金树养猪从不用考虑温氏集团提供的回收价格是多少，他只在乎温氏集团最后能给他的利润是多少，只在乎养出来一批猪之后总共能够赚多少钱。在养殖过程中，范金树只要温氏集团在回收价格与他投入的成本之间留下一定的利润空间给他就可以。猪苗再贵、饲料再贵范金树都觉得无所谓，因为对他来说，只关心可以赚到的利润就可以了。其次，在自然风险方面。在管理过程中如果遇到冷冻的情况或者禽流感，温氏集团会根据养户在损失过程中责任的多少提供一定的特殊补贴，这样自然风险是被温氏集团和养户共同承担了。最后，在道德风险方面。温氏集团和养户已经形成了一种长期合作、相互信赖的关系。养户不会担心温氏集团在管理过程或者利润分配的时候做手脚，如果弄虚作假欺骗农户，温氏集团是生存不下去的，因为温氏集团也担心养户流失。温氏集团也不会担心养户在经营的过程中故意把饲料拿出去卖、谎报死鸡数量，因为这样会影响他以后是否能够获得特殊补贴。

三 多元化：从单一养殖到多元养殖（2011~2015年）

温氏集团在几次危机中利用时间差调整养鸡批次顺利度过危机，但是也留下了一个隐患，就是经常遇到这种调整，养鸡的价格和批次变得很不稳定。此外，在禽流感与各种疾病带来的消费者恐慌情绪中，市场对鸡的需求越来越不稳定。市场的鸡价越来越低，养鸡的利润逐渐减少，范金树和温氏集团的养鸡事业均遭遇了发展瓶颈。范金树看到养猪的前景更好，2011年的时候就开始多元化发展，在养鸡的基础上又拓展了养猪事业。

（一）农企合作模式的优化

针对养鸡利润下降的情况，范金树和温氏集团均采取过应对措施。在个人层面，范金树选择了优化合作养鸡模式。在企业层面，温氏集团提出了"倍增计划"，试图提高合作养户的养鸡利润。

范金树的策略是在保持养鸡利润的基础上扩展养猪业务，首先是要夯实养鸡基础，为此他做了两方面的工作。首先，保持养鸡的正常利润。虽然2011年以后范金树开始了新的养殖业务，但是他对基础业务还是没有放弃，一直保持着每批不低于10000只鸡的数量。范金树说除非政府禁养，不然他自己不会主动放弃。其次，改变养鸡的合作方式。范金树现在的养鸡业务改变了合作方式，主要是自己交押金当老板，用分成的方法委托给别人养，最后享受利润分成。每只鸡的利润里面范金树可以分到8角钱，一批鸡范金树可以分到8000多元，一年3批，总共可以分到24000多元。从另外一个角度来看实际上范金树请人来帮他打工，工资就是按利润分成，全部本钱和养鸡账户都是范金树的。但是范金树可以不用干活，只是在结算的时候去公司结算成本和利润，范金树在每只鸡的利润中固定拿8角钱，其他的利润归养殖者。

此外，针对养鸡效益偏低的情况，2010年温氏集团启动实施了"倍增计划"。所谓"倍增计划"是指在不增加主要劳动力的情况下，5年的时间使合作养鸡农户的效率和效益提高一倍。为了更好地实施"倍增计划"，集团还设立了"倍增计划"专项基金，补贴给养户扩建鸡舍、安装自动喂料机械和购买清粪机，鼓励养户扩大养殖规模，实现规模效益。温氏集团还积极与农业银行等金融机构沟通，为合作农户争取惠农卡优惠，帮助养户解决一次性投入大、资金不足的问题。范金树也在"倍增计划"中尝到了甜头。

然而，优化合作模式实际上没有给范金树带来新的增收渠道，也没有直接带来利润的增加，"倍增计划"带来的养鸡收益增量也很有限。因而范金树又开始新的尝试，寻找新的发展方向。

（二）多元化发展的新思路

范金树选择养猪主要是根据养猪和养鸡之间的成本—收益比较分析做出的决定。猪病没有鸡病多，成活率更高，养猪亏损的风险很小。并且养猪相对来说更好监控，养猪的技术比养鸡的技术要成熟，养猪的价钱比养鸡的价钱也更稳定，利润要更高。温氏集团养猪也赚得更多，愿意给农户让利，不会让农户亏损。养鸡有人会亏损主要是因为鸡的价格不稳定，一直在调整，鸡苗的价格和回收的价格温氏集团经常调整，经常会有亏损的情况出现。养鸡的回收价没有写进合同固定下来，养猪的回收价是在合同里面就规定了的，结算程序更加简单明了。在合作养猪的合同里面，猪的押金、饲料价格都是固定了的，回收价一直是 7.35 元，如果猪苗能够正常养大，最后的收益基本上是可以预期的。但是养鸡不一样，温氏集团经常会下发一些文件来指导鸡价的变动，需要根据市场经常调整，价格波动很大，养鸡如果情况稍差利润就无法保障。养猪的时候温氏集团不会下发这种指导文件，将养猪的价格固定下来，温氏集团在市场高价的时候让了很多利，即使市场的猪价下降了，范金树也不用担心会有亏损。

从 2007 年开始，温氏集团就在养鸡的基础上开始发展养猪业务，范金树一直和温氏集团合作养鸡，对温氏集团的发展动态很了解。2010 年，范金树考虑到养鸡事业发展有限，就萌生了跟温氏集团合作养猪的想法。既然温氏集团提供了养猪的发展平台，他也很想跟着温氏集团尝试一下。因为他感觉温氏集团在养殖方面的项目都很好，能保证养户的利润，只是赚多赚少的问题。此外，范金树觉得养猪赚得更多，但是劳动力投入更少，因为养鸡需要照顾得多一点，养猪要轻松一点。相同的情况下，六祖那个养猪场如果养鸡只能养 10000 多只，赚七八万元，而养猪可以赚 10 多万元。现在养鸡的人比养猪的人多一些，但养猪已经是一种大的趋势。

2011 年范金树开始正式养猪，他跟着温氏集团养了很久的鸡，对温氏集团很了解，知道温氏集团始终会把养户的利益放在第一位。准备养猪的时候范金树也没有什么顾虑，相信温氏集团，依旧是和温氏集团合作。在制度方面，与温氏集团合作养猪虽然无法产生暴利，但是肯定可以保障养户的利益，不让养户吃亏。在市场价格 10 元的时候，私人养猪的养户可以每只猪赚 800 元钱，范金树则只能赚 200 元左右，但在 2015 年的时候，私人养猪的养户每只猪亏了 500 到 600 元，公司也亏损了，但是温氏集团还是会给范金树 200 多元的利润，基本上很平稳。在利润方面，范金树养猪的收益可以预期，对于养猪来说，种猪价格、饲料成本和回收价格都是可以控制的，温氏集团通过这种预期来调整利润分配，解决市场风险。对于范金树这些养户来说，每批猪从开始养就可以预估到自己大概可以赚多少钱了。最后的利润主要取决于养猪的情况，如果养猪上市率达到 98%，平均每只猪可以赚到 340 到 360 元，但是上市率若只有 92%，则平均每只猪的利润可能只有 200 或者 220 元。除去死亡猪群的喂养成本，平均每只猪的利润就是 200 多元。总而言之，给温氏集团养猪的利润有保障，养得好就赚多一点，养得不好就少赚一点。

（三）　大规模养猪的尝试

范金树从考虑养猪到最终建设养猪场有一个过程，主要是前期考察和租地建猪舍。

首先，前期考察。范金树选择继续与温氏集团合作养猪，没有通过私人养猪暴富的想法，他的眼光很长远：如果自己养的话，可能第一次每只猪赚 800 元，但是第二次可能就亏掉了。2010 年的时候范金树就考虑到这个问题，他主要考虑到经营利润的平稳性和长期性。他说："从准备养猪到现在，从来没有想过要私人养猪，除非它（温氏）不养猪了，要养猪一定要跟着温氏集团养。"范金树选择跟温氏集团合作，主要考虑的是价格问题。范金树最担心的就是市场，市场的风险他承担不起，但是市场价格很低的时候公司会保障价格，为他承担市场风险，保证他的利润。虽然市场价格高的时候暴富不了，但是市场行情好的时候居多，范金树也能通过长期合作效应将利润赚回来。在 2011 年养猪之前，范金树事先专门去询问过之前跟温氏集团合作养猪的养户，跟温氏集团合作的情况怎么样？养猪的收益和风险怎么样？他也实地考察过，知道这些养户给温氏集团养猪一直没有发生什么大的疾病，从养户的经验方面了解了养猪的前景。通过前期考察，范金树了解到，在 2011 年之前，曾经发生过一次比较大的疾病，但是温氏集团把病猪全部集中处理，埋掉了。并且最后给养猪的合作农户补了钱，不仅不让养户亏，还额外让养户有点钱赚。其次，租地建猪舍。2011 年，经过实地考察后，范金树觉得养猪的时机到了，于是准备租地建猪舍。正好家在六祖镇的姐夫跟范金树说他们村里有块地可以出租，范金树作为一个外村人直接去承包地不方便，于是就请他姐夫帮他租地。他姐夫与村委会商量好，谈妥以后范金树去签字，新建了一个猪场。范金树顺便请他姐夫和他们村一个人帮他养猪，那时候 2 个人负责 500 只猪。

范金树在养鸡的基础上拓展养猪业务，收益很好，积累了财富，于是又规划着扩大规模，主要是开办第 2 个养猪场，增加养猪数量。2014 年，范金树从永安村一个养户手里接手一个传统养猪场，开办了第 2 个养猪场。这个养猪场原来的老板有养猪场地，但是没有钱经营，他们家负担重，养了 300 只猪，赚的钱只能维持一家老小的基本生活。后来转行开五金店卖五金，想把养猪场转租出去，于是范金树从那个人手里租过来接手养猪。这个养猪场在新兴江 500 米以内，环保压力大，并且是新开辟的场地，地方不够宽阔。这里的规模只能养 300 只猪，升级改造性价比不高，所以养到 2017 年年初因为环保整治停产了。范金树总共有 2 个传统型养猪场，同时一边养猪一边找地方租地，想继续扩大规模再建一个传统型的养猪场。

四 现代化："公司+家庭农场"阶段（2015 年至今）

（一）遭遇发展瓶颈

1. 外在环境：环保压力

在经营养殖事业的过程中，范金树遇到了日趋严格的环保治理环境，面临巨大的环保压力，范金树遭遇了一个瓶颈期。新兴县有养鸡的传统，尤其是温氏集团在 20 世纪 80 年代就开始养殖，积累了很严重的污染问题。畜牧养殖对新兴县污染的贡献率大概有 60%。2008 年以后新兴县环保重点由工业污染转向农业污染。2015 年"新兴江"污染事件爆发后，新兴环保部门持续行动，联合公安、畜牧、农业等部门，对辖区内畜禽养殖等重点污染点源、区域进行全面排查整治，控制涉水、涉气等污染。新兴县环保整治尤其着力解决传统养殖污染问题，新兴江附近 500 米以内有 600 多户猪舍要拆除，因为传统养殖场污染比较重。养殖场的降温效果不好，高温的时候需要用水来冲猪舍，产生大量污水，这些污水很难处理，空气污染也比较严重，有一个养户养猪，基本上全村都是臭的。环保是一个发展瓶颈，新兴县环保治理遵循"从严"原则，环保问题解决不了，政府就不会允许养猪，传统养殖业在这次整治中遭遇了危机。很多养猪农场因为没有资金或者不相信养猪新模式而没有改造升级被迫关闭，2017 年 4 月份就有219 个养户被停养，范金树接手的 2 号养猪场也被迫停养了。

范金树针对养殖过程中产生的污染问题，也与政府、温氏集团合作采取过很多环保措施，总共经历过 4 次尝试。2008 年以前，范金树在温氏集团的要求下将鸡粪置入鱼塘，让鱼消解粪便残留，鱼塘养鱼，综合利用。2008 年，范金树根据政府的要求建立沼气池，鸡粪先经过沼气池转化，再置入鱼塘。在鱼塘下面用黑膜铺好，进行过滤。2012 年，范金树根据政府要求建立了一个储存室当作储粪棚，让粪便至少在里面储存 2 个月，防止渗漏，最后清理粪便，当作肥料使用，比如拉去种果树。2015 年，范金树以升级改造为契机开始建设现代家庭农场，在温氏集团的支持下建设了降解床。私人投资降解床成本太大，温氏集团会给 50% 的支持，降解床有100% 的降解率，能实现真正的零排放。在升级改造的同时，范金树配合政府将臭气也进行了处理，借鉴其他地方养殖的经验，比如说在饲料里面加一些菌种，促进禽畜肠胃的吸收，来分解其粪便中的蛋白类，改变它们的消化过程，减少臭味。现在在温氏集团的支持下他用抽风机来过滤猪舍的臭气，用一些遮阳网把气隔一下，就是用农业上用的遮光网拦一下，过滤一下，臭味就减少了很多。范金树的环保升级得到了政府的肯定，建设降解床，基本上没有产生什么污染。

范金树与温氏集团创新了"公司+家庭农场"共同升级改造的新模式：只要家庭农场达到温氏集团养猪的要求和标准，温氏集团对养户都进行无息垫支，除了簕竹镇可以无息垫资 60%，其余乡镇无息垫资 30%。这说明产业融合能够促进农户更好地适应环保要求。一是公司有技术研发能力，能够给农户提供技术支持。二是环保设备升级需要花费较大成本，公司能够提供资金支持。三是公司有条件要求农户进行环保投入。

2. 发展趋势：传统养猪业面临挑战

随着养殖规模化和养殖户的老龄化，温氏集团的养殖户在不断减少。一方面，现在养户养猪的规模都比较大，所以养户的数量减少了很多；另一方面，很多原来的养户年纪大了不养了，年轻人都出去打工，不愿意在家里养猪，进入养猪这个行业。现在传统的养猪业正在逐渐萎缩。

传统养猪方式投入的成本大，效益很低，面临着多重挑战，具体体现在与现代家庭农场经营的对比中。现代家庭养殖方式相对于传统型养猪方式而言，第一，在管理方面，省人力，需要人工处理的粪便很少。第二，在环保方面，旁边的空气和污水情况好很多，传统型的臭气很重。第三，环保压力小了很多，现代家庭农场基本上实现了零排放，环保压力很小，传统型养猪场想要实现零排放需要花费大量财力物力。第四，在土地方面，如果养相同数量的猪，现代家庭农场占地很小，只需要占用传统型养猪场面积的一半，承包土地的难度也会相对小一些；而传统型养猪场占地面积很大，承包难度大。第五，在传统型的养殖条件下，对猪下药会更多一些；而在现代家庭养殖方式中，食品安全性提高了很多。第六，在质检方面，范金树养的猪都会通过质检。在传统型养猪方式下，遇到抽血检查不合格，应对方式是继续养，养到合格为止再上市；在现代养殖方式下，质检更严格，但没有出现检测不合格的情况。第七，在成本方面，传统型养猪场首次投资相对现代农场较低，新建的时候一般费用为60万元，现代化养猪场建设费用则不少于120万元。但长远来看，传统型养猪方式成本要高些，后期的劳动成本高很多，传统型养猪场比现代养猪场每个月要多出9000元钱的劳动成本，范金树在现代化家庭农场一个人轻轻松松可以养1200只猪。第八，在收益方面，2014~2016年，传统养殖方式下一头猪的利润为230元，假设一年1000头，总计为23万元，减去10万元的饲料等成本，一年至多能有13万元的利润；而现代化家庭农场养殖方式下，一年可以养1200头猪，养3批，一年总共可以赚52万元的纯利润。

（二）现代化转型的动力

范金树选择建设现代家庭农场，是由主观和客观条件共同促成的，主要是因为温氏集团的发展布局与范金树扩大规模的需求实现了"耦合"。温氏集团针对环保和技术创新的新问题，正在由"公司+农户"模式升级为"公司+家庭农场"模式,展开新一轮的产业布局。

第一,打造现代家庭农场示范点,推广"公司+家庭农场"模式。温氏集团在2015年的时候考虑推广"公司+家庭农场"模式,想在新兴县先行实验,当时新兴分公司给出了3个名额支持农户推进养殖系统自动化。只要养户按照温氏集团提供的图纸建设猪栏,就可以无息向温氏集团贷款36万元。但是很多人对新的模式心存疑虑,3个名额最后只有范金树1个人敢尝试,所以温氏集团和范金树双方一拍即合。当时温氏集团和范金树就达成了这种默契,温氏集团在范金树这里实验,如果成功了,就把这种模式推向全国。如果实验失败了,温氏集团也不会让范金树亏,范金树当时也是想着试一下,因为他内心很认可这种新模式。而温氏集团推广"公司+家庭农场"模式,是想创设一个现代家庭农场的示范点。传统养猪场由于环保原因已经不能在温氏集团开户,温氏集团主推现代家庭农场,会给养户提供无息贷款,帮助一部分养猪场改造成现代家庭农场,范金树成为享受这种支持的第1人。范金树投入的猪栏、设备以及贷款大约120万元,温氏集团无息支持了范金树36万多元。尽管如此,主要成本还是范金树自己承担,范金树需要把基建先搞好,温氏集团再掏钱给他买设备,这样就可以避免范金树中途退出现代化养殖,因为范金树已经投入了很大的成本。另外温氏集团还跟范金树签了合同:如果范金树在温氏集团已经资助之后停止养殖,温氏集团可以把范金树的猪栏租给别人养,再慢慢收回自己投入的钱。

第二,打造养殖平台,建设养殖小区。新兴县正在创设农牧小镇,与之相应,温氏集团支持簕竹镇建设养殖小区,以无息垫支的方式帮助村民承包养殖小区的土地发展养殖事业。温氏集团给簕竹镇村民无息垫资的比例是70%,给其他乡镇村民无息垫资的比例是30%。条件是农户与温氏集团签5年期的合同,在后续养殖结算中分7批将垫资偿还给公司,每一批猪从毛利中扣除10%,同时温氏集团也鼓励合作养户去升级改造猪舍。在养殖小区中建造中,农户和温氏集团又有了新的交融平台。

(三)升级改造

范金树选择从事养殖事业以后,一直遵循着"赚钱—扩大规模—再赚钱—扩大规模—赚更多的钱"的规划发展。在环保压力下,他急需要再次扩大规模，寻找新的利润增长点。2015 年的时候发展遇到瓶颈，范金树没有考虑过放弃养猪，而是想租到一块地，再次扩大养殖规模。

范金树平时喜欢看书、看新闻，尤其是关于养殖政策和养殖技术方面的内容。在平时的信息积累中，范金树了解到美国一个人可以养几万只猪，心里就在嘀咕：人家美国也是这样养猪的，怎么国内不能试试呢？恰好这时候温氏集团一个高管从美国学习回来，提出在新兴县尝试现代家庭农场的项目。2015 年，温氏集团给出 3 个升级改造的名额，其他人不愿意尝试，因为对这种模式不够信任，但是范金树相信温氏集团，温氏集团的计划恰好跟范金树的想法契合："在温氏集团出这个通知前，我自己想都不敢想要考虑转型，不敢去考虑，私人没有养殖技术，但是温氏集团给我提供了平台。我知道温氏集团和华南农业大学合作，有技术，又有很多年的经验，知道他不会让我们养户亏本，我也相信温氏集团的技术，就合作建立了这个现代化家庭农场。"范金树正好想扩大规模，顺势转型发展新模式，实现升级改造。因为他觉得现代家庭农场养出来的猪品质好、节省人力、高效，投资回报率也很高，所以很顺利地成为温氏集团第一家现代家庭农场。范金树和温氏集团一起发展，温氏集团可以打造示范品牌，范金树的养殖效率可以提高，收益可以增加，双方实现了互利共赢。

范金树是全国第一个现代化家庭农场，所以 2015 年建现代化养猪场之前，范金树没有到其他现代养猪场考察，只能通过探索一步步建设和运营。范金树按照温氏集团和他的合作设想于 2015 年开始建设，2016 年初建成，5 月份开始投产使用。结果养出来的猪质量很好，第一年两批猪赚了 52 万元的纯利润，范金树家庭农场成为温氏集团现代家庭农场的一个示范点。从建设现代家庭农场到正式运营投产过程中，范金树在租地、资金筹措、设备购置和环保优化方面都做了大量工作。首先，在租地方面，范金树通过朋友打听到永安村有一块集体用地将要在镇政府招标出租，于是以每年 4000 元的租价承包下来，用地有了保障。其次，在资金筹措方面，范金树从事养殖业近 20 年，积累了一定的财富，自己出资 84 万元，加上温氏集团无息垫付的 36 万元，合计 120 万元，资金充足。再次，在设备购置方面，因为温氏集团有统一的要求，并以较低的价格统一采购高新技术设备，然后配备给养户，范金树主要负责根据温氏集团提供的图纸购买大棚和一些零件设备。最后，在环保优化方面，温氏集团提供50%的补贴帮范金树配置了降解床。同时，温氏集团帮范金树投资了30万元进行了路面硬化。范金树现代家庭农场正式投产1个月左右，温氏集团董事长温鹏程过去考察，发现猪生长得很好，模式很成功。同时温氏集团还将范金树家庭农场旁边的池塘四周都硬化了，用来显示污水的降解效果：如果池塘的水是清的，别人参观的时候发现范金树现代家庭农场的池塘水是清澈的，就知道范金树现代家庭农场的排污效果很好，是零排放的。

（四）现代家庭农场建设的成效

范金树现代家庭农场位于新兴县簕竹镇永安村，占地面积约6700平方米，其中猪舍面积1100平方米。设计肉猪饲养规模为1200头/批，年上市肉猪2批，约2300头（考虑到出栏率），年均纯利润高达52万元。该家庭农场于2015年10月份动工建设，2016年4月竣工，5月初正式投产，项目投入建设资金120万元，采用封闭式、大跨度钢结构的先进建设模式，配套了先进的自动化生产设备与完善的环保设施。其中包括：（1）自动化控制系统：自动喂料系统、自动清粪系统、水泥漏缝板、风机、水帘、自动温控系统等。（2）环保治理系统：采用先进粪污处理模式，利用"降解床+自动翻耙机"进行发酵降解处理，粪污处理可以达到零排放效果。（3）物联网系统：配套物联网应用系统，可通过视频24小时监控场内肉猪生长动态及饲养管理情况，并可通过手机互联网等信息技术对猪群的饲养实行远程管理控制。通过现代化建设模式以及相关设施的配套，家庭农场有效地提高了养殖效率，降低了劳动成本，实现了粪污的零排放，真正达到了"优质、高效、绿色、生态"的养殖目标。现在范金树现代家庭农场正在作为温氏集团的一个示范点进行推广，它现在除了"生产功能"还具备"展示功能"。经常有一些"投资考察队"过来参观，很多地方政府来学习这个模式，考察一下看适不适用当地的情况，是否可以复制。与此同时，温氏集团让范金树去温氏集团的各地分公司和合作农场，进行交流，讲授经验。范金树养猪的示范效应很大，新兴县的媒体多次报道了他的养殖经验。

范金树在建设现代家庭农场过程中，不仅实现了设备上的升级，而且经营管理方面也实现了提升。主要表现在物联网一体化管理、规范化管理、严格质检和一卡通管理等方面。这一切是与温氏集团的发展和支持分不开的。随着规模日益扩大和公司上市，温氏集团的规章制度慢慢完善，生产技术逐渐提升，也带动了范金树的发展。

首先，物联网一体化管理。范金树现代家庭农场里面的水帘、喂料系统、抽风机等设备都由物联网连接到了移动设备上，可以通过手机进行一体化管理。一般情况下，范金树在技术员的指导下把设备调适好，用手机可以观察到这里的数据。数据如果不正常，就说明需要根据数据对系统进行调控，范金树如果有事外出不在现场，还可以打电话告诉家人，让家人帮忙调控。如果范金树遇到棘手的情况自己无法操作，可以打电话给温氏集团，温氏集团只有1个负责人有范金树现代家庭农场的调控权限，可以帮范金树调节。但是如果范金树不授权，温氏集团就无法调节，因为设置有密码。如果发生死猪的情况，技术员来到农场，可以用手机打开一个软件，通过卫星定位，用软件拍照片上传给公司录入电脑系统。死的每一头猪都要备案，剩下的猪交给公司回收，结算的时候用猪苗减去死猪数量，如果回收猪数跟系统统计的数据不一致，就不能结算。

其次，规范化管理。这种规范管理主要体现在养户考勤管理、技术服务人员打卡制度和一卡通管理制度上。第一，范金树在喂养的过程中有考勤记录，对每次喂料的时间都有明细记录，每天按时喂猪，在保持猪栏卫生等方面达到了一定的标准。这既是温氏集团的要求，也是以后利润的保障，所以范金树从来不敢懈怠。范金树从温氏集团领取了一个手册——《养户猪群饲养记录本》，手册分别将冬天和夏天猪群饲养的每日工作安排、防疫的基本要素和要求明细都写下来，让范金树参考上面的要求养猪，便于监管。第二，技术服务人员打卡制度。温氏集团的服务部主任每个星期要来范金树家庭农场一次，范金树现代家庭农场里面有一个打卡感应器，服务人员每次过来都需要打卡，这是一种考勤制度，保障养户对技术方面的及时需求。如果范金树有事打电话要求他们过去，他们也需要打卡，服务部的工资与他们提供的服务挂钩，尤其是与下乡次数挂钩，下乡次数是对养户技术的重要保障。第三，从2012年起，温氏集团在管理过程中会给范金树养殖一卡通，作为养户的标识和记账的凭证。温氏集团会有很多自助的机器，养户去温氏集团拿鸡苗、拿饲料的时候，只需要把一卡通放在机器上，输入鸡苗品种和数量，机器会给养户自动打出一份清单明细。养户凭借单子去拿鸡苗和饲料，当时不用付钱，记到账上去，在结算的时候，用这张卡结算，输入账号和密码后刷银行卡付款。

最后，严密化管理。范金树农场在温氏集团的技术支持下打造了比政府更严格的质检制度，在政府抽检的基础上温氏集团还会对每一批猪进行全方位质检，质检过关之后（猪）才能流向市场。长大以后，如果有些猪体重有异样，或者出栏之前每隔12天温氏集团都会派技术部去质检一次，确保猪的质量过关，如果超过12天，则要重新质检。温氏集团对范金树农场的猪质检都很严格，每批猪上市之前都要抽血抽尿去化验，按比例进行抽检，要化验出没有抗生素或者药物残留，确保质量合格才能上市。范金树养的每只猪都有"身份证号码"，猪出栏的时候打一个耳标，全部有编号，这是国家统一规定的，如果发现猪肉有问题，就可以追查责任，所以范金树养的猪从来不敢用国家违禁药品。

五　总结与思考

在新兴县，以范金树为代表的养户在政府指导、温氏集团等企业的引领下走出了一条具有新兴特色的农企融合之路。这种农企融合看似简单，却是具有划时代意义的，是对传统农民的一种颠覆。实际上，农企融合是对农民的一种再造，形塑了一种全新的农民形态——公司化农民。公司化农民是一种融合农民和企业的利益共同体，你中有我，我中有你，农民要按企业规矩办事，企业也要考虑农民利益，农民与企业相互依存。公司化农民是农企融合的结果。农民在生产中不仅着眼于自身的发展，也会联系企业的生产需求，供给企业需要的生产要素，成为企业"生产中的一环"，接受企业的指导与监控。企业在发展过程中也不单纯考虑自身利润的最大化，也会兼顾农民的权益与发展机会，以先进的技术与发达的市场为农民提供保障，成为农民"销售的平台"，农民与企业共生共享、互利共赢。公司化农民不同于传统农民，这种农民是社会化的农民，具有合作意识；是市场化的农民，理解市场行情，具有经营意识；是规范化的农民，根据公司规范办事；是一种高效农民，生产和管理效率高。

（一）忠诚互信是农企有效联结的重要基础

从 1986 年养鸡开始，范金树和温氏集团之间一直保持一种忠诚的关系。首先，范金树对温氏集团很忠诚。范金树与温氏集团合作时间很长，对于温氏集团的发展情况与合作模式非常了解，范金树对温氏集团愿意一直追随："即使有另外一家企业给我更大的利润，我也坚决不退出与温氏集团的合作，因为我相信温氏集团，与其他公司合作我怕他们只考虑自己的利润，如果出现连续亏损的情况他们可能会不管我们死活。但是温氏集团不会这样，除非面临破产，不然它一定会保障我们的利益，跟我们同生死。没有我们养户，温氏集团也生存不了，（它）跟我们养户是相互依赖的关系。"作为曾经给"三温一古"均养过鸡的养户，苏红丽分享了他与温氏集团的感受："给温氏集团养鸡，在价格方面，价格更固定。在市场信息方面，温氏集团的信息也比较灵通。在技术方面，温氏集团会提供专业技术员跟踪服务。在饲料方面，温氏集团饲料的价格稳定、生产的饲料质量更好。在市场方面，私人只能靠鸡贩卖鸡，而温氏集团可以提供稳定的销路。"其次，温氏集团对范金树很忠诚。从董事长温北英"七户八股"起步开始，范金树一直关注温氏集团发展的动向，温氏集团与范金树合作20 多年来一直保障着范金树的利润。2008 年金融危机的时候，温氏集团面临着破产危机，但是在那样的情况下，温氏集团还是主动给范金树每只鸡1.5 元左右的利润。有些养户在鸡价高的时候离开了温氏集团，后来 2008年遇到危机了，想回到温氏集团找补贴，但是温氏集团拒绝了，这实际上也是对范金树这种老养户的一种忠诚。

（二）要素互补是农企融合的重要途径

生产要素是生产发展的前提，激活要素是经济发展的基本条件。农企在要素配置过程中能够取长补短，实现要素互补，从而实现提能。在范金树的养殖事业中，范金树提供土地和人力，温氏集团提供资金、技术和市场。一方面，范金树有人力，可以承包到土地，但是要以私人的力量应对资金、技术和市场方面的风险。在"公司+农户"模式中，范金树可以通过交押金拿种苗，获得温氏集团的疫苗、技术和稳定的利润，双方实现共赢。另一方面，温氏集团资金、技术和市场有保障，但是承包土地和雇佣养户很困难。温氏集团之所以能像现在发展到这么大，就是养户自己建猪栏去养，温氏省下了建猪栏的钱。如果不是采取"公司+农户"的形式，而是自己投钱来承包土地、建鸡舍和招聘员工养殖，温氏集团无法发展这么快。温氏集团以自己的名义很难租到地，而以公司名义去承包土地，地租价格会更高。同时从事养殖业与农民打交道，关系很微妙，范金树可以与当地村委会处理得更好，而如果范金树是温氏集团的员工，不是合作养户，就不会有协调村委关系的积极性。

（三）风险先担是农企融合的关键机制

养户最大的顾虑不在于投资额的大小，而在于经验不足、技术不足。在"公司+农户"模式下，温氏集团和农场合作时会给他们吃3颗定心丸。第一颗是"特殊补贴"。特殊补贴是温氏集团针对养殖户发生病害亏损严重的情况，会给他们提供一些特殊补贴。这些补贴分为几部分，一部分用于维持农户的基本生活水平，一部分用于后续的养殖生产，给他们一个翻本的机会。第二颗是"风险基金"。在2006年，温氏集团很多养户的养殖产品发生禽流感，温氏集团在给予特殊补贴之后，吸取教训建立了一个常规化的"风险基金"，避免再次出现类似的突发性禽流感。温氏集团通过建立风险基金来保障养户的权益，每年会从公司的利润中提取5%～10%用作风险基金。平时给农户发放的特殊补贴就是从这种风险基金里面来的，不是农户的钱，而是公司自己赚的钱，这是一种很有远见的制度。假设每只猪温氏集团可以赚200元，它会抽取10元到20元拿来充实风险基金。第三颗是"降低押金"。如果养殖户遭受了比较小的鸡病或者想扩大规模，温氏集团可以适度考虑"降低押金"。比如范金树在2004年遭受小额损失和1999年扩大养殖规模到10000只时，温氏集团都提供了"降低押金"的优惠政策。这种风险管理和权益保障机制，无疑是给养殖户吃了定心丸。

（四）利益共享是农企融合的发展动力

无论企业还是农户，他们经营的目的和成效最终都会体现在利润上。公司化农民在谋求发展的过程中与企业共赢互利，最根本的原因就在于公司和农民实现了利益共享。在个人层面，范金树在养殖过程中坚持跟随温氏集团，不贪图短暂的利益，不会在温氏集团遭受亏损的时候离开温氏集团，这其实是养户对公司的一种支持。而在企业层面，温氏集团一直坚持

"让利于养户"，在市场行情好的时候会给范金树每只鸡5~6元的利润，甚至会提供一些奖励性的津贴。即使在禽流感的时候温氏集团自己遭受了30亿元的亏损，也会保障范金树每只鸡1.5~2元的利润。当温氏集团提出按照范金树现代家庭农场打造"示范点"的时候，范金树免费帮温氏集团外出培训，在家免费接待温氏集团安排的考察团，努力将温氏集团的先进模式推广出去。同样地，温氏集团在打造范金树现代农场示范点的时候，赠送了30万元的路面硬化资金，在发展的过程中，范金树和温氏集团彼此支持，以利益驱动实现了互利共赢。

（五）个案的局限性

范金树农场作为一个经典的成功案例，很多地方值得推广学习，比如风险先担机制、利益共享机制等。但是范金树与温氏集团的农企融合研究客观上存在一定的局限性，一是农民话语权与权益保障缺失，二是缺乏政府的有效引导。

1. 农民话语权与利益保障问题

在新兴县一二三产业融合的过程中，农民话语权缺失，申诉和维权渠道很少，现在农企之间的融合更多的是基于感情。温氏集团作为一个从新兴县本土成长起来的企业，对新兴有特殊的感情，从1986年有第一批合作养户开始，养户与温氏集团、与公司管理人员就形成了一种稳定的合作关系。农民可以通过与公司交流表达诉求，温氏集团也会维护这些老养户的权益。但是随着温氏集团由一个家族式企业转型为一个公司制企业，公司管理人员开始年轻化，他们以效益为导向，对养户的权利关注越来越少，农民的话语权正在不断减弱，利益保障的机制越来越弱。

2. 政府引导与规划问题

新兴县是一个养殖业大县，政府对养殖业非常关注。但是总体而言，在农企融合过程中，政府对于农企融合缺乏有效的引导。首先，在环境方面，政府对环保缺乏很好的规划，养殖业要想实现长足发展，离不开环保问题的有效解决。而环保作为一种公共资源，是农民和企业都无法独立完成的，需要政府的有效规划，这样可以避免很多养户因为环保问题而破产。其次，在制度融合方面，政府在银行信贷、融合项目等方面尚有可为的空间，给农企融合创造新的空间。

后　记

　　农业、农村、农民问题是关系国计民生的根本性问题。40 年前，凭借着中国农民特有的首创精神，家庭联产承包责任制由安徽省滁州市凤阳县小岗村走向全国，由此中国农民"吃饭"不再是问题。但随着社会主义市场经济体系的逐渐完善，社会经济环境及结构变化，中国农业、农村、农民的"发展问题"逐渐显现。为有效解决这一问题，2015 年中共中央一号文件创造性地提出了推进农村一二三产业融合发展，引导地方主动适应经济发展新常态，创新农业发展理念，探索农村生产经营模式，着力构建农业与二三产业交叉融合的现代产业体系，形成城乡一体化的农村发展新格局，从而实现农业增效、农民增收和农村发展。广东省新兴县推动一二三产业融合发展的实践探索便是在这一背景下展开的。

　　2016 年 11 月，为更好地推动农村一二三产业融合发展，由南方报业传媒集团、华中师范大学中国农村研究院、新兴县委县政府联合主办的第十二届中国农村发展论坛暨新兴一二三产业融合发展论坛在新兴县召开，新兴县实现产业融合发展的创新模式、实践探索经验引发了广泛关注。由此，新兴县推动产业融合发展的创新实践也进入了我们的研究视野。2017 年 1 月，徐勇教授受邀赴新兴县开展"一二三产业融合发展改革"专题调研，并接受新兴县委县政府委托指导当地"一二三产业融合发展"的改革试点工作；2017 年 3 月，中国农村研究院院长邓大才教授受邀带领中国农村研究院 14 名研究人员赴新兴县开展一二三产业融合发展专题调查研究；2017 年 6 月始，中国农村研究院先后选派多名博士和硕士研究生前往新兴县开展为期半年的驻点研究，全面参与新兴县推动一二三产业融合发展的试点工作。通过这一系列的调查研究，课题组以一二三产融合发展为主线，对新兴县经济社会发展进行了全面的剖析，并系统总结了新兴县推动一二三产业融合发展的实践经验、创新模式及实现路径。拙著正是在这一系列研究成果的基础上形成的。

《新兴高度：以系统融合实现多元共生》是集体合作的成果，更是新兴县各级领导干部、群众集体智慧的结晶。感谢新兴县各级领导干部的高瞻远瞩和改革创新，感谢新兴县所有群众的创造性实践，你们共同探索出了具有中国特色的农村一二三产业融合发展道路，积累了推动一二三产业融合发展的中国经验，创造了一二三产业融合发展的中国样本。

拙著的撰写是在徐勇教授、邓大才教授的具体组织和指导下完成的。徐勇教授与邓大才教授不仅为课题组指出了新兴县产业融合发展的特点、价值与意义，更是对拙著的提纲、内容进行了细心指导与审定。拙著的具体执笔者是华中师范大学中国农村研究院一批年轻的老师、博士与硕士研究生。其中，胡平江老师负责拙著撰写的统筹与具体组织，杨明负责导论部分的写作，郭瑞敏负责结论部分写作，第一章由张慧慧、龚城合作完成，第二章由何扬飞、徐勇合作完成，第三章由杨昕、贺倩两位共同承担，第四章由彭红、尹家和、王愉婷三位共同承担，第五章由冯雪艳、周志姚、赵文杰合作撰写完成。经验总结部分由胡平江、郭瑞敏、杨明、何扬飞、杨昕、张慧慧等共同撰稿完成。个案研究篇由徐勇、赵文杰共同完成。全书最后的统稿与校对由杨明负责完成。

由于撰写者水平有限，部分内容可能有失偏颇，对某些问题的把握和认识可能有所欠缺和不足，错谬之处难以避免，敬请各位读者批评指教！

图书在版编目（CIP）数据

新兴高度：以系统融合实现多元共生／胡平江等著
. -- 北京：社会科学文献出版社，2019.2
（智库书系. 地方经验研究）
ISBN 978-7-5201-4258-8

Ⅰ.①新…　Ⅱ.①胡…　Ⅲ.①农业发展-研究-中国
Ⅳ.①F323

中国版本图书馆 CIP 数据核字（2019）第 024076 号

智库书系·地方经验研究
新兴高度
————以系统融合实现多元共生

著　　者／胡平江　杨　明　郭瑞敏 等

出 版 人／谢寿光
项目统筹／王　绯　赵慧英
责任编辑／赵慧英

出　　版／社会科学文献出版社·社会政法分社（010）59367156
　　　　　地址：北京市北三环中路甲 29 号院华龙大厦　邮编：100029
　　　　　网址：www.ssap.com.cn
发　　行／市场营销中心（010）59367081　59367083
印　　装／三河市龙林印务有限公司

规　　格／开　本：787mm×1092mm　1/16
　　　　　印　张：19.75　字　数：308 千字
版　　次／2019 年 2 月第 1 版　2019 年 2 月第 1 次印刷
书　　号／ISBN 978-7-5201-4258-8
定　　价／89.00 元

本书如有印装质量问题，请与读者服务中心（010-59367028）联系